国家级教学团队
东北财经大学财务管理专业系列教材
省级精品课程教材

姜楠 编著

资产评估原理 第5版

Fundamentals of Valuation

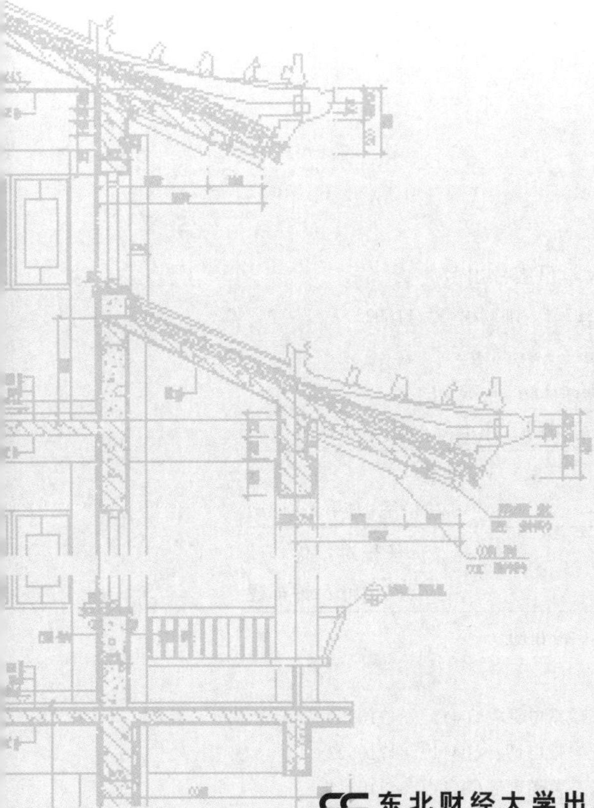

东北财经大学出版社
Dongbei University of Finance & Economics Press
大连

图书在版编目（CIP）数据

资产评估原理/姜楠编著. —5版. —大连：东北财经大学出版社，2021.9（2023.1重印）
（东北财经大学财务管理专业系列教材）
ISBN 978-7-5654-4312-1

Ⅰ. 资…　Ⅱ. 姜…　Ⅲ. 资产评估-高等学校-教材　Ⅳ. F20

中国版本图书馆CIP数据核字（2021）第170958号

东北财经大学出版社出版
（大连市黑石礁尖山街217号　邮政编码　116025）
网　址：http://www.dufep.cn
读者信箱：dufep@dufe.edu.cn

大连东泰彩印技术开发有限公司印刷　东北财经大学出版社发行

幅面尺寸：170mm×240mm　字数：313千字　印张：16
2021年9月第5版　2023年1月第2次印刷

责任编辑：高　铭　责任校对：佟　欣
封面设计：冀贵收　版式设计：钟福建

定价：39.00元

教学支持　售后服务　联系电话：（0411）84710309

如有印装质量问题，请联系营销部：（0411）84710711

东北财经大学财务管理专业系列教材编委会

总 序

随着知识经济和信息经济时代的到来，加之经济全球化趋势的日益凸显，社会对财务管理理论、财务管理实践和财务管理人才培养都提出了更高的要求。因此，高等学校必须为社会培养更多符合其特定要求的财务管理人才。自教育部于1998年设立“财务管理”本科专业以来，越来越多的普通高等学校设立了这一专业。在这种背景下，编写一系列理论融汇实际、符合中国国情的优秀的财务管理专业教材，对于培养财务管理人才的重要性是不言而喻的。为此，国家级教学团队——东北财经大学会计学院财务管理系于2005年组织骨干师资力量，由本团队资深教授担纲，编写并出版了本院第一套财务管理专业系列教材，包括《财务管理基础》《企业财务管理》《高级财务管理》《投资管理》《资产评估》等五部教材。

第一套财务管理专业系列教材一经推出，就得到了广大读者的厚爱，为许多高等院校所广泛选用，并针对本套教材的体系结构、知识组合和内容界定提出了许多富有建设性的意见。这也促进了我们进一步完善财务管理专业系列教材的信心与决心。2006年以来，国内外的环境发生了显著的变化，尤其是新《企业会计准则》、新《企业财务通则》以及《企业内部控制基本规范》的颁布，使得原有教材的部分内容需要修改与更新。美国金融危机的爆发，也促使社会公众认识到风险管理尤其是金融衍生投资风险管理的重要性，财务管理教材需要与时俱进，及时反映这一时代背景的深刻变化。另外，东北财经大学会计学院2006年被列为首批资产评估全国教学建设基地，并在财务管理专业下设置了“资产评估专门化”方向，因此，原有的财务管理专业系列教材已经无法满足本科教学的需要，针对“资产评估专门化”方向的人才培养特点，非常有必要增加一些专业教材。

基于此，我们对原有的财务管理专业系列教材进行了全面修订，并以新版的形式呈现在读者面前，分别是《财务管理基础》《公司理财》《高级财务管理》《证券投资》《资产评估》等五部教材；同时，新编了《财务学》《资产评估原理》《企业价值评估》《房地产评估》等四部教材。

与第一套财务管理专业系列教材相比，本套教材呈现出以下几个特点：

1. 体系更加完整。本套教材中，《财务管理基础》《公司理财》《资产评估》《企业价值评估》为财务管理专业（含“资产评估专门化”方向）通用专业教材；《资产评估原理》《房地产评估》是“资产评估专门化”方向所特有的专业教材；《高级财务管理》则作为除“资产评估专门化”方向的财务管理专业学生的选用教材；《财务学》是除财务管理专业之外的其他专业学生学习财务学相关知识的教材。这样的体系安排可满足不同方向、不同层次、不同专业学习财务管理相关知识的教学需要。

2. 内容更加全面。依据《企业会计准则》《企业财务通则》《企业内部控制基本规范》等一系列最新规范制度，结合国内外实务的最新动态，吸收读者反馈的合理建议，在保持原系列教材基本体系、特色与优点的基础上，我们在新系列教材中尽可能地反映了财务管理、资产评估理论和实务的最新进展。

3. 更加突出实务。鉴于目前我国高等院校的大部分财务管理专业本科毕业生均走向社会从事实务工作，因此，在教材中除了强调基本概念和基本原理以外，更重要的是培养学生的操作能力。本套教材更加强调理论结合实际，更加强调基本方法的运用和基本技能的掌握，穿插了大量真实的案例，突出案例教学。

4. 体例更加合理。每一部教材不仅列出了本章学习目标、学习要点和主要概念，归纳和总结了主要知识点之间的相互联系，而且还配有大量的习题与案例，供教师教学和学生自学使用。

东北财经大学财务管理专业系列教材是国家级教学团队——东北财经大学会计学院财务管理系全体教师共同劳动的结晶，尤其凝聚了众多资深教授和专家多年的经验和心血。当然，由于我们的经验与人力有限，教材中难免存在不足乃至缺陷，恳请广大读者批评指正。

我们的工作尚处于一个开端处，本次再版修订推出的教材仅仅是一个新的起点，而不是终点。随着社会的进步、经济的发展和环境的变化，我们将不断修订，使东北财经大学财务管理专业系列教材不断地与时俱进，及时跟踪反映学科的最新进展。

东北财经大学财务管理专业系列教材编委会

第5版前言

随着我国经济进入新常态，国家“一带一路”倡议及企业创新发展战略的实施，传统产业的整合、高新技术企业知识产权资本化的提速以及企业创新经营模式等，国家对资产评估行业，特别是对资产评估高端人才培养提出了更高的要求。资产评估行业和资产评估学历教育面临着新的机遇与挑战。自2012年教育部将资产评估专业纳入《普通高等学校本科专业目录（2012年）》以及将资产评估专业硕士教育纳入国家教育序列以来，资产评估学历教育随着我国社会主义市场经济的不断完善和深入正稳步发展起来。为了适应资产评估学历教育迅速发展的需要，强化资产评估学科建设和理论建设，满足资产评估教学和资产评估后备人才培养的需要，东北财经大学出版社出版了包括《资产评估原理》在内的面向全国高校资产评估专业、方向及相关专业的系列教材。多年来，《资产评估原理》以其理论体系相对完整、资产评估要素阐述清晰、知识内容逻辑关系连贯而受到了广大院校及读者的支持和肯定。这也给了作者再版和完善该教材的动力。《资产评估原理》（第5版）的编写仍然坚持理论联系实际的写作原则，力求全面、系统地介绍和阐述资产评估基本原理、基本概念、基本原则、基本技术思路和基本技术方法，并在此基础上，结合近年来资产评估实践中的经验和作者及学界的理论研究成果，以及资产评估相关法律法规和新修订的资产评估准则等方面的变化，对上一版教材中的大部分章节进行了完善和充实，尤其对资产评估客体、资产评估对象、资产评估范围、成本途径等重要概念及内涵做了进一步阐述（可能与实践中惯用的表述有所差异），力求使读者能够更清晰、系统地了解有关资产评估的最基本、最重要且极易混淆的概念。资产评估是一项主观因素发挥很大作用的专业活动。清晰地理解资产评估的基本概念、基本要素及其相互关系，是评估人员有效发挥主观能动性的前提和基础。作者力图在《资产评估原理》中不断完善资产评估的概念框架、理论框架和评估方法体系，以期把作者在资产评估理论研究、教学、评估实践中的经验、心得和体会总结到《资产评估原理》之中，同时也把国内外资产评估教材、评估准则中的一些有益见解、观点和经验融入《资产评估原理》当中。作者也一直在努力使新版《资产评估原理》通俗易懂，以便于教师讲授、学生自学，以及资产评估执业人员参考。

全书共分13章，1~6章主要介绍资产评估的基本理论、资产评估相关要素，7~10章主要介绍资产评估途径及其相关的技术思路与具体方法，11~13章主要介绍资产评估的操作程序、评估报告，以及资产评估管理的国际比较。

本书是资产评估本科专业的基础理论教材，也可以作为财务管理、会计等相关专业的资产评估课程教材，还可以作为研究生以及资产评估实际工作者学习资产评估基础理论的参考教材。

本书在编著过程中参考和借鉴了一些相关资料，也得到了有关教师、同学和家人的帮助，东北财经大学出版社也对本书的写作给予了极大支持，本书作者特向他们表示感谢。

资产评估实践在不断发展，资产评估理论、相关法规制度在不断地更新完善，人们对资产评估规律的认识也在不断深化。尽管作者已经十分努力地编著此书，由于视野和水平的局限，疏漏和不足之处在所难免，恳请读者批评指正。

姜　楠

2021年6月于大连

目　录

第1章 导 论

学习目标

通过本章的学习，学生应掌握资产评估活动、资产评估学、资产评估基本要素、资产评估特性，以及资产评估与社会经济发展的关系等资产评估最基本的概念和理论问题。

1.1 资产评估及其发展

资产评估亦称评估、估价或估值。一般意义上的资产评估是指专业人士根据经济学理论、可靠的技术方法和所掌握的相关数据资料，对评估对象价值进行定量的分析、评价和说明的过程及活动。资产评估是我国对评估、估价或估值等的另一种习惯性表达方式，并作为一个固定词组使用。关于资产评估的本质认识，在世界范围内都大同小异，而关于资产评估的概念或解释，在不同的国家以及不同时期都存在定义角度和强调侧重点方面的差异。我国资产评估界对资产评估的表述更多地突出了资产评估行为过程、要点以及构成要素。资产评估是指资产评估机构及其资产评估专业人员根据委托及特定的评估目的，按照国家法律、行政法规和资产评估准则的要求，遵循评估原则，依照评估程序，选择适当的价值类型，运用科学的评估方法，对评估基准日的资产价值进行评定、估算并出具资产评估报告的专业服务行为。2016年7月，中华人民共和国第十二届全国人民代表大会常务委员会第二十一次会议通过的《中华人民共和国资产评估法》（以下简称《资产评估法》或《评估法》）对资产评估的定义则更加突出了资产评估执业领域与评估对象载体范围以及资产评估法规范的行为主体与执业范围：资产评估机构及其评估专业人员根据委托对不动产、动产、无形资产、企业价值、资产损失或者其他经济权益进行评定、估算，并出具评估报告的专业服务行为。

以现代人的眼光看，首先，资产评估是一种社会经济活动，其活动和服务范围涉及不同市场主体之间的资产转让、资产重组、资产抵押、财产保险、财产纳税等经济行为。同时，资产评估还是一门学科或科学。作为一门学科或科学，它为资产评估活动提供理论支持和支撑。资产评估学科或科学属于边缘学科，涉及工程学、技术学、经济学和管理学等学科的理论、技术与知识，是这些不同学科理论、技术与知识的有机结合。可以说，现代的资产评估活动是在资产评估理论的指引下进行的。

1.1.1 资产评估活动

资产评估活动已经有上百年的历史，而关于它的起源也有很多版本的说法，例如交易所引发的交易行为起源说、海上贸易保险起源说、房地产交易起源说等等。无论哪种说法，有一点是大家公认的，即资产评估是市场经济发展的必然产物，它伴随着市场经济、产权交易和资产定价等行为的发展而产生。资产评估在市场经济、产权交易和资产定价行为中起着中介和润滑剂的作用。没有市场经济、产权交易及资产定价，资产评估就失去了存在的意义。可以说，资产评估是随着市场经济、产权交易和资产定价的发展而产生并得到发展的一种社会经济活动。作为现代人考察和研究资产评估的起源，其目的并不一定是非要弄清楚到底是哪一种社会活动引起了资产评估行为，而是要探究资产评估活动产生的社会经济背景及发展规律。

1）资产评估活动产生的社会背景

从现象上看，资产评估活动的开展与交易所的交易行为、海上贸易保险行为以及房地产交易行为密切相关。从本质上讲，这些引起资产评估活动的经济行为反映了一个共同的事实——市场经济的发展以及市场经济发展对社会经济生活的改变是资产评估产生的社会经济基础。由市场经济发展引起的变化主要体现在以下几个方面：

（1）市场经济的发展引起了交易对象的增加和交易空间的扩大

商品经济和商品交换早在资产评估出现之前就已经存在了。日常的或者普通的商品交换并不一定会引起资产评估的产生。只有当市场经济发展到了一定的程度（以市场不断细化为标志），交易对象增加，交易空间扩大，不同的细分市场的透明度差异出现，资产评估作为一种估值咨询活动才应运而生。随着经济的发展，珠宝首饰、不动产等成为交易的对象，而这些交易对象具有价值大、个体差异大、市场不透明、价值难以把握等特点，交易当事人往往需要利用估值专业人士的协助才能很好地完成交易。交易空间的扩大往往伴随着陆路运输和海上运输的发展。由于当时海上运输设备相对简陋以及运输条件的不确定性，海上运输风险巨大，海上运输保险业的兴起为保险理赔服务的资产评估活动的出现创造了条件。

（2）交易各方信息的不对称

从理性的角度去看待交易对象的增加和交易空间的扩大以及细分市场不同的透明度，其实都反映了一个共同的问题——交易各方信息的不对称。伴随着市场经济的发展及交易对象的增加和交易空间的扩大，细分市场不断增加，交易各方信息不对称情况的加剧应该是产生资产评估的深层次原因之一。无论是过去还是现在，只要交易各方信息的不对称情况存在，而且此项交易还要继续进行，就存在资产评估的社会需求。

（3）交易的公允性要求

交易的公允性始终都是相对的。随着市场经济的发展，交易对象、交易数量、交易金额和交易空间的扩大，交易各方对交易公允性的要求也在不断提高。交易当事人受知识、专业、经验和经历等的局限，很难把握每一次交易活动的公允结果，因而聘请相关专业人士来保证交易的顺利进行和交易的公允性就成为必要。资产评估师及资产评估所扮演的正是维护交易顺利进行和保证交易公允性的角色。

从资产评估活动产生的社会背景中可以透视出资产评估在社会经济生活中应该扮演的角色以及应该发挥的作用。当然，资产评估在社会经济生活中应该扮演的角色和应该发挥的作用是随着市场经济的发展而发展的，进而表现为资产评估不同发展阶段的不同特点。

2）资产评估的不同发展阶段

资产评估是伴随着市场经济的发展而发展的，其发展脉络是非常清晰的。当然，资产评估作为一种相对独立的社会经济活动，在其整个发展过程中也呈现出较为清晰的阶段性特征。现代人在归纳总结资产评估发展历史的时候，往往依据不同的标准将其划分为不同的发展阶段。例如，以评估活动的规模来划分，资产评估的发展可分为个别评估活动阶段和评估行业发展阶段；以评估的对象来划分，资产评估的发展可分为单项评估对象阶段和综合评估对象阶段；以评估的规范化程度来划分，资产评估的发展可分为初级评估阶段、规范评估阶段等不同阶段。从现代人的角度看，依据评估的规范化程度将资产评估的发展划分为原始评估阶段、经验（初级）评估阶段和规范评估阶段可能对我们总结资产评估的内在规律更有借鉴意义。

（1）原始评估阶段

在原始社会后期，生产的进一步发展导致剩余财产出现，从而为私有制的产生提供了必要的物质基础。随着私有制的诞生，社会上出现了商品生产和商品交易，这就要求交易双方在等价原则的基础上进行剩余财产的交易。在房屋、土地、牲畜和珠宝等贵重财产的交易过程中，交易双方出于各自利益的考虑，有时对交易价格难以达成一致意见，这就需要有一个值得交易双方信赖的、具有公信力和交易经验的第三方出面对这类财产的价值进行估计，从而形成一个交易各方能够接受的公平价格，促使买卖成交。因此，伴随着原始社会后期剩余财产交易的出现，产生了最初的资产评估活动，资产评估进入了原始评估阶段。

原始评估阶段的资产评估，其主要特点表现在以下几个方面：

①偶然性。这一阶段的资产交易还处于萌芽阶段，资产交易发生的偶然性决定了进行资产评估的偶然性。

②直观性。这主要表现在评估人员主要依赖其直观感觉和主观偏好进行估价，评估过程很少借助其他专业测评手段。这样的评估简洁明了，但评估的结果易受人为因素影响，客观、公正性不足。

③非专业性。非专业性是指评估人员不具备专业的评估手段和技能，或没有受过专门训练，在评估时往往由资产交易双方或一方指定的人员来进行评估，甚至由那些并不懂多少评估知识，但在一定范围内德高望重的人员来进行评估。

④简单性。所谓简单性是指这一阶段的资产评估方法相对简单，评估过程完成迅速。

⑤无偿性。这一特性是指资产交易双方不必支付评估人员的报酬，评估人员也无须对评估结果负法律责任。

值得一提的是，原始评估阶段虽然产生于原始社会的后期，距今已相当久远，但这并不意味着在今天就没有其存在的空间。在经济发展水平相对落后、资产交易相对少见的广大农村，对偶然发生的资产交易，特别是对自制的生产资料进行评估时，依然沿用着最原始的评估方法。

（2）经验评估阶段

在前资本主义阶段，随着经济的进一步发展和资产交易频率的提高，社会对资产评估的需要与日俱增，资产评估业务向着专业化和经常化的方向逐步发展。伴随着资产评估业务专业化的进程，社会上出现了一批具有一定实务经验的评估人员。这些评估人员依托自身长期实践所积累的评估知识与经验，利用经验数据对资产价值进行评估。由于他们具有较为丰富的估值经验，对资产价值的判断更加可靠，因此资产交易双方委托专业人士估值的意愿逐步增强，从而推动了资产评估业的进一步发展。

这一阶段的资产评估主要有以下几个特点：

①经验性。日益增加的资产评估业务使评估人员积累了丰富的评估经验，而这些经验直接决定了评估结果的准确程度。但由于这一阶段仅限于经验的积累，并未将资产评估提升到理论的高度，因而并未形成系统化的评估理论与方法。

②有偿性。与原始阶段不同，经验评估阶段的评估人员对资产评估业务进行的是有偿服务。

③责任性。评估人员或评估机构对评估结果负有法律责任，特别是对因欺诈行为和其他违法行为而产生的后果负有法律责任。

从严格意义上讲，在资产评估的经验评估阶段，评估人员和评估机构的操作和执业更多的是“各自为战”，在执业过程中更多的是依赖自身的经历、经验、专业和信誉。此时，虽然也有一些资产评估的行业组织出现，但在全社会尚未形成统

一、严谨和公认的评估执业规范，资产评估经验还未上升到理论高度，资产评估还未形成学科体系。因此，此阶段的资产评估只能笼统地称为经验评估阶段。

（3）规范评估阶段

产业革命的到来使资本主义经济飞速发展，以资产交易为主的资产业务急剧扩大，资产业务中的社会化分工日益细密，作为中介组织的资产评估机构也逐渐产生和发展，从而推动资产评估逐渐成为一个专门的行业。行业化的运作使得资产评估业务开展日益规范，评估理论和方法日益成熟，资产评估的发展随之步入规范评估阶段。

在规范评估阶段，资产评估的特征主要体现在以下几个方面：

①资产评估机构公司化。在现代资产评估行业中，评估机构通过为资产交易双方提供评估业务，积累了大量的资产评估资料和丰富的资产评估经验，管理模式日趋符合现代企业的特点，出现了一大批具有丰富评估经验的评估人员，于是，公司化的资产评估机构就应运而生了。

公司化的评估机构通常是产权清晰、权责明确、管理科学的现代服务型企业，并以自主经营、自负盈亏的独立法人形式进行经营管理。这些资产评估机构依靠强大的评估实力和现代化的管理方式为资产业务双方提供优质的评估服务，同时，大量业务的开展也使其自身获得了快速发展。

②资产评估人员专业化。资产评估机构的经营人员主要分为三类：第一类是由董事、经理和其他管理人员构成的评估公司管理层，负责公司的经营管理工作；第二类是评估公司的销售人员，负责公司的业务承揽；第三类是专业评估人员，他们都是具有相当专业化水平的评估人员，以专业工程师和各类专家居多，负责完成评估业务的技术性工作，是资产评估公司的主体力量。专业的评估人员以评估公司的员工为主，也可以是评估公司的兼职人员。这些兼职的专业人士通常都是评估公司专家库的成员。

③资产评估业务多元化。激烈的市场竞争促使评估公司注重品牌培育，通过优质的服务不断扩展业务范围，实施多元化的经营战略。综合类评估公司的业务范围非常广泛，包括了有形资产评估和无形资产评估。有形资产评估还可以细分为机械设备评估、资源资产评估、房地产评估等，而无形资产评估也可以细分为专利权评估、著作权评估、商标权评估等。

④资产评估手段和方法现代化。在规范评估阶段，现代科学技术手段与方法在资产评估中得到了广泛应用。数学技术、数理统计技术、信息技术和计算机的普及应用等，都极大地提高了资产评估结果的合理性和可信度。

⑤资产评估技术规程和评估职业操守规范化。随着资产评估对象和评估范围的不断扩大，评估从业人员的不断增加，资产评估行业自律性管理组织的自我约束机制也逐步建立与完善起来。随着评估人员评估经历和经验的不断积累，人们对资产评估规律的认识也有了质的提高。为了防范资产评估行业的风险，维护资产评估行

业的社会信誉和专业荣誉，统一评估从业人员的认识、统一评估理念，各个资产评估专业组织纷纷制定了评估专业操守和规范，力求统一评估专业术语、评估原则、评估技术规程和评估职业道德规范等，进而在一个国家或地区范围内，形成统一的资产评估准则。此时，资产评估已不再是“单兵作战”或“各自为战”的境况了，资产评估实践是在评估理论及其规范的指引和约束下进行的，资产评估进入了规范评估阶段。

⑥资产评估结果责任化。评估人员必须在共同完成的评估报告上签章。评估机构和评估人员对签章的资产评估报告及其评估结果要负相应的法律责任。

1.1.2 资产评估发展现状与趋势

1）市场经济发达国家资产评估发展的现状与趋势

资产评估是市场经济条件下资产交易和其他业务发展的产物。市场经济越发达，资产交易和其他相关业务越发展，资产评估的业务范围和服务领域也越广阔。由于在市场经济发达国家，与资产评估相关的业务正在不断拓展，这些国家的资产评估行业也得到了迅速发展，基本反映了当今世界资产评估行业的发展水平。

（1）市场经济发达国家资产评估发展的现状

纵观世界市场经济发达国家资产评估的发展现状，集中体现出以下4个方面的特点：

①资产评估的主体公司化。随着资产评估机构的逐渐发展、壮大，其慢慢发展成为自主经营、自负盈亏、产权明晰、管理科学的现代企业。

②资产评估业务的多元化。从整个资产评估行业来看，评估业务涉及有形资产和无形资产的评估，包括可辨认资产和不可辨认资产的评估，评估对象几乎囊括各种各样的资产和可评估项目。

③资产评估从业人员的专业化和多层次化。资产评估行业的发展壮大，评估机构的公司化，使得资产评估从业人员的分工更为细化、专业化和层次化。资产评估人员包括专业评估人员、项目管理人员和承揽业务的销售人员等。

④评估技术规程和职业操守的规范化。市场经济发达国家中的英国、美国、澳大利亚等经过长期努力都形成了本国相对统一的评估技术规范和职业操守，各类评估机构和人员都必须在统一的评估原则技术规范和职业操守下执业。相对统一的评估技术规程和职业操守也为社会、市场及相关部门对评估行业实行的监督、约束和管理提供了依据和参照。

（2）市场经济发达国家资产评估发展的趋势

从发展趋势来看，市场经济发达国家的资产评估正在向评估领域多元化、细化、专业化和评估理念、认识及规范趋于统一两个方面进一步发展。评估领域多元化、细化和专业化方面是指资产评估逐步从传统的房地产评估向企业价值评估、无形资产评估、税基评估、以财务报告为目的的评估等方面全面扩散，从为交易服务为主向为产权交易服务与非产权交易服务并重的方面发展。与资产评估分工细化和专业化的趋势相对应的是一些专业性的分门别类的评估机构和专业评估师应运而生。其特点是执业范围集中在某一专业技术领域，专业化程度高，专业技术服务水准较高。与此同时，相应的专业性评估规范不断涌现。评估理念、认识和规范趋于统一的趋势方向是指尽管资产评估分工进一步细化，相应的专业评估规范不断涌现，但是，各专业的评估技术规范的内容和要求不再是各自完全独立、彼此互不联系、"各自为战"的局面。一个国家或地区，甚至整个欧洲、北美或更大范围内的评估组织都在努力通过评估技术规范和职业操守的协调来引导各地、各评估专业组织中的评估人员的评估理念、评估概念、评估原则、评估技术规程和职业操守等的统一或趋同。评估理念、认识和规范趋同已经成为世界资产评估行业发展的趋势和潮流。

2）我国资产评估发展的历程及展望

中华人民共和国成立后，我国长期实行计划经济体制，企业的资产归根结底是国有资产，产权都归国家所有，资产转移通过国家计划调拨的方式进行。在这样的经济环境下，资产交易业务主要表现为少量的民间交易和对外经济贸易。在计划经济体制下，规范化的资产评估活动难以形成。

改革开放以后，中国商品经济和市场经济得以迅速发展，特别是社会主义市场经济体制的逐步确立，资产交易规模迅速扩大，大宗的资产交易日趋频繁。在这样的背景下，中国的资产评估业务得以飞速发展，大批专业的资产评估公司和综合性的资产中介公司应运而生。历经近20年的发展，资产评估活动及其行业已经与注册会计师行业、律师行业一样，成为我国发展市场经济、推进改革开放不可缺少的基础性中介服务行业。纵观我国资产评估业的发展历程，大致可分为以下三个阶段：

（1）产生阶段（1988—1992年）

20世纪80年代末期，国有企业对外合资合作、承包租赁、兼并破产等产权变动行为日益增多。为确定合理的转让价格，防止国有资产流失，辽宁省大连市率先开展了国有资产评估活动，开创了中国资产评估的先河。1988年3月，大连市政府率先做出尝试，在大连炼铁厂与香港企荣贸易有限公司的合资过程中，为了防止国有资产的损失，由大连会计师事务所对大连炼铁厂投资的建筑和机电设备进行了评估。这是我国首例资产评估业务，也是运用评估为企业服务的第一块基石。

同期，大连市财政局于1988年3月向市政府呈文，申请成立资产评估机构。1988年4月，大连市政府以大编发【1988】88号文，批准设立大连市资产评估中心[①]。

1988年，中华人民共和国国家经济体制改革委员会委托中国企业培训中心在

① 引自《中国会计报》2008年12月12日刊载的《铭记20载春秋》。

北京举办了企业资产评估研讨班，聘请了美国评值联合公司的副总裁罗纳德·格尔根和该公司高级评估师罗伯特·芬博达讲授资产评估的理论与实务。国外的资产评估理论逐步被引入我国。1989年，原国家国有资产管理局颁发了《在国有资产产权变化时必须进行资产评估的若干暂行规定》。随着改革开放对资产评估的迫切需要，国有资产管理局成立了一个专司资产评估管理的司局机构。1990年7月，我国唯一的全国性资产评估行政管理机构——国家国有资产管理局资产评估中心宣告成立。1991年11月16日，国务院发布了《国有资产评估管理办法》，标志着我国国有资产评估制度基本形成。这一系列行政举措和法规的出台，确立了我国资产评估的基本方针和管理体制，为保证全国资产评估活动有序开展和逐步推进奠定了基础。

（2）初具规模阶段（1993—1995年）

1993年12月10日，中国资产评估协会成立，标志着我国资产评估行业由政府直接管理开始向政府监督指导下的行业自律性管理过渡，行业协会成为国家宏观指导与评估行业微观管理之间的纽带。1995年3月，中国资产评估协会代表中国加入国际评估标准委员会，标志着我国评估业已经与国际评估行业逐步接轨。1995年5月10日，原国家人事部和原国家国有资产管理局联合发布了《注册资产评估师执业资格制度暂行规定》和《注册资产评估师资格考试实施办法》及规范注册资产评估师签字制度，从而正式建立了注册资产评估师制度。从1996年起，国家组织了全国统一考试。我国注册资产评估师队伍正在逐步扩大。我国资产评估行业初具规模。

（3）规范化阶段（1996—2020年）

1996年5月，中国资产评估协会受托制定了《资产评估操作规范意见（试行）》，标志着我国资产评估业正步入规范化操作的新阶段。同时，随着我国对外开放进程的不断推进，我国迅速发展的资产评估事业也得到了国际评估界的认可与重视。在1999年北京召开的国际评估准则委员会年会上，中国资产评估协会当选为国际评估准则委员会常任理事协会。与此同时，资产评估执业标准体系的建设也全面展开。到2020年年底，由财政部及中国资产评估协会颁布的资产评估准则已经达到了31项。这31项资产评估准则的发布，标志着我国已初步建立起较为完整的、既适应中国国情又与国际接轨的资产评估准则体系，标志着我国资产评估业已经全面走上规范化发展的新阶段。

（4）强化行业自律与行业创新阶段

从2014年开始，随着我国市场经济体制的不断完善及市场机制作用的不断强化，政府正大规模地退出许多社会经济领域的直接管理，让位于市场。政府对资产评估行业的管理方式和范围也发生了较大变化，资产评估行业的自律管理得到了空前的加强。与此同时，资产评估实践活动的空间和领域也大大拓展。传统资产评估实践领域正在不断地精细化，资产评估新的业务领域不断地被开发，财政资金使用绩效评估、企业财务管理水平评估、PPP项目“物有所值”评估等新兴业务不断涌现。

（5）评估行业发展法制化阶段

2016年7月2日，中华人民共和国第十二届全国人民代表大会常务委员会第二十一次会议表决通过了《中华人民共和国资产评估法》，并于2016年12月1日正式实施。作为资产评估行业第一部基本法，评估法的出台，对维护社会主义市场经济秩序、保护国有资产和公共利益、促进资产评估机构和行业协会的健康发展以及规范资产评估人员的执业行为等具有重要的意义。评估法是我国经济领域一部重要的法律，是资产评估行业发展的一个重要里程碑，也是我国社会主义市场经济法律体系建设的重要成果。评估法在评估管理体制、评估业务性质、评估委托人、评估专业人员、评估机构管理和评估行业协会等方面做出了许多新的规定，对原有的体制及其管理模式取得了重大突破。

评估法基于评估对象载体的角度，对资产评估给出了新的表述：评估机构及其评估专业人员根据委托，对不动产、动产、无形资产、企业价值、资产损失或者其他经济权益进行评定、估算，并出具评估报告的专业服务行为。评估法对资产评估的新表述大致能够反映目前我国资产评估实践的发展，也呈现了评估领域多元化与细化、传统评估领域与新兴评估领域交叉的局面。

由财政部发布的，自2017年6月1日起施行的《资产评估行业财政监督管理办法》（以下简称“办法”）进一步规范了资产评估行业行政管理的方式、内容和边界，标志着我国资产评估行业行政管理、自律管理和自我管理的格局的形成。

1.1.3 资产评估学及其发展

1）资产评估学

资产评估学可能并没有一个严格的定义，它是相对于资产评估实践，对资产评估学科或科学的一个概括，包含了资产评估理论研究、资产评估准则研究和资产评估教育规律研究等内容。资产评估学首先可以被理解为一门学问，一门研究资产评估规律的学问。从大的方面讲，尤其是从传统的资产评估的角度来看，资产评估学是一门技术经济学，是一门需要借助技术工程学和经济学来探究资产评估规律的学问。具体来讲，资产评估学是一门探索资产功能与资产利用，以及资产功能和资产利用与市场供求及市场评价之间逻辑关系和数量关系的学问。伴随着市场经济的不断深入，资产评估活动范围的不断扩大，资产评估的实践边界有不断外溢的趋势。随着评估对象范围的不断增加，评估内容越来越复杂，客户对评估质量的要求也在不断提高，资产评估需要研究的领域和研究的内容也在不断增加。社会经济生活对资产评估实践的要求越高，作为专门研究资产评估规律的资产评估学的地位和作用就越重要。随着市场经济的不断深入，资产评估不断地被要求对在不同条件下的资产给出最恰当的价值判断。资产评估学自然就会被要求研究给出资产及各种评估对象在各种条件下的价值形成、市场表现及主观衡量之间的关系。资产评估学虽然不能直接给出特定资产及评估对象在不同条件下的确切价值，但资产评估学应该给出在不同条件下评价资产及评估对象的技术思路、技术原则、价值影响因素、技术选择与应用要求等。由于资产评估对象几乎囊括了所有种类的资产及经济事项，资产及经济事项的评估价值与资产及经济事项的功能（强弱）、技术水平（高低）、使用方式、利用效果、市场供求状况等紧密相关，所以资产评估学一经产生就成了一个跨行业、跨专业、跨知识领域的一门综合学问及边缘学科。从知识层面上讲，资产评估学涉及的知识涵盖了数理、工程和经济管理等各学科领域的相关知识，涉及商品学、工程学、技术学、经济学、市场及市场营销学和管理学等。从专业技术层面上讲，资产评估学又涉及检测（量）技术、鉴定技术、统计技术、计算技术、定性定量分析技术等。

从另一个角度讲，资产评估学也是一门研究资产评估规律的学科。由于资产评估学研究内容的广泛性、交叉性和复杂性，对资产评估规律的研究可能需要通过建立一个学科体系分门别类地去完成。资产评估学科体系可以按照或宽或窄的评估对象范围设置专业，也可以按照或宽或窄的评估实践领域设置专业。资产评估是市场经济发展到了一定阶段的产物，市场经济的发展推升了对资产评估实践的需求和质量要求。当资产评估师需要有更高的专业胜任能力和职业操守去满足社会实践的要求的时候，当资产评估师更高的专业胜任能力和职业操守需要专门和系统的培养才能够实现的时候，资产评估学科应运而生。资产评估学科实际上是对所有与培养资产评估专业人才有关的学历教育、专业教育的相关专业的统称。从这个意义上讲，资产评估学正是探索评估对象功能、使用方式、使用状况等与市场供求状况及其定价机理之间的有机联系，并从中找出规律性的各种专业的概括。资产评估学科一经产生就成为一个跨行业、跨专业、跨知识领域的边缘学科。

由于资产评估实践活动边界处于动态变化之中，评估活动涉及的专业和领域十分广阔，资产评估学不仅属于一门新兴的综合性学问和一个跨专业学科，而且是一门较为年轻的、有待不断完善的学问和学科。

2）资产评估基本构成要素

资产评估活动作为一种评价活动和过程，是由各种评估要素组成的，就其基本要素而言，主要包括：评估主体、评估客体、评估目的、评估假设、评估价值类型、评估途径、评估程序、评估执业标准、评估基准日和评估结论。

（1）评估主体

评估主体是指从事资产评估的机构和人员，他们是资产评估工作的主导者。

（2）评估客体

评估客体是泛指可以作为评估标的具有的且需要利用评估手段判断的价值，或称泛指的评估标的价值。它是一个相对于资产评估对象的泛指概念。将评估客体赋予特定评估目的等相关条件约束，评估客体就转化为资产评估的具体对象，称之为评估对象。

（3）评估目的

评估目的通常是指引起资产评估行为的特定经济事项对资产评估报告和评估结论的条件要求和用途要求。或可将其理解为，资产评估报告和评估结论的预期用途。

（4）评估假设

评估假设是指资产评估专业人员根据客观事实以及事物发展的规律与趋势，通过逻辑推理，对评估结论成立所依据的现实条件或者潜在条件做出的合乎情理的假定或者推断。

（5）评估价值类型

评估价值类型是指反映评估对象特定价值内涵、属性和合理性指向的各种价值定义的统称。

（6）评估途径

评估途径是指分析判断评估对象价值的各种技术思路，以及实现该技术思路的具体分析、判断、计量技术、方法、工具和手段的综合。

（7）评估程序

评估程序是指资产评估工作从开始准备到最后结束整个过程的逻辑顺序和工作步骤。

（8）评估执业标准

评估执业标准通常是指资产评估准则，是资产评估执业过程中所要遵循的执业理念、执业原则、执业技术规程等各种规范的总称。

（9）评估基准日

评估基准日是指为量化和表达评估特定目的等条件约束下的评估对象价值所选定的具体时间基准。

（10）评估结论

评估结论是指资产评估机构及其资产评估专业人员通过履行必要的评估程序，对评估对象在评估基准日某种特定价值类型下的价值给出的估计数额及专业意见。

3）资产评估学科发展

资产评估学科无论从其产生的渊源还是今后的发展来看，都紧紧围绕着资产评估活动。资产评估活动的发展，使得资产评估作为一门学科具有了必要性。正是资产评估活动的深入发展，使得资产评估活动变得越来越复杂，资产评估学科才有了研究的内容和研究的必要。从发展趋势来看，资产评估正在向评估领域多元化、细化和专业化，以及评估理念、认识和规范趋于统一这两个方面进一步发展。评估领域的多元化、细化和专业化不断地为资产评估学科提供更多的研究领域，评估理念、认识和规范趋于统一的要求也使资产评估学科研究朝着更加深入、更加理性的方向发展。当然，资产评估学科发展建设也会呈现出多元化、细化和专业化的特征。

资产评估学作为一门学科或科学，研究对象是资产评估活动的内在规律。资产评估学科的不断发展，以及对资产评估活动规律认识的不断深化，又会为资产评估活动的健康发展提供指引和借鉴。

1.2 资产评估的种类、功能、特性和作用

1.2.1 资产评估的种类

资产种类的多样化和资产业务的多样性，以及资产评估委托方及其相关当事人对资产评估内容及报告需求的多样性，使得资产评估也相应出现了多种类型。

1）评估、评估复核和评估咨询

在世界范围内，从资产评估的对象、评估的内容和评估报告形式等方面来看，目前国际上的资产评估主要分为三类，即评估、评估复核和评估咨询。

评估是指对产权变动、产权交易，以及非产权变动等经济行为涉及的具体对象所进行的价值评估活动及其过程。这里提及的评估具体对象通常是指引起资产评估的那些经济行为涉及的资产及其相关事项。这里所说的评估过程是指对具体的资产及其相关事项价值进行具体分析和判断的过程。在评估过程结束时，评估人员及其机构要出具符合相应规范的评估报告。

评估复核是指受托评估机构（评估师）对其他特定评估机构（评估师）出具的评估报告的真实性和合理性进行分析、评判和报告的活动及其过程。它服务于特定的当事人，属于一种对已出具的评估报告做出再评价的活动。评估复核需要出具符合相应规范的评估报告。

评估咨询是一个较为宽泛的术语。它可以是评估人员对特定资产的价值提出的估值咨询意见，也可以是评估人员对评估标的物的利用价值、利用方式、利用效果的分析和研究意见，还可以是相关项目、产品等的市场分析、可行性研究等意见。评估咨询通常没有统一的报告规范，评估咨询主体通常可以根据客户的要求出具个性化的评估咨询报告。

2）完整性资产评估和限制性资产评估

在正常的资产评估中，基于资产评估面临的条件、在资产评估执业过程中遵循资产评估准则的程度，以及对评估报告披露的要求的角度，资产评估又可分为完整性资产评估和限制性资产评估。

完整性资产评估是指资产评估的全过程都符合资产评估准则及评估程序的要求和规范，并没有出现背离评估准则及其程序的情况，或者说，完全按照资产评估准则及程序的要求和规定所进行的资产评估。

限制性资产评估是指在资产评估的过程中，由于评估条件或其他原因的限制，评估人员无法完全按照资产评估准则及评估程序的要求进行执业，而是要在委托方

坚持和允许的前提下才能进行的资产评估。或者说，限制性资产评估是一种在评估条件受限情况下的评估。

完整性资产评估和限制性资产评估对评估结论披露的程度和要求是不同的，而限制性资产评估需要对受限情况做出更为详尽的说明和披露，并会限定评估报告的使用人。

当然，依据其他分类标准，资产评估还可以划分为其他类型。例如，从资产评估对象载体的构成和获利能力的角度，资产评估还可具体划分为单项资产评估和整体资产评估。对以单项可确指的资产及经济事项为评估对象载体的评估称为单项资产评估，例如机器设备评估、土地使用权评估、建筑物评估和可确指的无形资产评估等。对由若干单项资产组成的资产综合体所具有的整体获利能力及其价值的评估称为整体资产评估。最为典型的整体资产评估就是企业价值评估。单项资产评估和整体资产评估在评估的复杂程度和需考虑的相关因素等方面是有较大差别的。整体资产评估更为复杂，需考虑的因素更为全面。

1.2.2 资产评估的功能

1）资产评估的基本功能

评价和估值是资产评估具有的最基本的内在功能。资产评估源于人们希望了解和掌握在一定条件下资产的价值的需求。随着人们对在各种条件下了解资产价值的需求不断增加，资产评估也不断发展，其评价和估值的功能亦得到不断完善。人们将资产评估评价和估值功能进一步细化为价值判断、价值估算和价值揭示，其中：

价值判断是评估人员对评估标的物是否有价值以及是否可以成为评估对象做出判断。价值判断包含了两个方面的含义：一是评估人员要对评估标的物已显现出来的功能、使用价值及其可能的市场表现进行充分的分析和把握，以判断其是否有价值以及是否可以成为评估对象。二是评估人员要对评估标的物的潜在功能、使用价值及其可能的市场表现进行充分的分析和把握，以判断其是否有潜在可实现价值以及是否可以成为评估对象。

价值估算是评估人员在对评估对象载体的使用价值及其相关的市场供求关系的现实状况及预期进行充分分析的基础上所进行的价值量化过程，并给出一个确定的或有值域区间的评估结论。

价值揭示是评估人员通过评估报告或其他形式恰当地表达估值意见，包括评估结论的价值定义以及该评估结论成立及适用的条件，以供资产评估委托方或相关当事方恰当使用评估结论。

美国评估准则曾有一段精彩描述，对于把握资产评估基本功能是有借鉴价值的：评估是一个“形成价值意见的行为或过程”，“一项评估必须在数量上表示为特定的数值、数值区间或与以前评估意见、数量基准（如估税价值、抵押价值）的关系（如不大于、不小于）”。①

当然，在不同的历史条件下，人们在充分利用资产评估的评价及估值功能的基础上，也曾赋予资产评估一些辅助性和过渡性功能。

2）资产评估的辅助性功能

资产评估的管理功能包括两个层面：

其一是国家层面上的管理功能。这是指在以公有制为基础的社会主义市场经济初级阶段中，国家赋予资产评估的特殊功能。在此阶段的某一历史时期，国家作为国有资产所有者的代表，不仅把资产评估视为提供专业服务的中介行业，而且将其作为维护国有资产、促使国有资产保值增值的工具和手段。国家通过制定申请立项、资产清查、评定估算和验证确认的国有资产评估管理程序，使得资产评估具有了管理功能，即没有进行资产评估的国有资产产权变动等经济事项是不能继续进行的。

其二是在企业层面上的管理功能。企业将资产评估作为企业财务管理以及会计核算及信息披露等的工具和手段。企业会利用资产评估对企业进行估值来检验企业财务管理成效，并不断完善企业财务管理制度。企业还会利用资产评估方法作为企业资产公允价值核算以及资产减值测试等的手段。

但是，资产评估的管理功能并不是资产评估与生俱来的，它只是资产评估在特定历史时期的特定职能，并且其功能会随着市场经济发展阶段和国家在国有资产评估管理体制方面的变化而强化或弱化。2001年12月31日，《国务院办公厅转发财政部关于改革国有资产评估行政管理方式　加强资产评估监督管理工作意见的通知》指出：第一，取消政府部门对国有资产评估项目的立项确认审批制度，实行核准制和备案制；第二，加强资产评估活动的监管力度；第三，完善制度建设，规范评估秩序。随着国有资产评估项目的立项确认审批制度的取消和核准制及备案制的确立，资产评估的国有资产管理功能也随之弱化。随着2006年我国企业会计准则引入公允价值计量属性，以及2014年公允价值计量准则的颁布，资产评估作为企业财务管理以及会计核算及信息披露等的工具和手段的功能得以强化。

资产评估的管理功能只是在特定历史时期，当国有资产成为评估对象载体时，政府赋予资产评估的特定职能会随着相关条件的变化而发生变化。

1.2.3　资产评估的特性

理解和把握资产评估的特点，有利于进一步认识资产评估的实质，对于搞好资产评估工作，提高资产评估质量具有重要意义。一般来说，资产评估具有以下特点：

① 美国评估促进会，评估准则委员会．美国资产评估准则［M］．王诚军，李珉，译注．北京：中国人民大学出版社，2020.

（1）市场性

资产评估是适应市场经济要求的专业中介服务活动，其基本目标就是根据资产业务的不同性质及其对估值的不同要求，通过模拟市场对评估对象价值做出经得起市场检验的评价和评判。

（2）公正性

公正性是指资产评估应当维护社会公共利益和资产评估各方当事人的合法权益，而不是满足资产业务当事人的任何一方的需要。资产评估的公正性建立在以下两个基础之上：第一，资产评估执业规范的存在，即资产评估应当按规范的评估准则及职业操守进行，规范的行为准则和业务准则是资产评估公正性的技术基础；第二，执业的评估人员通常要独立于资产业务及其当事人，这被认为是资产评估公正性的组织基础。

（3）专业性

资产评估是对评估对象载体的功能、效用及其市场表现等专业技术的判断活动。资产评估机构是由数量不等的各类专家及专业人士组成的。评估对象的不同载体及市场的细化促成了评估人员和机构的专业化分工，评估人员对评估对象价值的估计判断也都要建立在专业技术知识和经验的基础之上。

（4）咨询性

咨询性是指资产评估结论仅仅是评估人员为委托评估对象提供的专业估价意见。该意见本身并无强制执行的效力，即评估过程并不是定价过程。事实上，资产评估提供的估价意见通常只是作为当事人做出交易价格决策或其他经济决策的参考，评估师需要对评估结论的合理性负责，而不是对资产业务定价决策负责。

1.2.4 资产评估的作用

在不同的历史时期和社会经济条件下，资产评估可能会发挥着不同的作用。结合我国当前的社会经济条件，资产评估主要发挥着以下基本作用：

（1）价值咨询

资产评估是一种评价及估值活动，资产评估结论是为资产相关业务及其当事人提供专业化的估价意见。该价值意见本身并无强制执行的效力。它只是向相关当事人提供的有关资产及相关业务交换价值方面的专业判断或专家意见。资产评估不能也不应该取代资产的交易过程，资产评估结论不能也不应该成为资产交易价格的保证。

（2）价值管理

资产评估作为一种评价及估值手段，经常被政府或企业用作资产管理、财务管理和价值管理。在社会主义市场经济初级阶段，作为国有资产所有者代表的国家曾把资产评估作为国有资产保值增值的工具和手段。许多企业也利用资产评估进行企业财务管理和价值管理，使得资产评估成为企业管理的工具。

（3）价值鉴证

资产评估的价值鉴证作用通常是政府或公权部门运用资产评估对法定评估等事项进行评估时产生的一种特殊作用。当经济事项涉及国有资产或者公共利益等，按照现行法律和行政法规规定，需要对经济事项涉及的资产或损失等进行评估。这种评估通常被称为法定评估。由于法定评估事项及其评估结论涉及的相关权益主体的特殊性质等因素，通常政府或公权部门会要求法定评估结论具有鉴证性。尽管被赋予了鉴证性特征的评估结论本身并不具有法律效力，但鉴证性评估结论仍然是资产业务当事人各方进行决策的重要依据。资产评估的鉴证作用可能并不是资产评估与生俱来的，但它的存在，一方面表现出评估专业人员服务于法定业务的重要性和社会价值，另一方面也要求评估专业人员必须对自己的行为承担相应的专业责任、民事责任和刑事责任。

1.3 资产评估与社会经济发展

1.3.1 国有资产产权变动与资产评估

我国资产评估是因国有资产产权变动，以及国有资产账面价值背离现值而产生的。伴随着国有资产管理体制改革的不断深入，资产评估在国有企业改制等重大改革实践中发挥着重要作用。

20世纪80年代，我国经济体制改革深入进行。随着经济体制改革步伐的加快，国有企业对外合资合作、承包租赁、兼并、破产等经济行为和产权变动行为日益增多。这些行为都需要建立在对所涉及国有资产的价值进行合理确定的基础上。20世纪80年代后期也是我国国有资产管理体制改革的起步阶段，政府对国有资产的管理方式已经从过去的无偿行政划拨逐步转向有价转让，因此，对资产价值的合理确定提出了要求。在实践中，当时国有企业往往以资产的账面价值与国外投资者合资，导致大量国有资产流失。这些现象引起了社会各界的广泛关注，要求合理重估国有资产价值而不是简单地以账面价值进行合资的呼声日益高涨。在这种时代背景下，根据当时经济体制改革和国有资产管理体制改革的需要，为确定合理的国有资产转让价格，维护国有资产所有者的合法权益，防止国有资产流失，资产评估作为国有资产管理、维护国有资产权益的一种重要手段被引入我国，并迅速发挥了重要作用。

随着我国社会主义市场经济体制的发展，国有资产管理体制和管理内容发生了很大变化，在国有企业改制大潮过后，央企混合所有制改革再次被推到风口浪尖之上，国有资产管理体制的深化改革再次对资产评估提出了新的要求，资产评估仍然是维护国有资产及其权益的有力工具，成为在社会主义市场经济发展过程中不可缺少的社会中介行业。

1.3.2 税制改革与资产评估

中共十六届三中全会在《中共中央关于完善社会主义市场经济体制若干问题的决定》中指出："实施城镇建设税费改革，条件具备时对不动产开征统一规范的物业税，相应取消有关收费。"由此，提出了我国物业税改革的方向，也加快了地方税制改革的步伐。

国务院于1986年颁布的《房产税暂行条例》与现在的社会主义市场经济的发展已经不相适应，与国际惯例更是相去甚远。1994年，我国的税制改革虽然取得了巨大成功，但并没有触动到地方税制。在中央税收收入占整体税收收入的比重不断攀升，而地方税收却严重滞后的今天，地方税制的改革已经刻不容缓。

实行分税制后，我国目前的地方税从收入角度看，是以城市维护建设税及所得税为主体税种的。这种收入结构与经济发展和深化税制改革的要求是不相符的。从长期目标看，地方税的现有主体税种都应改革，而代之以新的税种。这些新的税种应既能保证中央政府有足够的财力进行宏观调控，又能使地方政府有稳固的财源并有积极性来组织税收。借鉴国际惯例和我国实际情况，物业税能够较充分地满足上述条件。因此，将物业税作为我国地方税体系的主体税种是十分必要的，在理论上讲也是切实可行的。

我国拟开征的"物业税"实际上是一种不动产保有税。不动产是以土地为核心的与土地有某种联系的财产的体系，土地的不可移动导致其上定着物的不可移动，因此可以一并纳入不动产中。目前，我国提出的"物业税"主要是对拥有不动产的业主开征的课税，相当于有些国家财产税中的不动产保有税。

不动产保有税是一种征税面广的税种。从课税对象的角度来看，它涵盖了城市的房地产和农村的房地产，如城市企业的房地产、城市居民的房地产，农村企业及农民的房地产。从纳税人范围的角度看，不动产保有税的纳税人包括了中华人民共和国境内拥有房屋产权、土地使用权的所有单位和个人。产权属于全民所有的不动产，以经营管理单位为纳税人；产权为共有的不动产，以共有人为纳税人；产权关系不明确的不动产，以代管人或使用人为纳税人。

不动产保有税具有课税对象收入水平不均衡的特点。不动产保有税课税的对象涉及城乡各地以及各种各类的房地产，而城乡房地产收入的巨大差异，不同地区、地域、地段房地产收入的较大差异，以及不同种类、用途房地产收入的明显差异等，都造成了不动产保有税课税对象收入水平参差不齐。课税对象收入差异反映了城市和乡村、不同地区、不同用途不动产保有人或使用人的纳税能力存在着较大差异。

不动产保有税所具有的征税面广和课税对象收入水平不均衡的特点，要求不动产保有税计税依据的选择设计，既要符合不动产保有税面广量大的特点，又必须适应课税对象收入差异大，以及纳税人纳税能力参差不齐的特点，以保证税负公平。

房地产的城乡差异、地区区域差异以及用途差异通常会在其市场价格上反映出来，从价计征不动产保有税，即不同的不动产保有人依据其保有的不动产的价格水平纳税，能够基本体现公平纳税的思想。从价计征作为不动产保有税的基本计税依据已经达成共识，从价计征中的“价”的判断与确定将是税基评估的基本内容。

作为一种面广量大的税种，不动产保有税税基的确定恐怕难以完全采用现行市价方式，同时也难以完全采用个别评估方式。也就是说，房地产保有税的税基需要通过资产评估取得，而且利用计算机批量评估应该是不动产保有税税基评估的基本方式和主导方式。大数据、整体性批量评估应该是不动产保有税税基评估的发展趋势，也将是不动产保有税税基评估的显著特点之一。

1.3.3 金融资产安全与资产评估

一个国家金融的发展、稳定与繁荣直接关系到该国社会和经济的发展、稳定与繁荣。在我们认识到金融行业在国民经济中占有举足轻重的地位和作用的同时，我们也应该看到金融业也是一个具有较高风险的行业。保证金融资产安全、避免金融风险的发生是世界各国政府、国际金融组织以及金融机构本身十分注意的重大问题。经历了20世纪80年代由经济泡沫引发的金融风暴的美国以及经历了亚洲金融危机洗礼的亚洲国家和地区，都充分认识到了资产评估在防范和化解金融风险方面的重要作用。在全世界范围内，为银行抵质押贷款服务的资产评估以及为金融不良资产处置提供参考意见的资产评估广泛开展，资产评估已经成为世界金融界防范和化解金融风险的重要手段。近年来，世界各地不断发生的或大或小的金融危机和债务危机不断地提醒我们，客观地进行资产评估对保证一国的金融资产安全、避免金融风险是有积极作用的。

金融创新是金融业迅速发展的重要方面，金融衍生工具的不断出现和交易的频繁发生也给资产评估行业关于金融衍生工具的计价和估值提出了全新的课题，金融衍生工具的大量出现使得传统的评估技术遇到了前所未有的困难和挑战。

我国金融改革正步入一个关键时期，伴随着金融企业改革创新的深入开展、工商企业资产抵押和知识产权质押融资活动的日益增加，以及金融不良资产的处置和金融体制改革的方方面面都与资产评估具有千丝万缕的联系，金融体制改革和创新正在向资产评估行业不断地提出新的服务内容要求和服务质量要求。

1.3.4 会计资产计价与资产评估

2005年1月1日，欧盟及90多个国家和地区开始采用国际会计准则。国际会计准则的发展和实质性应用推动了以财务报告为目的的评估（valuation for financial report）在欧洲和北美地区的推广和发展。资产评估如何更好地服务于财务报告目的，成为各国评估界和会计界重点研究的课题。为此，各国评估界和会计界就对以财务报告为目的的评估业务进行了广泛的合作和探索。中国香港地区已于2005年1月1日起执行国际会计准则。我国内地于2007年在上市公司中执行《企业会计准则》。这套会计准则引入了“公允价值”的计量属性。这为在我国开展以财务报告为目的的评估奠定了制度基础。

同时，美国财务会计准则委员会（FASB）在很大范围内采用公允价值概念，在商誉和企业并购会计准则中已经做出了相关规定，并指出，在进行公允价值计价时遵循的一个原则是：“公允价值的估计应当建立在评估技术结果的基础上，评估技术应当尽可能地吸收来自活跃市场的市场信息，即使所计量的资产（负债）并不在活跃市场上交易……总而言之，市场信息吸收得越多，公允价值估计的可靠性就越大。”

国际会计准则规定，如果采用公允价值模式，可能涉及对资产的评估和重估，有的具体会计准则甚至直接要求由专业评估师进行评估，如IAS 16。应当说，只有采用公允价值模式计价以后，才产生了以财务报告为目的的评估业务，而在严格的历史成本模式下，没有必要进行以财务报告为目的的评估。资产评估由于其专业性和独立性，在公允价值的确定过程中发挥着越来越重要的作用。国际评估准则委员会近年来也积极与国际会计准则委员会进行对话，并根据国际会计准则的变化对国际评估准则进行必要修改。例如2005年第七版《国际评估准则》在序言中指出：“资产评估能够在财务报告中反映资产现时价值的重要性受到了越来越广泛认可。在会计处理和财务报告中列示资产价值时，以评估的现时价值为基础取代历史成本的做法已成为一种日益普遍的趋势。”

2006年2月15日，我国颁布的《企业会计准则》第一次全面地引入了公允价值概念，在投资性房地产、长期股权投资、交易性金融资产、债务重组、非货币性资产交换、非同一控制下企业合并、资产减值等具体准则中允许采用公允价值计量。根据我国现阶段市场的发育程度，我国新的会计准则采取了有限度地运用公允价值作为会计计价属性的做法，并对采用公允价值计量规定了一些条件：第一，资产存在活跃市场的，应当以市场中的交易价格作为其公允价值；第二，资产本身不存在活跃市场，但类似资产存在活跃市场的，应当以类似资产的交易价格为基础确定其公允价值；第三，对于不存在同类或类似资产可比市场交易的资产，应当采用估值技术确定其公允价值。《企业会计准则》的这一巨大变化更加强化了会计资产计价与资产评估的联系，以财务报告为目的的资产评估已经或正在被提到议事日程，为我国以财务报告为目的的评估奠定了制度基础。

2007年9月，中国资产评估协会颁布的《以财务报告为目的的评估指南（试行）》对以财务报告为目的的评估作了如下表述：以财务报告为目的的评估业务是指基于中国企业会计准则或相关会计核算、披露要求，注册资产评估师运用评估技术，对财务报告中各类资产和负债的公允价值或特定价值进行分析、估算，并发表专业意见的行为。

2014年1月26日，财政部发布了《企业会计准则第39号——公允价值计量》，该准则明确提出公允价值计量方法包括市场法、收益法和成本法。这就在技术层面上为以财务报告为目的的评估提供了更为具体的技术指引。因此，以财务报告为目的的评估已经成为我国评估服务领域中的一项重要业务内容。

伴随着新会计准则的实施，会计资产计价与资产评估的联系更加紧密，出现了相互依存、相互合作、相互支持和共同发展的局面。在今后相当长的一段时间里，会计需要研究资产评估，特别是评估技术，并且寻求资产评估的技术支持。

本章小结

资产评估的产生和发展有其客观基础，资产评估的发展演变与社会经济条件的发展演变密切相关。资产评估活动的出现、资产评估服务领域的不断扩大，以及资产评估学科的产生，都是市场经济的发展推动所致。与市场经济不同发展阶段相适应，资产评估不同发展阶段形成了不同时期鲜明的特点。把握社会经济发展与资产评估发展关系的主线是理解资产评估实践及其理论体系和方法体系构建的基础，也是学习和掌握资产评估理论及方法的基础。

主要概念

资产评估　资产评估学　评估复核　限制性评估

基本训练

思考题

(1) 资产评估与市场是怎样的关系？

(2) 资产评估有哪些基本构成要素？

(3) 你认为资产评估在社会经济生活中应该发挥什么样的作用？

第1章参考答案

第2章 资产评估理论基础

学习目标

通过本章的学习，学生应了解有关资产评估价值及其决定因素等方面的各种价值理论、价值观，资产评估学的研究对象、资产评估价值的影响因素、评估价值多样性产生的条件等资产评估的基础理论问题，从而为进一步认识资产评估活动、资产评估的本质以及理解资产评估技术原则和手段等打下坚实的理论基础。

2.1 资产评估价值论和价值观

本章所讨论的资产评估价值理论基础实际上就是关于资产评估价值决定的相关理论。关于资产价值和资产价值决定的理论及其决定因素有众多的流派和说法。这些可能会使人们感到没有头绪，也可能产生误解。为了使资产评估价值决定因素的讨论有一个共同的基础，我们不仅需要对资产评估活动有一个清醒认识，而且需要对资产评估研究对象、资产评估价值以及资产评估评价目标有清醒和统一的认识。

首先，资产评估是一种社会经济活动，同时资产评估又是一门研究资产估值及资产评估活动内在规律的学问和学科。作为一门研究资产估值及资产评估活动内在规律的学问和学科，资产评估学科研究对象的确立以及正确认识和恰当把握，不仅对资产评估学科来说是至关重要的，而且对我们研究和把握资产评估价值理论基础及资产评估价值决定理论也具有提供目标和研究方向的作用。

2.1.1 资产评估研究对象

资产评估学（或学科）的研究对象可能在很长的一段时间里并未纳入我们的研究视野。人们并没有把它作为一个独立的问题加以对待。事实上，人们在关于价格与价值的反复讨论过程中已经触及了资产评估学的研究对象问题。由于对价格与价值的讨论往往被看作对两个独立概念的讨论，大多数人并未意识到这种讨论已经涉及资产评估学的研究对象问题。资产评估学研究对象的复杂或模糊不清，源于我们对资产评估活动、资产评估价值与价格的认识不清。反过来，我们对资产评估学研究对象的认识模糊，又加重了我们对资产评估活动以及资产评估价值与价格认识的模糊。明确资产评估学的研究对象是研究资产评估活动的出发点，也是讨论资产评估价值决定等一系列资产评估理论问题的基础。如果我们在没有界定资产评估学研究对象之前就讨论诸如资产评估价值决定等一系列资产评估理论问题，可能会产生一系列不必要的分歧和争论。资产评估学研究对象问题应该成为我们研究和讨论资产评估理论问题的切入点。

资产评估作为一个学问或学科确实存在一个研究对象问题。这是我们研究资产评估活动首先应该解决和明确的目标。显然，资产评估学研究对象是客观存在的。它并不是由哪个人或哪些人所决定的。它既不取决于学者的意愿，又并不由评估人员的好恶决定。资产评估学研究对象是由资产评估的行为目标、服务目标以及资产评估功能等因素决定的。从资产评估的行为目标和服务目标方面看，资产评估的行为目标和服务目标就是合理估计和评价包括资产在内的各类评估对象的价值。从资产评估的功能方面看，资产评估的基本功能就是对资产等价值进行评判和估量。无论是从资产评估的行为目标和服务目标方面看，还是从资产评估的功能的方面看，资产评估都与价值和评估价值具有密不可分的联系。如果把资产评估作为一门学问和学科来看待，资产评估学是一门主要探索资产功能与资产利用，以及资产功能和资产利用与市场供求和市场评价之间逻辑关系和数量关系的学问和学科。就本质而言，资产评估学的研究对象就是资产及其他评估标的物的价值（价格范畴），以及由此衍生出来的价值（价格）决定因素、价值表现形式、衡量资产及其他评估标的物价值的手段和价值的表达。

明确资产评估学的研究对象之所以重要，是因为实际上资产评估学的研究对象反映了资产评估活动的本质。客观地讲，与资产价值或商品价值研究有关的学科、专业有很多，而资产评估学并不是孤立地研究资产的价值（价格）。资产评估学研究的主要方面是在理性认识资产价值的基础上，研究资产价值由什么决定，在不同市场环境中和条件下，决定资产价值的各种因素的作用方式和影响程度，以及如何将这些影响因素合理量化。正确认识和理解资产评估学研究对象有两个基础：其一是理性地认识和理解价值和评估价值；其二是理性地认识和理解价值和评估价值决定因素及其作用方式、作用程度以及量化方式。

资产价值与资产评估价值是人们经常使用的两个概念，同时也是经常被误解和误用的两个概念。因为资产价值是一个内涵极为广泛的概念，在不同领域、不同学科可能都有各自领域的资产价值内涵。资产价值可以从不同的角度来定义。这可能就给人们认识和把握资产评估中价值的确切含义带来困难。例如，资产价值就包括了内在价值、账面价值、市场价值、投入价值、产出价值等各种各样的说法或定义。那么，资产评估中的价值与上述各种价值是什么关系呢？许多评估人员经常将资产评估价值与上述各种资产价值混为一谈。了解资产的各种价值内涵有助于我们进一步讨论资产评估价值。

资产的内在价值亦称资产的经济价值，这是一个理论性极强的概念。从某种意义上讲，资产的内在价值概念意在突出价值的本质和来源。按照一般的解释，资产的内在价值相当于资产的未来预计现金流量的折现值。

资产的账面价值是一个以购入成本为基础进行计量的会计概念，是资产在企业资产负债表中反映出来的资产价值。

资产的市场价值其实是一个泛指概念或范畴，广义地讲，可以将其笼统地理解为资产的内在价值或经济价值在正常市场上的货币表现或反映。

资产的投入价值是一个“进入价格”的概念，是从成本或所费的角度，将形成资产的各种生产要素耗费额累加起来作为价值的价值总称。

资产的产出价值是一个“退出价格”的概念，是从资产的变现和投资回报的角度把资产的变现价值、预期收益折现值等形式表现出来的价值总称。

资产的价值还可以从更多角度去描述，而从资产评估的角度审视资产的价值，应该出于交易的角度、价值咨询的角度或者价值鉴证的角度来把握。资产评估所提供的服务主要是一种价值判断或衡量，即用货币衡量资产值多少钱。从这个意义上讲，资产评估中的价值并不直接属于社会必要劳动时间凝结形成的价值，而是一种交换价值，属于价格范畴，是一个“值多少钱”的概念。既然资产评估中的价值是一个价格范畴，那么资产评估学研究对象自然就属于资产的价格（范畴）判断问题了。明确资产评估中的资产价值或评估价值是一个价格范畴，以及资产评估学的研究对象是资产的交换价值或价格（范畴）判断的意义非常重大，这对于评估人员认识和把握影响资产评估价值的因素具有重大影响。

2.1.2 关于价格与价值的进一步说明

对于我们将资产评估价值定义为交换价值和价格范畴，而并没有将其直接定义为资产价格本身，需要做进一步说明。这种提法不仅涉及一个概念表述，而且关系到资产评估的定性问题。站在经济学或市场的角度，价格是指在特定的交易行为中，特定的买方和/或卖方对商品或服务的交换价值的认可以及提供或支付的货币数额。价格是一个历史数据或事实，是在特定的交易行为中特定买方和卖方对商品或服务实际支付或收到的货币数额。根据我们对评估价值性质的分析，我们将资产评估中的价值定义为一个价格范畴，因为它反映了可供交易的资产与其买方、卖方之间的货币数量关系，因而它具有了价格的本质特征。然而，资产评估中的价值在大多数情况下又不是一个历史数据或事实。它只是专业人士根据特定的价值定义在特定时间内对尚未进入市场的资产、经济事项等的价值的一种估计，因而它不具有市场价格的形式特征。因此，资产评估中的价值属于价格范畴但又不是市场价格本身。无论是从资产评估的性质上讲，还是从资产评估结果的作用方面看，都显示出资产评估结果或评估价值属于价格范畴但不是市场价格本身。既然资产评估价值属于价格范畴，资产评估学（科）的研究对象自然就是资产的交换价值（价格范畴），以及由此衍生出来的资产交换价值决定因素、交换价值表现形式、衡量资产交换价值的手段和资产交换价值的表达。其中，明确资产评估学的研究对象的一个最重要的作用，就是传递了一个最重要的信息——从资产交换价值形成及其决定的角度去把握资产评估。

我们强调资产评估学的研究对象是资产的交换价值及其判断，以及资产评估价值的价格属性。希望表达：第一，尽管人们在表述资产评估结论时习惯使用"价值"（value）这个词，如市场价值、投资价值、在用价值等，但其评估结果的属性属于价格范畴。这是因为：其一，资产评估结果是一种用货币表示的价值量；其二，一项资产评估的结果除受其内在因素影响以外，市场供求对评估结果的影响也非常大；其三，从可操作性的角度来看，评估师可以评估的只能是资产的"价格"而非凝结在资产之中的抽象劳动。上述3点表明资产评估结果只能是一种价格范畴。第二，资产评估结果的属性属于价格范畴，但它又不是市场价格本身，即资产评估结果并不是资产的实际市场价格，关于这一点需要格外强调。因为大多数人能够接受资产评估结果属于价格范畴，但许多人并没有严格区分价格范畴与市场价格的区别。然而，这两者的区别对资产评估来说意义重大。它关系到资产评估到底是一种定价行为还是一种咨询行为，资产评估定位准确与否直接关系评估人员对执业理念和执业技术的运用。强调资产评估结果属于价格范畴但不是市场价格本身，还可以从以下几方面来解释：其一，资产评估是在资产真正进入流通领域和市场之前进行的，资产的市场价格只能在流通中产生，而不能在市场及流通领域以外的地方产生；其二，资产评估结果并不能替代或取代资产交易当事人的讨价还价及定价行为，资产评估仅仅是一种专家判断，资产评估结果仅仅是资产评估专业人士对资产交换价值客观值的估计值。

当然，我们还可以从另外的角度指出为什么要把资产评估的研究对象的本质特征界定为"价格范畴"而不是我们平常所说的"价值"（社会必要劳动时间凝结形成的）。第一，人们习惯或潜意识中的"价值"作为资产客观内涵的规定性具有不可探测性。第二，资产评估服务于引起资产评估的资产业务，而引起资产评估的资产业务需要的是对资产价值或资产获利能力的衡量，而不是去探究价值的源泉。第三，在资产评估过程中需要充分考虑的因素就是资产的供求状况。第四，在资产评估过程中采用的基本评估途径和方法，如收益途径及其方法、市场途径及其方法、成本途径及其方法的基本思想都是以市场为导向、以交易为目的，评估的结果当然要体现交易的公平性原则。只有通过资产评估准确得知资产的市场交换价值，才能达到这样的要求。第五，当一宗资产评估工作完成以后，评估人员说该资产值多少钱，这本身就是一个价格的概念。正是因为上面的原因，我们才认为资产评估学的研究对象是一个“价格范畴”，进而得出资产评估活动的核心工作是一种价格判断及其衡量的结论。结合资产评估实践来看，我们目前的资产评估实务操作中的评估结论恰恰就是一个价格范畴。一方面，对资产值多少钱做出判断和估计是评估人员能够做到的，另一方面，这也是客户希望知道和得到的。

从上面的分析可以确信资产评估价值是一个价格范畴，资产评估学的研究对象就是关于资产交换价值决定和量化问题，即资产价格决定和量化问题。资产评估活动的核心和本质是一种属于价格范畴的价值判断。

为了评估人员进一步理解资产评估中的价值及其决定因素，我们需要了解有关经济学中的价值与价值观的一些内容。

2.1.3　经济学中的价值理论和价值观

价值观在经济学和政治经济学中占有重要地位。从某种意义上讲，价值观是价值学说在相关领域的应用和体现。本教材是站在合理解释资产评估行为的角度有选择地审视和回顾与资产评估相关的价值学说和价值观，力图从实用的立场上为资产评估行为提供理论解释。

从资产评估的角度考察近一个世纪以来价值学说的演变时我们发现：在价值学说方面有两大截然不同的学说——主观价值论和客观价值论。在西方经济学家眼中，价值始终是个充满主观估计色彩的概念。例如，18世纪法国重农学派的杜尔阁就曾指出：商品具有客观价值和主观价值，前者由市场决定，而后者则取决于让渡自己物品的人对该物品的主观估计。著名经济学家马歇尔也曾说，“价值”这个词是相对的，表示在某一时间和地点两样东西之间的关系。相对于市场价格的客观性来说，价值是人们对一物所值的主观评价。在西方经济学家眼中，价值与价格的本质是一样的，都属于价格范畴，只不过价格是市场的产物，而价值则是人对物所值的主观估计或判断。从这个意义上讲，西方经济学中的价值理论实际上也是价格理论。

以马克思为代表的劳动价值论者则认为价值是客观的，价值是凝结在商品中的一般人类劳动，价值量是由凝结在商品中人类无差别的社会必要劳动时间决定的。价格是价值的货币表现，价格围绕着价值受供求关系的变化而波动。劳动价值论不仅探索了价值产生的源泉，还提出了相应的价格理论。

从上述介绍可以看出，关于价值或价格理论在国际范围内并没有形成统一认识，而具有代表性的价值或价格理论有劳动价值论、边际效用价值论、生产费用价值论和供求均衡价值论等。

1）劳动价值论

劳动价值论认为，商品的价值是由劳动创造的，一切商品的价值均由耗费在该商品上的无差别的人类劳动所决定，并随着社会生产率的变化而变化，主张劳动是价值的唯一源泉，价值是商品交换的基础。

我们必须看到，劳动价值论中所讨论的价值与古典经济学所讨论的价值是有差异的。前者讨论的是决定价格的内在基础，后者讨论的是价格范畴本身。但劳动价值论在强调了价值是价格的内在基础的同时，认为市场供求关系也会影响价格。在价格决定方面，劳动价值论与古典经济学的价值决定理论还是存在某些共同之处的。

关于劳动价值论，许多人将耗费在该商品上的无差别的人类劳动理解为微观（行业）的必要劳动时间。其实，形成价值的社会必要劳动时间不仅包括微观层面上的某种商品的行业必要劳动时间，而且包括宏观层面上的社会必要劳动时间。一定时期内的社会必要劳动时间总量是一定的，一定时期各类商品的社会必要劳动时间总量也应该是一个大致确定的量。每类商品社会必要劳动时间总量决定了这类商品总的市场价值。在很多情况下，由于某种商品的社会投入（社会必要劳动时间）超过了社会分配给这类商品的必要劳动时间，就这一类商品而言，会出现贬值现象。相反的情况也当然存在，即某种商品的社会投入少于社会分配给这类商品的必要劳动时间，此时，这类商品的个别价值会出现升值情况。这种情况的把握在实践中通常是通过商品的市场供求关系体现的。当商品供不应求时，说明社会投入（的必要劳动时间）低于该类商品应分配的社会必要劳动时间总量。当商品供过于求时，说明社会投入（的必要劳动时间）高于该类商品应分配的社会必要劳动时间总量。在社会实践中要想把握社会必要劳动时间在各类商品间的分配，借助于市场供求关系是最重要的途径和手段。

2）边际效用价值论

19世纪末，边际效用学派提出了边际效用价值论。边际效用价值论认为，价值是由物品的稀缺性与效用决定的。效用是价值的源泉，也是形成价值的重要条件，同时价值的形成还依赖物品的稀缺性，稀缺性与效用的结合是价值形成的基础。商品的价值量由物品为其占有者带来的效用所决定，可以把价值归结为人的需要和商品效用之间的关系。

3）生产费用价值论

生产费用价值论认为，商品的价值是由劳动、资本和土地3种生产要素在生产经营过程中有机结合共同创造的。与此相对应，劳动、资本和土地分别得到相应的工资、利润和地租。一方面，工资、利润和地租是工人、资本家和土地所有者的收入；另一方面，这些收入也构成了生产费用。由工资、利润和地租所构成的生产费用是决定商品价值的基础。

4）供求均衡价值论

以马歇尔为代表的新古典主义学派在先前理论的基础上所做的融合，将效用价值论和生产费用论结合起来，用供求力量来解释价值和价格。实现了价格论对价值论的替代以及主观价值论与客观价值论的合流。在他的学说中，价值、交换价值和价格是没有区别的，价值就是由市场供求关系所决定的均衡价格，即商品价格是在供给和需求达到均衡时确定的。

上述理论观点都是从不同的角度解释价格决定问题的，它们既提供了如何看待价值及其价格决定的视角，又为资产评估技术路径和方法体系的建立提供了理论基础。既然我们已经明确了资产评估的研究对象是资产的价格或交换价值问题，西方经济学中的价值理论或价格理论中的许多精华就值得我们借鉴，而马克思的劳动价值理论中的价格形成理论也需要我们认真学习、领会。

上述所列举的与资产评估相关的价值学说对资产评估理论与实践研究起到了一定的指导和引导作用。不同的价值学说应用在资产评估领域中，就形成了各种不同的资产评估价值衡量的观点。资产评估价值观包括但不限于以下3种：

第一，生产成本观。生产成本观基于投入的视角看待价格形成和价格决定，是劳动价值论和生产费用价值论思想的集中体现。因为，劳动价值论认为资产的价值由凝聚在资产中的物化劳动和活劳动所决定。而生产费用价值论中的劳动、资本和土地等耗费，在某种程度上也可以理解为物化劳动和活劳动的耗费。而且，两大理论都强调了社会必要生产成本（劳动时间）决定的观点。人们还从社会再生产理论的角度把这一观点解释为投入价值，即从投入的角度来衡量资产的评估价值。

第二，供求平衡价值观。供求平衡价值观强调“价值”是由“供求关系”决定的。价值是需求的函数。当供给大于需求时价值就小，当供给小于需求时价值就大。价值是个相对名词。某一商品的价值指的不是该商品本身具有的某种内在的本质特征，而是该商品所能换得的其他物品的数量。因此，某一物品的价值是相对于另外某一物品或一般物品而言的，即某个物品的经济价值是由具有同样满意程度的替代物的支出决定的。价值和价格只是在市场上由竞争决定。市场上的价格应当遵循同一率，即同质同量的商品，在同一市场上的价格应当是相等的。供求平衡价值观借鉴了马歇尔新古典主义理论中的价格-价值论形成的资产评估价值决定观。因为资产评估价值属于价格范畴，而马歇尔的新古典主义理论中的价格-价值论则是一种把需求和供给结合起来，用市场交易价格作为价值的理论。根据马歇尔新古典主义理论中的价格-价值论的说法，资产评估价值就是一种价格，所有影响资产价格的因素都会影响资产评估价值。市场供求关系对资产评估价值的影响举足轻重。

第三，预期效用观。预期效用观源于效用价值论。效用价值论的思想是指资产的价值由资产为其所有者或控制者所能带来的效用决定。资产的效用显然指的是资产为其所有者、占有者或控制者所带来的未来预期收益。因为对投资者来说，占有资产的根本目的就是实现收益，并尽可能最大化收益。效用价值论是从产出的角度来评估资产的价值的。

资产的评估价值到底是由什么决定的呢？其实，不同的价值理论和价值观都有自己的阐述。这些阐述有的侧重于资产价值形成时的内在因素，有的则侧重于资产价值形成时的外部因素。按照辩证唯物主义和历史唯物主义的观点，资产价值形成过程中的内在因素和外在因素在资产价值形成过程中的地位和作用有时是会发生变化的。资产的价格本身就是由其内在价值和外部条件共同作用形成的，我们不一定要苛求得出是哪一种理论或哪一种要素决定了资产评估的评估价值。我们应该本着辩证的思想，从理论联系实际的角度来认识和把握资产评估价值决定理论和思想。

2.2 资产评估价值的影响因素

对资产评估中价值的进一步理解应该从资产评估目的以及资产评估对评估价值的要求的角度来分析。从一般意义上讲，资产评估的目的是对拟进行产权交易的资产在某种约束条件下的价值做出公允判断。评估人员对资产所做的价值公允判断，不是一种作秀或展示，而是服务于资产或产权交易以及其他资产业务的。从资产或产权交易对资产价值的公允性要求来看，资产评估中的价值或公允价值是人们对一物（资产）所值的主观评价，属于交换价值性质，即价格范畴。也就是说，凡是影响资产价格的因素都会影响资产的评估价值，同理，凡是能够影响资产评估价值的因素也都会影响资产的价格。我们不能说生产商品（资产）的社会必要劳动时间不会影响资产的评估价值，我们也不能不认为商品（资产）的效用（使用价值）是决定资产评估价值的重要因素。当然，我们更不能无视商品（资产）的市场供求关系对资产市场价格及其评估价值的影响。也就是说，作为价格范畴的资产评估价值，要受到资产内在价值、使用价值和市场供求关系的影响。资产评估价值是以资产内在价值为基础，考虑评估基准日各种条件及多种变量影响可实现的价值估计值。当明确了资产评估价值的性质及决定因素以后，我们就不会只强调某种理论及其对应的因素对资产评估价值的影响，而不考虑其他因素对评估值的影响。

2.2.1 资产的使用价值

资产的使用价值是资产具有价值或价格的物质基础。资产使用价值的大小是由资产的功能和资产的使用方式决定的。由于资产的种类繁多，功能性能各异，关于各类各种资产的功能，只能概括为资产本身的性质、性能、功效和基本作用。一般而言，不同的资产存在着功能上的差异。这是导致不同资产可能具有不同使用价值的根本原因。资产自身的功能是资产具有使用价值的物质基础。不同资产自身功能上的差异决定了它们之间可能存在着使用价值和价值上的差异。如果说资产自身的功能是资产具有使用价值的物质基础，那么，资产的使用方式或利用方式是将资产自身的功能转化为现实使用价值的过程和手段。准确地讲，资产自身的功能是资产具有使用价值，是一种潜在的“能力”。要将资产潜在的“能力”转化为现实的使用价值，还需要正确使用或利用资产，并将其功能充分释放。同样功能的资产，其潜在的使用价值可能是相同的，而现实的使用价值未必完全相同。这种差异主要源于它们的使用方式或利用方式的差异。从理论上讲，资产使用价值的大小是由资产的功能和资产的使用方式决定的。换一个角度来说，资产的功能和资产的使用方式决定了资产使用价值的大小或量的多少。

事实上，用资产自身功能和使用方式或利用方式直接来描述或衡量资产使用价值的大小是比较困难的，因为资产间的使用价值难以比较。如果将所有资产的使用价值的物理形式抽象掉，我们就可以直接利用资产使用价值的外在表现——资产的生产能力、服务能力和获利能力来描述或衡量资产的使用价值了。如果我们能利用资产的获利能力来描述资产的使用价值，不管是不同的资产还是相同的资产，它们的使用价值都可以一目了然。将资产的获利能力作为资产使用价值的表现形式，进而作为资产具有价值的基础就非常容易把握了。如果我们能用资产的获利能力来描述资产的使用价值，那么资产的使用价值又与经济学中的资产的内在价值联系在一起了，因为经济学认为资产的内在价值恰恰是资产的预期获利能力或预期收益的折现值。资产的使用价值理论与经济学中的资产内在价值理论之间的联系与融合从不同的角度表明或证明了资产评估价值或交换价值的基础。

2.2.2　市场供求关系

既然资产评估价值属于价格范畴，那么供求关系对价格形成的作用和影响是不言而喻的。对市场供求关系的理解可能会涉及需求定律和供给定律以及若干相关概念和专业术语。

在一段时期，人们愿意并且能够购买的某种商品的数量，称为该商品的需求量。在其他条件不变的情况下，一种商品的需求量与该商品的价格呈反方向变动关系：需求量随价格上升而下降，随价格下降而上升。商品价格与需求量的这种关系被称为需求定律。除了价格以外，还有许多因素在影响着消费者的选择，其中最重要的是消费者的收入、相关品价格、消费偏好及消费者的预期。

相关品是指可以相互替代的商品。相关品的价格会直接或间接地影响标的商品的需求。如果大米价格不变，而小麦价格下降，人们将以更多的小麦替代大米，从而减少对大米的需求量。小麦和大米是两种不同的商品，但小麦可以代替大米给消费者带来类似的满足，小麦就成为大米的替代品。当然，除了小麦，大米还有大量的其他替代品。从某种意义上讲，只要一种物品能够满足人们的某种需要，它就可以在一定程度上替代标的商品给人带来的满足，只是替代的强弱有所不同而已。在给定的价格下，一种商品的需求量与其替代品的价格成正相关关系。

消费偏好用以描述人们对商品的评价，即在一系列可供选择的商品中，人们更喜欢或更偏爱什么商品。显然，在给定的价格下，人们总是愿意购买更受自己偏爱的商品。

消费者的预期会明显影响消费者现时对商品或服务的需求。例如，如果你预计你的收入会不断地增加，那么你现在就会愿意消费得更多。或者，如果你预计商品价格会下降，你可能会持币待购，减少现在的消费。

由于收入、相关品价格、消费者的偏好和预期的变化，人们就会在给定的价格下改变商品的需求量。在每一价格水平下需求量都增加了，称为需求的增加。这时，在每一个价格水平下都有更多的需求量，或者说对每一个数量水平，消费者都愿意支付更高的价格。反之，需求量会减少。

在一段时期内，企业愿意并且能够提供的某种商品的数量，称为该商品的供给量。在其他条件不变的情况下，一种商品价格上涨，企业就能够获得更多的收益，因而会将用于其他商品生产的资源用于这种商品生产，或者说以更多的这种商品替代其他商品的生产。反之，当一种商品价格下跌时，人们会以其他商品的生产替代这种商品的生产，从而减少这种商品的生产。商品价格与供给量的这种关系称为供给规律。

除了价格以外，许多其他因素的变化也会对企业供给造成影响，例如生产技术和要素价格。所有影响供给的因素都是通过影响企业的成本来发挥作用的。成本降低，就会使企业在既定的价格水平上获得更多的利润，于是企业会扩大生产，新的企业也会进入该市场，增加产品供给量。反之，企业则会减少生产，减少供给量。因此，对于每一个市场价格，产品供给量都会随成本下降而增加。

企业为生产特定数量的产品所花费的成本等于每种投入品的数量与其价格的乘积之和。技术条件给定，每个产量水平所需的各种投入品的数量就给定了，于是成本由每种投入品的价格决定。如果某种或若干种投入品的价格上涨，在其他条件不变时，就意味着生产一定量产品的成本上升，企业愿意生产的产品数量会减少。如果投入品的价格大幅度上升，以至于生产产品变得无利可图，企业甚至会停止产品生产和供给。

运用一定的要素组合能够生产多少产品，或生产一定量产品需要什么样的要素组合，取决于生产技术。因此，要素组合与产出品之间的关系，或投入与产出之间的关系，本质上是一种技术性关系。如果技术进步了，企业就可以用相同的投入生产出更多的产品，或者说在每一个产量水平上企业的生产成本降低了。

企业现在供给的产品数量还取决于企业对未来的预期。如果预期未来产品价格会上升，企业就会减少现在的产品销售，将其储存到以后，从而减少现在的供给。如果预期未来产品价格会下降，企业就会增加现在的产品销售，从而增加现在的供给。

前面已经说明了市场需求和供给以及决定需求和供给的因素。需求和供给分别说明了消费者的选择和生产者的选择。这些选择是通过市场交易完成的。在正常市场情况下，市场交易是自愿交易，或交易双方达成一致的交易。因此，市场交易价格和交易数量应该是供求双方愿意并能够接受的。当消费者愿意并且能够接受的商品价格和数量与生产者愿意并且能够提供的商品价格和数量达到一致时，即当消费者和生产者愿意接受的价格和数量达成一致时被称为市场均衡，其对应的价格被称为均衡价格。在现实中，市场均衡和市场均衡价格时常会被打破，供给曲线和需求曲线随时都可能变动。它们可能向同一方向变动，也可能向不同的方向以不同的幅度变动，从而改变市场均衡价格和均衡数量。

资产有价值或市场价格，是因为资产能够为其所有者或控制者带来收益。因此，资产购买者愿意为一项资产支付的最高价格，即需求价格，取决于该资产能够带来的收益，确切地讲，取决于该资产未来现金流的折现值。资产的出售价格或资产的供给价格则依存于资产的成本，而资产成本决定了资产的最低要价。一项资产的成本并不一定取决于生产该资产的实际所费，而是取决于这种资产在其可选择的用途上能够带来的收益，即该资产的（机会）成本是在所有可能的用途上能够带来的最高收益，亦即卖方预期的该资产未来现金流的折现值。

因此，资产预期现金流的折现值既决定了资产的需求价格，又决定了资产的供给价格。然而，资产的预期收益并未实际发生，而只是基于当事人对资产收益及折现率的预期。资产的收益不仅取决于资产本身及其他生产要素的生产率，还取决于所生产出来的产品的需求及价格。折现率的影响因素更为复杂。无风险报酬率既取决于资金供求双方的行为，又取决于宏观经济环境及政府的货币政策。风险报酬率则与宏观经济环境、产业发展情况和资产本身的状况等具有紧密联系。无论是资产的预期收益及其决定因素，还是折现率及其决定因素都会发生变动，这些变动都会影响特定资产的收益现值和价值。

事实上，无论是买方还是卖方，都很难对资产的未来收益及折现率形成准确预期。他们只能根据各自所拥有的相关信息，形成自己对资产价值或价格的预期。为了避免人们对资产价值或价格的预期出现较大偏差，应该更多地利用市场。如果存在一个充分发育的资产市场，有众多的自愿参与者进入市场参与交易，市场就会汇集到充分多的信息。市场会将这些信息反映在资产价格上，即充分发育的资产市场会给资产一个较为客观的价值或价格。因此，评估人员充分利用市场才有可能为特定资产评估出客观的价值或价格。

当然，这里我们还要强调的是市场与市场供求是需要细分的。例如，从地域的方面讲，市场可以划分为国际市场、国家市场、地区市场。这些市场既有联系又有区别。从市场活动的内容方面讲，市场又可以分为商品市场、服务市场、要素市场和资本市场等。这些市场之间的差异比较明显。从同一市场的级次方面讲，有些市场分为一级市场、二级市场，而有些市场分为一手市场和二手市场等。无论是市场地域上的差异、活动内容方面的差异，还是级次上的不同，都会使这些市场具有相对独立性和市场供求个性差异。

2.3 评估价值的多样性及价值类型

2.3.1 资产评估结论多样性的特点

资产评估结论的多样性包括了两方面情况：其一是同类、同种或同样的非同一资产可能存在不同的评估结论；其二是同一资产可能存在不同的评估结论。第一种情况似乎相对容易理解一些，即同类、同种或同样的非同一资产可能存在不同的评估结论，其中较为明显的原因或理由可能产生于它们的不同利用方式及表现出来的不同的使用价值——获利能力。同一资产可能存在不同的评估结论容易被人误解，至少是不容易被人一下子认识和理解。无论是非同一的同类、同种或同样的资产可能存在不同的评估结论，还是同一资产可能存在不同的评估结论的现象或情况，都是资产评估价值类型理论的研究内容之一。

如前所述，评估人员对资产的未来收益及折现率形成预期。他们只能根据各自所拥有的相关信息，形成自己对资产价值或价格的预期和判断，而每个评估人员对资产价值所做的估计和判断都是基于他们各自所拥有的相关信息，以及他们对这些信息的理解、判断。无论是非同一的同类、同种或同样的资产，还是同一资产，在同一评估基准日都可能有不同的评估结论，这产生于评估人员对资产的未来收益及折现率预期上的差异。但是，本节所讨论的非同一的同类、同种或同样的资产以及同一资产在同一评估基准日可能有不同的评估价值，并不包括由于评估人员对资产的未来收益及折现率预期上的差异形成的不同评估结论，因为这种差异是由评估人员能力及信息占有方面的差异造成的，会自始至终存在。合理的资产评估结果本身就是一个区间值。由于评估人员及其所掌握的信息所造成的误差只要在一个相对合理的范围内都属于正常情况，并不属于我们所讨论的非同一的同类、同种或同样的资产以及同一资产在同一评估基准日具有不同的评估价值的范围。本节所讨论的非同一的同类、同种或同样的资产以及同一资产在同一评估基准日可能会有不同的评估价值，是指已经超出上面所说的资产评估结果正常的合理区间值的范围，是实实在在的非同一的同类、同种或同样的资产以及同一资产在同一评估基准日具有不同的评估价值。这似乎有悖于资产评估的客观性和公正性原则。事实上，同样的资产，包括同一资产在同一评估基准日可能会有不同的评估结论，即相同或同一资产评估价值具有多样性恰恰是资产评估的一个非常明显的特征和特点。当然，也有许多非专业人士以及部分资产评估业内人士根据相同或同一评估对象评估价值的多样性的特点不承认资产评估及其结果的客观性和严肃性，也有人依据相同或同一评估对象评估价值的多样性的特点将资产评估定性为艺术而不是科学。其实，资产评估价值的多样性的特点与资产评估及其结论是否客观、科学并没有直接关系。就像同一上市公司的股票在一级市场和二级市场上的价格并不完全一致，同一商品在一手市场和二手市场上的价格并非完全等同一样，同一资产在同一评估基准日可能会有不同的评估价值。

相同或同一资产在同一评估基准日可能会有不同的评估价值这一特点也并不是可以任意利用的。评估人员不能因为同一资产在同一评估基准日可能会有不同的评估价值就随心所欲地评估资产价值。同一资产在同一评估基准日可能会有不同的评估价值是有条件和原因的。这些条件和原因包括：第一，相同或同一资产因环境或条件所限，存在使用方式和利用程度上的差异；第二，相同或同一资产在同一评估基准日可能面对不同的细分市场，例如正常交易市场或拍卖市场；第三，相同或同一资产即使在同一细分市场中，也可能面对不同的交易主体，不同的交易主体拥有不同的交易动机和交易地位；第四，相同或同一资产即使在同一细分市场中，也可能面对不同的交易时限和交易方式等。上述原因和情况都能够导致相同或同一资产在同一评估基准日可能会有不同的评估结论的情况出现。相同或同一资产在同一评估基准日可能会有不同的评估结论的现象，正是资产评估区别于会计资产计价、工程造价中的资产定价等其他资产定价活动的显著特点，也是资产评估具有魅力和神秘感的关键所在。当然，这也正是需要评估人员把握其中规律的核心所在。

2.3.2　影响评估结论多样性因素的分析

相同或同一资产因环境或条件所限，存在着使用方式和利用程度上的差异，而导致其使用价值和价格及其价值方面存在差异是很容易理解的。在资产评估中，作为评估对象的资产的使用方式，评估人员要么以资产实际的使用方式为准，要么根据评估条件设定资产的使用方式。由于作为评估对象的资产的使用方式并不一定就是评估时点作为评估对象的资产的实际使用方式和利用程度，评估人员可以根据评估目的和评估条件进行设定，相同或同一资产在同一评估基准日可能会有不同的评估价值就很容易理解了。

这里的细分市场是指在相同或同一资产市场中的不同市场条件下的具体市场，例如，房地产市场中的正常交易市场、拍卖市场、抵押物处置市场，机器设备市场中的正常交易市场、二手设备市场、拍卖市场，以及抵押物处置市场等。由于不同的细分市场的市场条件存在差异，即使是同样的资产在同一评估基准日也有不同的市场表现。以房地产为例，同样一宗房地产，在同一评估时点，该房地产在正常交易市场中的交易价格与其作为抵押物在抵押物处置市场中可以实现的交易价格，以及作为被拍卖物在拍卖市场中能够变现的价值可能会有较大的差异。

在同一市场中交易条件的差异主要是指在同一市场中交易主体、交易动机、交易时间约束、交易方式等方面的差异。

交易主体差异主要是指市场中的交易主体数量，或者称之为市场活跃程度的不同。市场中的交易主体数量的多寡，或者说市场活跃程度的不同都会影响同一资产在市场中的表现。市场活跃程度越高，资产可以实现的价值或价格就可能越高，反之则相反。

交易动机是参与交易的当事人的交易意愿，甚至是一种交易计划。交易当事人的交易意愿如何，可能会影响资产或商品的交易价格。

交易时间约束包括被交易商品或资产的展示时间、交易当事人了解市场行情和信息的时间、交易当事人讨价还价及其决策的时间。同一资产在交易过程中如果面对不同的交易时间约束，其交易价格可能会出现差异。

交易方式包括一次性付款交易或分期付款交易，单个资产交易或批量资产交易等。交易方式的不同也会在一定程度上影响资产的交易价格。

2.3.3 资产评估的价值类型

在资产评估中，一项特定资产可能有不同的使用方式和利用程度，可能要面对不同的潜在投资者，可能面临不同的细分市场及市场条件。当然，一项特定资产可能存在不同的评估结果。从资产评估学的角度来看，资产评估价值类型理论和价值类型本身就是全面反映资产评估价值这种现象和情况的专业解释和载体。相同或同一资产在同一评估基准日可能有不同的价值，表现为相同或同一资产在不同条件下具有不同的价值类型和价值表现形式。相同或同一资产在同一评估基准日可能有不同的价值类型，也表明相同或同一资产在同一评估基准日可能有不同的评估结果，即相同或同一资产在同一评估基准日存在评估数额上的差异是正常的。资产评估活动中的这种情况或现象表明资产评估价值类型理论和资产评估价值类型在资产评估中具有十分重要的地位和意义。这就决定了评估人员在进行资产评估时，对价值类型的界定和选择应该是评估人员进行资产评估之初首先要考虑的问题。

资产评估中的价值类型分为广义的价值类型和狭义的价值类型。广义的价值类型通常是指人们按照某种标准对资产评估结果及其表现形式的价值属性的抽象和归类。当然，资产评估中的价值类型无论在理论上还是在实践中从来都不是唯一的。人们按照不同的标准、条件和依据，将资产评估结果及其表现形式划分为若干种价值类型。关于价值类型的问题将在以后相关章节中详细讨论。

2.4 资产评估适用的一般经济技术原则

资产评估适用的一般经济技术原则是指在资产评估执业过程中需要遵循的由经济学原理和市场法则浓缩成的主要技术规范。它们为评估人员在执业过程中的专业判断提供了理论依据和保证。这些技术原则主要包括：

2.4.1 预期收益原则

预期收益原则是以技术原则的形式概括出资产及资产价值的最基本的决定因

素。资产之所以有价值是因为它能为其拥有者或控制者带来未来经济利益，资产价值的高低主要取决于资产能为其所有者或控制者带来的预期收益量的多少。预期收益原则是评估人员判断资产价值的一个最基本的依据。

2.4.2　供求原则

供求原则是经济学中关于供求关系影响商品价格原理的概括。供求原则假定在其他条件不变的前提下，商品的价格随着需求的增加而上升，随着供给的增加而下降。尽管商品价格随供求变化并不成固定比例，但变化的方向带有规律性。供求规律对商品价格形成的作用力同样适用于资产价值的评估。评估人员在判断资产价值时也应充分考虑和依据供求原则。

2.4.3　贡献原则

从一定意义上讲，贡献原则是预期收益原则在某种情况下的具体应用原则。贡献原则主要适用于对构成某整体资产的各组成要素资产的评估，它要求要素资产价值的高低要由该要素资产对整体资产的贡献来决定，或者由当整体资产缺少该项要素资产时将蒙受的损失来决定。

2.4.4　替代原则

作为一种市场规律，在同一市场上，具有相同使用价值和质量的商品，应有大致相同的交换价值。如果具有相同使用价值和质量的商品，具有不同的交换价值或价格，购买者会选择价格较低者。当然，作为卖者，如果可以将商品卖到更高的价格水平上，他会在较高的价位上出售商品。在资产评估中确实存在评估数据、评估方法等的合理替代问题，评估结论与相关参照物的市场价格也存在替代关系。正确运用替代原则是公正、合理地进行资产评估的重要保证。

2.4.5　评估时点原则

市场是变化的，资产的价值会随着市场条件的变化而不断改变。为了使资产评估得以操作，同时，又能保证资产评估结果可以被市场检验。在进行资产评估时，必须假定市场条件固定在某一时点。这一时点就是评估基准日，或称估价日期。它为资产评估提供了一个时间基准。资产评估的评估时点原则要求资产评估必须有评估基准日，而且评估值就是评估对象在评估基准日自身条件和市场条件下的价值估计数额。

本章小结

正确认识和理解资产评估研究对象是正确认识资产评估理论的基础。资产评估作为一种价值判断活动，要解决和解释的是如何衡量价值，其理论基础是市场定价理论。资产评估学所要研究的是资产功能与资产利用，以及资产功能和资产利用与市场供求和市场评价之间的逻辑关系和数量关系。把握资产评估研究对象及理论基础是理解资产评估方法体系、学习掌握资产评估方法的钥匙。

主要概念

资产评估研究对象　效用与稀缺　生产费用价值论　供求平衡价值论

基本训练

思考题

（1）你认为资产评估中的价值属于劳动价值范畴还是价格范畴？

（2）你认为影响资产评估价值的重要因素有哪些？

（3）你认为在资产评估中应如何体现替代原则？

第2章参考答案

第3章 资产评估的主体

学习目标

通过本章的学习，学生应当了解和掌握资产评估主体及其构成、评估师及评估机构基本管理制度、资产评估行业管理体制，以及资产评估工作原则、资产评估执业技术规范与职业道德规范的基本内容。

3.1 资产评估主体概述

3.1.1 资产评估主体及其构成

1）资产评估主体

资产评估主体是指资产评估业务的承担者，具体包括资产评估专业人员及由资产评估专业人员组成的评估机构。

2）资产评估专业人员

资产评估专业人员是指具备相应资产评估专业知识和实践经验，能够依法执行资产评估业务的从业人员，通常包括具有执业资格的资产评估师和其他具有评估专业知识及实践经验的评估从业人员。

3）资产评估机构

概要地讲，评估机构是指依法采用合伙或公司形式，聘用评估专业人员开展评估业务的组织。具体地说，资产评估机构是由一定数量的资产评估专业人员组成，依法成立，领取营业执照，并在相关政府部门备案的享有独立民事责任的法人或非法人组织，比如资产评估事务所或资产评估公司等。

3.1.2 资产评估人员资格和分类

1）资产评估人员资格

我国实施的资产评估人员资格制度大概分为两个阶段。从1995年到2014年，资产评估人员实施的是注册资产评估师职业资格；自2015年以后，资产评估人员实施的是资产评估师行业准入执业资格。

（1）注册资产评估师资格

从1995年到2014年，资产评估人员实施的是注册资产评估师职业资格制度。根据注册资产评估师职业资格取得办法及制度的要求和规定，凡欲取得注册资产评估师资格的人员，必须参加注册资产评估师执业资格全国统一考试。注册资产评估师执业资格全国统一考试办法，由国家负责资产评估管理的行政主管部门与国家人事部门共同制定。

（2）资产评估师行业准入执业资格

自2015年以后，资产评估人员的资产评估师执业资格是要通过参加资产评估行业自律性组织组织的评估师水平评价类考试获得的，考试合格则获得资产评估师执业资格。

2）资产评估专业人员分类

资产评估专业人员分类是根据评估实践和市场的需要依据需求导向划分的。根据不同的分类标准，资产评估专业人员可以分成若干种类。

（1）从评估报告签字权力与责任的角度划分，资产评估专业人员可以划分为资产评估师和其他资产评估专业人员。法定评估业务的评估报告，必须由资产评估师（至少2名承办者）签字方可。非法定评估业务的评估报告，非资产评估师的其他资产评估专业人员（至少2名承办者）签字亦可。

（2）从执业领域跨度的角度划分，资产评估专业人员可以大致分为综合类评估专业人员和专项评估专业人员。所谓的综合类评估专业人员是指评估人员的执业范围不局限于某一具体专业方面，而是能够跨专业评估的评估专业人员。所谓专项评估专业人员是指评估人员的执业范围仅限于某一具体专业方面的评估专业人员。

（3）从评估机构内部分工的角度划分，评估专业人员大致可以划分为：管理人员、营销人员、具体执业评估人员。管理人员是指负责评估机构人员管理和业务管理等的管理者。营销人员是指负责承揽评估业务、推介评估机构的工作人员。具体执业评估人员是指在评估机构中从事资产评估及其他估值业务的专门执业人员。

根据评估实践、评估行业管理与评估研究的需要，评估专业人员分类会有许多划分标准。分类标准不同就会有不同的评估专业人员类别。随着评估实践、评估行业管理与评估研究的深入，评估专业人员的分类标准可能会发生变化，因此评估专业人员分类并不是一成不变的。

3.1.3 资产评估机构设立与分类

1）资产评估机构的设立

根据《资产评估法》的有关规定，资产评估机构的设立必须具备以下条件：

（1）设立合伙制资产评估机构，除符合国家有关法律法规规定外，还应当具备下列条件：

① 应当有2名以上评估师；

② 合伙人2/3以上应当是具有3年以上从业经历且最近3年内未受停止从业处罚的评估师。

（2）设立公司制资产评估机构，除符合国家有关法律法规规定外，还应当具备下列条件：

① 有2名以上股东，其中2/3以上股东应当是具有3年以上从业经历且最近3年内未受停止从业处罚的评估师；

② 有8名以上评估师。

2）资产评估机构的分类

从目前的发展趋势来看，我国的资产评估机构大致可以从以下两个方面进行分类：

（1）从资产评估机构的执业范围的角度划分，资产评估机构包括专项资产评估机构和综合资产评估机构两种类型。

专项资产评估机构是指专门评估某一领域或某一种类资产（评估对象）的专项评估机构，如专门评估土地的评估机构、专门评估房地产的评估机构、专门评估无形资产的评估机构等。专项资产评估机构的评估范围相对集中，对评估对象的性质、功能和市场状况的认识具有比较优势和专业性，因而，其专业化程度和专业技术水平相对比较高，具有比较明显的专业优势。

综合资产评估机构是指那些开展多种评估服务活动的资产评估机构。在一般情况下，综合资产评估机构的评估业务范围和领域比较广泛，例如机器设备评估、房地产评估、无形资产评估、企业价值评估、矿业权评估等。综合资产评估机构集中了各类专业评估人员，评估机构的整体素质相对较高。

（2）从资产评估机构的企业组织形式的角度划分，资产评估机构大致可划分为合伙制资产评估机构和公司制资产评估机构两种类型。

①合伙制资产评估机构又具体划分为普通合伙和特殊普通合伙两种形式。

普通合伙资产评估机构由两名以上发起人共同出资设立，共同经营，对合伙债务承担无限连带责任。

特殊普通合伙资产评估机构是指机构以其全部资产对其债务承担有限责任，机构的合伙人对其个人执业行为承担无限责任的特殊合伙组织。

②公司制资产评估机构又具体划分为有限责任公司和股份有限公司两种形式。

有限责任公司资产评估机构由发起人股东对资产评估机构认缴出资额共同出资设立，并以其所认缴的出资额对资产评估机构承担有限责任，评估机构以其全部财产对其债务承担责任。

股份有限公司资产评估机构是指机构将其全部资本分为等额股份，由股东认购相应股份，并以所持股份对资产评估机构承担有限责任，资产评估机构以其全部资产对其债务承担有限责任的组织。

（3）从资产评估机构执业级次的角度划分，资产评估机构大致可划分为A级和B级两类

资产评估机构的执业资格主要划分为A级和B级两个等级。A级资产评估机构可以从事包括上市公司评估业务在内的资产评估项目，通常称为证券业资格评估机构。B级资产评估机构可从事除上市公司评估业务以外的其他资产评估项目，通常称为非证券业资格评估机构。凡经资产评估行政管理部门审查合格，并取得相应等级资产评估资格的机构均可以从事国有资产评估及非国有资产评估。其中，综合资产评估机构可以从事与其执业资格等级相适应的土地、房地产、机器设备、流动资产、无形资产、其他长期资产及整体资产评估项目。从事土地、房地产或无形资产等专项资产评估业务的机构，其评估资格等级只限于B级以下，评估范围仅限在各该专项资产相应的范围之内。各等级的资产评估机构开展资产评估业务，不受地区、部门的限制，可在全国范围内从事与各该资格等级相适应的资产评估工作。

3.2 资产评估主体管理

3.2.1 资产评估师管理制度

我国的资产评估师管理大致经历了两个阶段，1995年至2014年的注册资产评估师行政准入管理制度和2014年之后的以资产评估行业自律组织、自律管理为主的资产评估师管理制度。

1）注册资产评估师行政准入管理制度

从1995年至2014年，我国资产评估师实行的是注册资产评估师行政准入管理制度。该制度主要由国家相关行政主管部门组织的准入类注册资产评估师资格考试制度，后续由资产评估行业自律管理组织负责的注册资产评估师注册制度、注册资产评估师执业管理制度，以及注册资产评估师后续教育制度组成。

（1）准入类注册资产评估师资格考试制度

由国家相关行政主管部门组织的准入类注册资产评估师考试制度规定，凡欲取得注册资产评估师职业资格的人员，必须参加注册资产评估师职业资格全国统一考试。注册资产评估师职业资格全国统一考试办法，由国家负责资产评估管理

的行政主管部门与国家人事部门共同制定。凡具有中等专科以上学校的学历，或者具有会计、工程或者相关专业初级以上技术职称的相应工作经历的中国公民，可以申请参加注册资产评估师全国统一考试。考试合格后获得注册资产评估师注册资格。

我国曾实施的注册评估师职业准入制度主要是通过每年一次的注册资产评估师考试来实现的。1995年10月，依据《人事部、国家国有资产管理局关于印发〈注册资产评估师执业资格制度暂行规定〉及〈注册资产评估师执业资格考试实施办法〉的通知》，国家开始实施注册资产评估师职业资格制度。被国办发〔2003〕101号文件认可的评估资格有6种，即注册资产评估师、房地产估价师、土地估价师、矿业权评估师、旧机动车鉴定评估师、保险公估人员，分别由财政部、建设部[①]、国土资源部[②]、商务部、保监会[③]5个政府部门管理。注册资产评估师主要从事包括国有资产评估业务在内的评估业务，房地产估价师主要从事房地产评估业务，土地估价师主要从事土地资产估价业务，矿业权评估师、旧机动车鉴定估价师、保险公估人员分别从事矿业权、旧机动车、保险财产的评估业务。各种评估资格都实行执业资格考试制度。其中，注册资产评估师、房地产估价师和矿业权评估师的执业资格考试分别由财政部、建设部、国土资源部与人事部联合举办，旧机动车鉴定评估师的考试由商务部与劳动部联合举办，土地估价师和保险公估人员的考试则分别由国土资源部和中国保监会单独举办。2002年2月，人事部、财政部下发了《关于调整注册资产评估师执业资格考试有关政策的通知》，对原有考试管理办法进行了修订。资产评估师考试工作由人事部、财政部共同负责。考试每年举行一次。考试设5个科目，分别是：资产评估、经济法、财务会计、机电设备评估基础、建筑工程评估基础。

资产评估，通过对资产评估总论内容的考核，测试考生对资产评估基本理论和基础知识的掌握及运用情况，考核考生运用资产评估基本理论和基础知识解决资产评估问题的能力。

经济法，通过对经济法基础知识的考核，测验考生对法理学、民法、行政法和经济法基本理论的掌握情况，考核考生运用民法、行政法、经济法基础知识解决实际问题的能力。

财务会计，通过对财务会计概论的考核，测试考生对与财务会计有关概念的掌握和运用情况，考核考生运用与财务会计有关的概念解决实际问题的能力。

机电设备评估基础，通过对机电设备评估基础知识的考核，测试考生对机器的组成、特征和分类等知识的熟悉情况，以及对机器生产的工艺过程、加工质量和工艺成本等基础知识的认知程度。

---

① 2008年3月，国家根据第十一届全国人民代表大会第一次会议批准的《国务院机构改革方案》，组建住房和城乡建设部，不再保留建设部。

② 2018年3月，国家根据第十三届全国人民代表大会第一次会议批准的《国务院机构改革方案》，组建自然资源部，不再保留国土资源部。

③ 2018年3月，国家根据第十三届全国人民代表大会第一次会议批准的《国务院机构改革方案》，组建中国银行保险监督管理委员会，不再保留中国保险监督管理委员会。

建筑工程评估基础，通过对建设工程基础知识的考核，测试考生对建设工程的整体认识及对在资产评估中建设工程相关知识的掌握程度，考核考生掌握建设工程基本知识的熟悉程度和对建设相关法律法规的了解程度。

考试以3年为一个周期，参加全部科目考试的人员须在连续3个考试年度内通过全部科目的考试。参加4个科目考试的人员须在连续2个考试年度内通过所报科目的考试。凡中华人民共和国公民，遵纪守法并具备以下条件之一者，均可参加注册资产评估师执业资格考试：

① 取得经济类、工程类大专学历，工作满5年，其中从事资产评估相关工作满3年。

② 取得经济类、工程类大学本科学历，工作满3年，其中从事资产评估相关工作满1年。

③ 取得经济类、工程类硕士学位或第二学士学位、研究生班毕业，工作满1年。

④ 取得经济类、工程类博士学位。

⑤ 非经济类、工程类专业毕业，其相对应的从事资产评估相关工作年限延长2年。

⑥ 不具备上述规定的学历，但通过国家统一组织的经济、会计、审计专业初级资格考试，取得相应专业技术资格，并从事资产评估相关工作满5年。

从事资产评估相关工作满2年，并按照国家有关规定评聘为经济类、工程类高级专业技术职务的人员，可免试1个相应考试科目。其中，评聘为高级工程师（含相应专业的副教授、副研究员等）职务的人员，可免试机电设备评估基础或建筑工程评估基础；评聘为高级经济师（含相应专业的副教授、副研究员等）职务的人员，可免试经济法；高级会计师或高级审计师（含相应专业的副教授、副研究员等），可免试财务会计。

根据《关于同意香港、澳门居民参加内地统一组织的专业技术人员资格考试有关问题的通知》（国人部发〔2005〕9号），凡符合资产评估师执业资格考试相应规定的香港、澳门居民均可按照文件规定的程序和要求报名参加考试。

资产评估师执业资格考试合格者，由各省、自治区、直辖市人事（职改）部门颁发人事部统一印制的、人事部与财政部用印的中华人民共和国“资产评估师执业资格证书”。该证书在全国范围内有效。

（2）注册资产评估师注册制度

获得注册资产评估师考试资格的人员应在取得资格证书3个月内到当地省级资产评估行政主管部门申请办理注册登记手续。准予注册的人员，由相关部门核发统一印制的“注册资产评估师注册证”。

资产评估人员有下列情形的，不予注册：①完全丧失民事行为能力的；②因在资产评估等业务中犯有严重错误，受行政处罚的；③受刑事处罚的。

注册资产评估师注册有效期一般为3年，有效期满前3个月持证者要按规定主动到注册管理机构重新办理注册登记。对不符合要求的，不予重新注册。

（3）注册资产评估师执业管理制度

注册资产评估师执业管理制度主要由注册资产评估师执业技术规范和职业道德规范组成。注册资产评估师执业技术规范原则规定了注册资产评估师的执业范围、执业技术规程和执业责任。注册资产评估师职业道德规范具体规定了注册资产评估师的职业理想、职业态度、职业职责、执业立场、执业者与委托人之间的关系、回避制度，以及专业胜任能力等。

（4）注册资产评估师后续教育制度

注册资产评估师后续教育制度是指已经注册取得了注册资产评估师执业资格并正在执业的注册资产评估师必须接受重新学习和教育的制度。在其执业过程中，每年不得少于若干学时的再学习、再教育时间，以保证执业中的注册资产评估师的知识不断更新，技术不断进步。对未接受再学习、再教育以及未完成再学习、再教育规定学时的注册资产评估师将在每3年重新注册时不予重新注册。

2）以资产评估行业自律组织、自律管理为主的资产评估师管理制度

2014年，国务院发布了《关于取消和调整一批行政审批项目等事项的决定》（国发〔2014〕27号）文件，取消了注册资产评估师等准入类职业资格，改为水平评价类职业资格。资产评估师管理制度由注册资产评估师行政准入管理制度转入以资产评估行业自律组织、自律管理为主的资产评估师管理制度。以资产评估行业自律组织、自律管理为主的资产评估师管理制度主要由资产评估行业自律管理组织负责的水平评价类资产评估师资格考试制度、资产评估师资格管理制度、资产评估师职业管理制度，以及资产评估师后续教育制度等组成。

从2017年开始，凡是具有高等院校专科以上学历的公民，可以参加资产评估师全国统一考试。

自2017年起，资产评估师考试科目由原来的5科改为4科，它们是：资产评估基础、资产评估相关知识、资产评估实务（一）和资产评估实务（二）。

自2017年起，资产评估师考试实行部分科目免试制度。符合条件报考新考试科目的考生，具有高级会计师、高级审计师、高级经济师职称，或者通过全国统一考试取得注册会计师证书，可免试“资产评估相关知识”；具有资产评估专业副教授及以上职业技术职务，可免试“资产评估基础”。

资产评估师考试成绩滚动周期由3年延长到4年，职业资格考试成绩实行4年为一个周期的滚动管理办法。在连续4年内，参加全部科目的考试并合格，可取得相应资产评估师职业资格证书。

资产评估师的注册管理改为登记管理，资产评估师职业资格证书实行登记服务制度，并明确由中国资产评估协会负责登记服务的具体工作。取得资产评估师职业资格证书的人员，应自觉接受中国资产评估协会的管理。中国资产评估协会对违反

规定的登记人员，可以取消登记并收回其职业资格证书。

3.2.2 资产评估机构备案管理和检查制度

资产评估机构管理主要包含在两个基本制度中，它们是资产评估机构备案管理制度和资产评估机构检查制度。

1）资产评估机构备案管理制度

按照评估法的规定，凡欲取得资产评估执业资格的中介机构，必须满足国家对资产评估机构在人员构成、内部制度建设等方面的要求和条件，取得工商行政主管部门[①]授予的营业执照，并在规定时间内向有关评估行政主管部门备案。

根据2017年财政部发布的《资产评估行业财政监督管理办法》的规定，评估机构的设立需要履行机构备案管理制度。评估机构备案管理主体是各级财政部门。省级财政部门负责本地区资产评估机构和分支机构的备案管理。资产评估机构应当自领取营业执照之日起30日内，通过备案信息管理系统向所在地省级财政部门备案，同时提交下列纸质材料：①资产评估机构备案表；②营业执照复印件；③经工商行政管理机关登记的合伙协议或公司章程；④资产评估机构合伙人或者股东以及执行合伙事务的合伙人或者法定代表人3年以上从业经历、最近3年接受处罚信息等基本情况；⑤在该机构从业的资产评估师、其他专业领域的评估师和其他资产评估从业人员情况；⑥资产评估机构质量控制制度和内部管理制度。

2）资产评估机构检查制度

为了加强对资产评估机构的管理，促进资产评估行业的健康发展，各级资产评估行政主管部门及行业自律管理组织对所管辖的资产评估机构，除了加强日常管理、监督与检查外，应按照规定进行定期或不定期的检查。检查的内容主要有两大类，其一是执业质量检查；其二是内部治理检查。

评估机构执业质量检查的主要内容有：评估程序的执行情况，包括资料收集处理分析、依据选择、评估过程、评估技术方法应用，评估结果得出是否科学合理，评估过程是否符合相关法律、行政法规和评估准则的有关规定。评估报告的规范性和完备性，包括评估报告基本内容与格式的规范性、评估说明的合理性、评估结论及分析的可靠性等。

评估机构内部治理检查的主要内容有：资产评估机构设立条件持续情况检查、分支机构设立条件持续情况检查、合伙人或股东任职条件持续情况检查、人事（含首席评估师）管理制度检查、执业质量控制和评估业务管理制度检查、业务档案管理制度检查、财务管理制度检查、分支机构管理制度检查、继续教育及培训制度检查等。

---

① 2018年3月，根据第十三届全国人民代表大会第一次会议批准的《国务院机构改革方案》，不再保留国家工商行政管理总局、国家质量监督检验检疫总局、国家食品药品监督管理总局，组建国家市场监督管理总局。

3.2.3　资产评估执业原则

资产评估工作的性质决定了资产评估机构及其资产评估师在执业过程中应坚持独立性、客观公正性、科学性和专业胜任等工作原则。

（1）独立性原则

资产评估中的独立性原则包含两层含义：其一是评估机构本身应该是一个独立的、不依附于他人的社会公正性中介组织（法人），在利益及利害关系上与资产业务各当事人没有任何联系；其二是评估机构及其评估人员在执业过程中应始终坚持独立的第三者地位，评估工作不受委托人及外界的意图及压力的影响，进行独立公正的评估。

（2）客观公正性原则

客观公正性原则要求资产评估工作实事求是，尊重客观实际。资产评估机构及其评估人员在评估工作中必须以实际材料为基础，以确凿的事实和事物发展的内在规律为依据，以求实的态度为指针，实事求是地得出评估结果，而不可以自己的好恶或其他个人的情感进行评估。资产评估结果是评估人员经过认真调查研究，通过合乎逻辑的分析、推理得出的具有客观公正性的评估结论。

（3）科学性原则

科学性原则要求资产评估机构和评估人员必须遵循科学的评估标准，以科学的态度制订评估方案，并采用科学的评估方法进行资产评估。在整个评估工作中必须把主观评价与客观测算、静态分析与动态分析、定性分析与定量分析有机结合起来，使评估工作做到科学合理，真实可信。

（4）专业胜任原则

注册资产评估师应当受过专门教育和培训，具备相应的专业知识和经验，能够胜任所执行的评估业务。注册资产评估师还应当不断地接受后续教育，保持并提高专业胜任能力。

3.3　我国资产评估行业管理

随着社会主义市场经济的发展，我国资产评估行业在不断发展壮大，客观上要求建立健全资产评估行业管理，资产评估行业管理和监督是在更高层次上的资产评估主体管理。资产评估行业管理的核心是政府管理与行业自律的关系，以及执业技术标准和职业道德标准的建立。我国的资产评估行业管理体制也经历了以政府管理与行业自律管理并重的时期，以及以评估行业自律管理为主与政府监督指导相结合的阶段。

3.3.1　资产评估行业的政府管理

我国资产评估起步于国有资产评估，从1991年国务院《国有资产评估管理办法》（国务院91号总理令）颁布起，政府就介入了国有资产评估的管理工作。政府对资产评估行业的管理工作实行“统一政策、分级管理”的原则，在2005年财政部第22号令《资产评估机构审批管理办法》颁布之前，国有资产评估工作按照国有资产管理权限，由国有资产管理行政主管部门负责管理和监督。

根据2005年财政部第22号令《资产评估机构审批管理办法》的规定，财政部为全国资产评估主管部门，依法负责审批管理、监督全国资产评估机构，统一制定资产评估机构管理制度。各省、自治区、直辖市财政厅（局）（简称“省级财政部门”）负责对本地区资产评估机构进行审批管理和监督。资产评估协会负责对资产评估行业进行自律性管理，协助资产评估主管部门对资产评估机构进行管理与监督检查。2011年，财政部颁布了第64号令《资产评估机构审批和监督管理办法》（财政部第22号令《资产评估机构审批管理办法》同时废止），进一步明确了政府主管部门在评估机构监管中的职责。

2016年7月2日，中华人民共和国第十二届全国人民代表大会常务委员会第二十一次会议通过的《中华人民共和国资产评估法》将评估行业的行政管辖权下放到设区的市级以上人民政府。

我国政府监管资产评估行业的主要内容包括对资产评估机构的监管、对评估专业人员的监管、对评估行业协会实施监督检查等。

《中华人民共和国资产评估法》规定，有关评估行政管理部门依据各自职责，负责监督管理评估行业，对评估机构和评估专业人员的违法行为依法实施行政处罚，将处罚情况及时通报有关评估协会，并依法向社会公开。评估行政管理部门对有关评估行业协会实施监督检查，对发现的问题和针对协会的投诉、举报，应当及时调查处理。

2017年6月1日起实施的《资产评估行业财政监督管理办法》（中华人民共和国财政部令第86号）列示了评估行政管理部门对评估机构、评估专业人员和评估行业的监管方式与内容。对评估机构的监管主要是对已经取得工商管理部门登记手续并领取了营业执照后的评估机构实施备案管理，依法维护评估机构的合法权益，评估行政管理部门不得违法对评估机构依法开展业务进行限制。同时，评估行政管理部门对评估机构的违法行为实施行政处罚。

评估行政管理部门对评估专业人员的监管，主要是依法维护评估专业人员的合法权益，对评估专业人员的违法行为进行行政处罚。

评估行政管理部门对评估行业协会的监督检查管理，主要是监督评估行业协会依法履行行业自律管理的情况，对行业协会利用职权为评估机构招揽业务等违规违法行为，以及对投诉、举报情况及时进行调查处理。

随着我国市场经济的深入发展，政府正逐步减少对资产评估行业的直接行政管理，让位于资产评估行业的自律管理。

3.3.2　资产评估行业的自律管理

我国的资产评估工作是从国有资产开始的，因此，它一直由政府来进行管理，而且主要是由政府国有资产管理部门来管理的。但随着我国社会主义市场经济的发展，产权流动和资产重组在范围上的日益扩大，资产评估的对象已不仅是国有资产，而变为维护所有产权主体的财产权益。这就需要建立全国性的资产评估行业管理组织，对我国资产评估实行社会性的行业管理。因此，我国的资产评估由政府管理与行业自律并重的模式逐渐转向在政府指导下的行业自律管理模式。2014年，国务院发布的《关于取消和调整一批行政审批项目等事项的决定》（国发〔2014〕27号）文件，取消了注册资产评估师等准入类职业资格，改为水平评价类职业资格，以及国家工商注册登记制度改革，取消了公司设立注册资本制度，评估机构的审批由前置审批改为后置审批。

2016年12月1日实施的《资产评估法》，对评估行业协会的性质、设立、章程制定、权利职责，以及行业自律管理做出了明确的规定。

2017年6月1起实施的《资产评估行业财政监督管理办法》规定：资产评估协会对资产评估机构及其资产评估专业人员进行自律检查。资产评估机构及其资产评估专业人员应当配合资产评估协会组织实施的自律检查。资产评估协会应当重点检查资产评估机构及其资产评估专业人员的执业质量和职业风险防范机制。

因此，我国的资产评估由政府管理转向在政府指导下的行业自律管理。这既是社会主义市场经济发展的需要，又是与国际惯例接轨的需要。要充分发挥协会的行业管理作用，必须有一个健全的协会组织体系。

小资料3-1　　资产评估协会的宗旨与基本职责

1）资产评估协会的宗旨

建立资产评估协会的宗旨是为了适应社会主义市场经济发展的需要，加强资产评估工作的行业管理和监督，引导资产评估机构及其执业人员强化自律管理、独立、客观、公正地开展资产评估业务，维护产权所有者各方面的合法权益，研究资产评估的理论，交流资产评估的经验，沟通业务信息，提高资产评估机构和评估执业人员的素质和评估水平，指导评估机构和评估执业人员正确执行国家法律、法规，遵守职业道德，维护评估机构和评估人员的合法权益，促进评估工作健康发展。

2）资产评估协会的基本职责

①制定会员自律管理办法，对会员进行自律管理；

②依据评估基本准则制定评估执业准则和职业道德准则；

③组织开展会员继续教育；

④建立会员信用档案，将会员遵守法纪、行政法规和评估准则的情况记入信用档案，并向社会公开；

⑤检查会员建立风险防范机制的情况；

⑥受理会员的投诉、举报，受理会员的申诉，调节会员执业纠纷；

⑦规范会员从业行为，定期对会员出具的评估报告进行检查，按照章程规定对会员给予奖惩，并将奖惩情况及时报告给有关评估行政管理部门；

⑧保证会员依法开展业务，维护会员合法权益；

⑨法律、行政法规和章程规定的其他职责。

作为代表性的行业自律组织，资产评估协会的重要职能是加强行业自律监管。这一方面有赖于协会组织体系的进一步完善，包括建立地方组织和专业分会；另一方面要通过吸收国际资产评估行业的有益经验，建立起适应我国国情的资产评估行业操作准则，以及评估人员职业道德守则等一系列规范行业行为的规则和制度，使我国资产评估行业不断走向成熟。

3.3.3 资产评估执业技术规范

资产评估执业技术规范的完善和成熟程度在一定程度上反映了一个国家或地区评估业发展的综合水平。1996年，在总结资产评估理论研究和实践经验的基础上，中国资产评估协会开始启动制定资产评估执业技术规范的工作。2017年9月，财政部与中国资产评估协会共发布了27项资产评估准则，包括《资产评估基本准则》、《资产评估准则职业道德》和25项执业准则及评估指南和指导意见。到2022年1月，已经完成并发布了33项评估准则，这标志着我国较为完整的资产评估准则体系基本建立。

1）资产评估准则体系

我国资产评估准则属于综合性的评估准则体系，包括基本准则、执业准则和职业道德准则，在资产评估执业准则中又包括程序性执业准则、实体性执业准则、评估指南和评估指导意见。程序性准则主要包括资产评估报告、资产评估委托合同、资产评估程序、资产评估档案、利用专家工作和评估方法等准则，实体性执业准则主要包括企业价值评估、机器设备评估、不动产评估、无形资产评估等准则等。

从资产评估准则体系横向关系上划分，资产评估准则包括业务准则和职业道德准则两个部分：由于资产评估工作的特点，职业道德准则与业务准则的许多内容很难截然分开。在国际评估准则及相关国家评估准则中，业务准则与职业道德准则中有相当一部分规范内容交叉重复，如合理假设、明确披露等既是职业道德准则中的重要内容，又是评估业务准则中的重要内容。

2）资产评估基本准则

资产评估基本准则是资产评估师执行各种资产类型、各种评估目的资产评估业务的基本规范，是各类资产评估业务应当共同遵守的基本规则。

2004年2月25日，财政部首次发布了《资产评估准则——基本准则》。在此基础上，财政部又于2017年9月对《资产评估准则——基本准则》进行了修改与完善，并于2017年10月1日起实施新的《资产评估基本准则》。

3）《资产评估职业道德准则》和资产评估执业准则

《资产评估职业道德准则》以及《资产评估职业道德准则——独立性》对资产评估专业人员在执行各类资产评估业务及其应当遵守的职业道德行为进行了规范。

资产评估执业准则分为程序性执业准则和实体性执业准则。程序性执业准则是关于资产评估师通过履行一定的专业程序完成评估业务、保证评估质量的规范。6项程序性执业准则包括：《资产评估执业准则——资产评估程序》、《资产评估执业准则——资产评估委托合同》、《资产评估执业准则——资产评估档案》、《资产评估执业准则——资产评估报告》、《资产评估执业准则——利用专家工作及相关报告》和《资产评估执业准则——资产评估方法》等。程序性执业准则需要与目前我国资产评估行业的理论研究和实践发展相结合。资产评估专业人员只有履行必要的资产评估程序，才能在程序上避免重大的遗漏或疏忽，从而保证资产评估的质量。实体性执业准则针对不同类别资产的特点，分别对不同类别资产评估业务中的执业行为进行规范。6项实体性执业准则包括：《资产评估执业准则——企业价值》、《资产评估执业准则——无形资产》、《资产评估执业准则——不动产》、《资产评估执业准则——机器设备》、《资产评估执业准则——珠宝首饰》和《资产评估执业准则——森林资源》等。

4）资产评估指南

资产评估指南包括对特定评估目的、特定资产类别（细化）评估业务以及对资产评估中某些重要事项的规范。注册资产评估师在执行不同目的的评估业务中，所应当关注的事项也各有不同。资产评估指南拟对我国资产评估行业中涉及主要评估目的的业务进行规范，同时也将涉及一些具体的资产类别评估业务，并对资产评估工作中的一些重要特定事项进行规范。现行的5项资产评估指南包括：《以财务报告为目的的评估指南》、《企业国有资产评估报告指南》、《金融企业国有资产评估报告指南》、《评估机构业务质量控制指南》和《知识产权资产评估指南》。

5）资产评估指导意见

资产评估指导意见是针对资产评估业务中的某些具体问题的指导性文件。该层次较为灵活，针对评估业务中新出现的问题及时提出指导意见，某些尚不成熟的评估指南或具体评估准则也可以先作为指导意见发布，通过评估实践的检验或认识统一后再上升为具体准则或指南。具体的13项资产评估指导意见包括：《金融不良资产评估指导意见》、《评估对象法律权属指导意见》、《资产评估价值类型指导意见》、《专利资产评估指导意见》、《投资性房地产评估指导意见》、《著作权资产评估指导意见》、《商标资产评估指导意见》、《实物期权评估指导意见》、《文化企业无形资产评估指导意见》、《珠宝首饰评估程序指导意见》、《人民法院委托司法执行财产处置资产评估指导意见》、《体育无形资产评估指导意见》和《企业并购投资价值评估指导意见》。

另外，中国资产评估协会还发布了《资产评估准则2020》，以及若干项资产评估操作专家提示、操作指引和资产评估专家指引。

当然，随着资产评估实践的发展和对评估技术规范的需求，我国的资产评估准则体系仍在不断完善之中，新的评估准则以及尚未纳入评估准则体系的资产评估专家指引等正陆续出台。

人民法院委托司法执行财产处置资产评估指导意见

资产评估执业准则——资产评估方法

珠宝首饰评估程序指导意见

道路运输物流企业授信额度评估咨询操作指引（试行）

资产评估专家指引第9号——数据资产评估

企业并购投资价值评估指导意见

资产评估准则术语2020

资产评估专家指引第11号——商誉减值测试评估

资产评估专家指引第13号——境外并购资产评估

资产评估专家指引第14号——科创企业资产评估

体育无形资产评估指导意见

本章小结

资产评估主体的基本管理制度主要包括资产评估师准入制度、资产评估机构执业资格制度以及资产评估准则等。随着资产评估行业的发展壮大，资产评估行业的管理模式也由以政府监管为主向行业自律监管方向发展。适应我国国情的资产评估行业发展的评估准则以及评估人员职业道德守则也正在逐步建立。针对资产评估主体的一系列规则和制度的建立，将促使我国资产评估行业不断走向成熟。

主要概念

资产评估主体　资产评估师准入制度　资产评估准则体系

基本训练

思考题

（1）你认为是否有必要对资产评估机构进行分类？

（2）我国资产评估准则体系中设立的资产评估指导意见属于哪个层次？

第3章参考答案

第4章 资产评估客体与对象

学习目标

通过本章的学习，学生应当了解和掌握资产评估客体与资产评估对象的关系，资产评估客体载体分类及特点；掌握评估对象与评估范围，资产评估对象载体实体边界、权益边界、作用方式和盈利模式界定的要求和方法等。

资产评估是我国对估值、估价或价值评估活动的一种习惯性称谓。这种习惯性称谓与我国早期的估值或评估是以国有资产估值为主紧密相关。随着我国评估实践的不断发展，评估标的范围的不断扩大，国有资产、非国有资产以及其他相关经济事项等都已在评估范围之列，我们仍然沿用资产评估这个称谓来表达估值、估价和价值评估活动等行为。因此，把资产评估作为一个词组来看待，不要强化资产评估称谓中的资产，或将资产评估的标的局限在资产上，可能更有助于我们理解和把握资产评估客体、资产评估对象以及其他相关概念。

可能正是由于资产评估称谓的习惯性，使得人们对资产评估客体、评估对象等概念的理解和认识也产生了较强的惯性思维。这种惯性思维主要表现在，将资产评估客体等同于评估对象，并等同于资产及相关经济事项，即人们并没有明确区分评估客体与评估对象，而把评估对象直接等同于资产及相关事项。虽然这种惯性思维并没有给资产评估实践造成太大的影响，但是这种惯性认识却不利于人们清楚地认识和把握资产评估客体、评估对象和评估范围。

这种笼统地及过于简化地把资产评估客体与资产评估对象、资产评估客体载体及评估对象载体与评估客体及评估对象等同起来的认识，不利于人们全面清晰地认识和理解资产评估客体、资产评估对象、资产评估客体载体、资产评估对象载体以及资产评估范围等资产评估要素的确切内涵和相互边界。可能会在更深的层次上影响人们对资产评估的认识和把握。资产评估实践的发展需要我们从理论上阐述清楚资产评估客体、资产评估对象、资产评估对象与资产评估范围以及它们之间的关系。

4.1 资产评估客体与资产评估对象

从理论上讲，资产评估客体与资产评估对象是有差异的，评估客体或评估对象与评估客体载体或评估对象载体也是有区别的。

4.1.1 资产评估客体

客体是相对于主体的一个概念，是指主体实践活动和认识活动的对象。资产评估实际上是我国对估值、估价、价值评估等社会经济活动的概括和习惯性表达。有人将资产评估概括为价值发现、价值判断和价值衡量活动。无论从资产评估主体实践活动的估值、估价和价值评估本身出发，还是从人们对资产评估活动内容的本质归纳（价值发现、价值判断及价值衡量）来看，资产评估客体及其资产评估对象应该是“价值”，资产及相关经济事项只是资产评估活动所要发现、判断和衡量的价值的承载体。因此，从理论的层面上讲，资产评估客体是泛指需要利用资产评估主体及估值技术服务的所有资产及经济事项所承载的价值，而不仅仅是所有资产及经济事项等价值承载体本身。这里的泛指包含了两个基本要点：其一，资产评估客体中涉及的价值仅是一个泛指的价值。该价值并没有特定的价值含义及合理性指向等内涵。其二，资产评估客体中涉及的价值载体也是泛指的价值载体。这里并没有明确价值载体具体是什么，也没有界定价值载体的具体边界。从上述表述来看，资产评估客体是一个广义或泛指的概念，是一个广义上的或泛指的资产评估对象。资产评估客体是泛指所有需要利用估值技术服务的资产、经济事项及其所承载的价值。

资产评估实践中的评估对象并不是具有广泛意义的资产评估客体，即并不是泛泛的所有需要利用估值技术服务的资产、经济事项及其所承载的价值。既然资产评估客体是个泛泛的概念，它存在的意义又是什么呢？首先，资产评估客体的存在和提出便于人们从总体上了解和理解资产评估主体实践活动和认识活动的对象是所有需要利用估值技术服务的资产及经济事项及其所承载的价值；其次，便于人们对资产评估客体载体，即所有需要利用估值技术服务的可以用货币表示的资产及相关经济事项进行分类，并对其功能特性、承载的价值特性、判断和衡量其价值的要点进行描述、梳理和归纳，并对其全貌有一个总览。

4.1.2 资产评估对象

资产评估实践从来都是具体的，通常是由特定经济活动引起的。个案操作层面上的资产评估客体会受到特定经济活动及相关法律法规、评估特定目的、客户及相关条件等的约束。操作层面上的资产评估客体已经不再是泛泛的资产评估客体，而是与特定经济活动相关，受特定评估目的等相关条件约束的具体被评估资产或经济事项及其承载的价值。资产评估对象是具体的资产评估客体，是受特定评估目的等相关条件约束的具体被评估资产或经济事项所承载的价值。当然，受特定评估目的等相关条件约束的被评估资产或经济事项是具体的，其承载的价值也是有特定价值定义的。因此，受特定评估目的等相关条件约束的具体资产或经济事项及其承载的特定价值应该是严格意义上的资产评估对象。

与特定经济活动相关，受特定评估目的等相关条件约束的被评估资产或经济事项指的是评估对象的价值载体。与特定经济活动相关，受特定评估目的等相关条件约束的评估对象载体承载的特定价值，指的是该价值具有明确的价值定义及其合理性指向，即什么样的价值以及对谁合理的价值。对丁评估实践中的评估对象，其评估对象载体和价值定义都应该是明确的，例如本次评估对象是W公司全部股东权益的市场价值、K公司部分股东权益的投资价值、某大厦的抵押价值等。在评估实践中，我们不仅需要将评估客体中泛泛的评估客体载体具体化，还需要将评估客体中笼统的价值进行价值内涵及合理性指向的界定。在将资产评估客体转化为评估对象的过程中，评估客体载体的具体化是对与特定经济活动相关、受特定评估目的等相关条件约束的被评估资产或经济事项的数量边界、权利边界和时间空间进行界定。由评估客体载体向评估对象载体转化的过程，也是资产评估范围界定的过程。

资产评估客体转化为资产评估对象需要满足两个基本条件，其一是价值定性；其二是评估对象载体界定。资产评估对象载体界定实际上就是一个由资产评估客体载体具体化的过程。这个过程中产生了另外一个评估概念——评估范围。无论是从理论上讲，还是从资产评估实践上看，资产评估范围都是与资产评估对象相伴而生的。原因在于，受特定评估目的等相关条件约束的资产评估客体载体，不再是泛泛的没有数量边界、权利边界和时间空间边界的资产及相关经济事项，它要有明确的标的物及其数量边界、权利边界和时间空间边界。界定评估对象载体及其数量边界、权利边界和时间空间边界的过程，也就是界定资产评估范围的过程。因此，资产评估客体转化为资产评估对象的过程，实际上也是界定评估对象载体与范围及其承载的价值定义的过程。

在资产评估实践中，所有的资产评估对象载体都是有数量边界、权利边界和时间空间边界的，即受特定评估目的等相关条件约束的被评估资产或经济事项是有范围的。这个范围可以称作资产评估对象载体范围。我们通常把受特定评估目的等相关条件约束的被评估资产或经济事项的范围（资产评估对象载体的范围）称为资产评估范围。资产评估范围与资产评估对象相伴而生。它的作用就是界定资产评估对象载体的数量边界、权利边界和时间空间边界。

4.2 资产评估客体载体分类及其主要特点

前面已经阐明了资产评估客体载体是泛指资产及需要利用估值技术服务的所有

可以用货币表示的经济事项。上面的表述明确地表达了资产评估客体载体是包括资产在内的所有需要利用估值技术服务的可以用货币表示的经济事项。资产评估客体载体不仅包括资产，还包括其他需要利用估值技术服务的经济事项，例如相关债务、碳排放权、生态补偿、森林生态、环境损失和特定成本等。换一个角度说，资产评估客体载体包括了具有物质实体的有形资产和没有物质实体的无形资产、相关债务、相关补偿、特定权利和特定损失等。由于资产是资产评估客体载体中最主要的组成部分，有关评估客体载体分类及其特点的描述将主要集中在资产部分。

4.2.1 评估客体价值载体分类

从到目前为止的资产评估实践活动来看，在需要利用估值技术服务的资产及经济事项等资产评估客体价值载体中，资产是最主要和最大量的部分。下面有关资产评估客体载体的分类将以资产为主。

资产是一个具有多角度、多层面的概念。在资产的概念中既有经济学的资产概念，又有会计学的资产概念、其他学科的资产概念等。准确地理解与把握各类资产概念是评估人员理解和把握资产评估客体价值载体及评估客体的基础。

经济学中的资产是泛指特定经济主体拥有或控制的，能够给特定经济主体带来经济利益的经济资源，也可将其表述为特定经济主体拥有或控制的，具有内在经济价值的实物和无形的权利。

会计学中的资产是指由过去的交易或事项形成的，并由企业拥有或控制的资源，该资源预期会给企业带来经济利益。会计学中的资产主要指的是企业中的资产，这是资产评估客体载体中的重要组成部分，但资产评估客体载体或资产评估中的资产并不完全局限于企业中的资产。

作为资产评估客体载体的资产，其内涵更接近于经济学中的资产，即特定权利主体拥有或控制的并能给特定权利主体带来未来经济利益的经济资源；而外延则包括具有内在经济价值以及市场交换价值的所有实物和无形的权利。

1）资产的类型

作为资产评估客体载体的资产，其存在形式是多种多样的。为了便于资产评估，可对资产进行适当分类：

（1）按资产存在形态分类，可以将资产分为有形资产和无形资产。有形资产是指那些具有实物形态的资产，包括机器设备、房屋建筑物、流动资产等。具有实物形态的资产还可以划分为动产和不动产。由于实物类资产存在的形态差异很大，且具有不同的功能和特性，在评估时应分别进行。无形资产是指那些没有实物形态，但在很大程度上制约着企业物质产品生产能力和生产质量，直接影响企业经济效益的资产，主要包括专利权、商标权、非专利技术、土地使用权、商誉等。

（2）按资产的构成和是否具有综合获利能力分类，可以将资产分为单项资产和整体资产。单项资产是指单台、单件的资产。整体资产是指由一组单项资产组成的具有整体获利能力的资产综合体。

（3）按资产能否独立存在分类，可以将资产分为可确指的资产和不可确指的资产。可确指的资产是指能独立存在的资产。前面所列示的有形资产和无形资产，除商誉以外都是可确指的资产。不可确指的资产是指不能脱离企业有形资产而单独存在的资产，如商誉。商誉是指企业基于地理位置优越、信誉卓著、生产经营出色、劳动效率高、历史悠久、经验丰富、技术先进等原因，所获得的投资收益率高于一般正常投资收益率所形成的超额收益资本化的结果。

（4）按资产与生产经营过程的关系分类，可以将资产分为经营性资产和非经营性资产。经营性资产是指处于生产经营过程中的资产，如企业中的机器设备、厂房、交通工具等。经营性资产又可按是否对盈利产生贡献分为有效资产和无效资产。非经营性资产是指处于生产经营过程以外的资产。

（5）按企业会计制度及资产的流动性分类，可以将资产分为流动资产、长期投资、固定资产和无形资产等。

2）需要利用估值技术服务的其他经济事项的分类

需要利用估值技术服务的其他经济事项并不是一个边界十分清晰的概念。只要能以货币计量，而这种计量需要利用估值的思想、思路和评估技术才能实现其计量目的的都可以称之为需要利用估值技术服务的其他经济事项。所以，需要利用估值技术服务的其他经济事项的分类只能就在评估实务中较为常见的经济事项进行列举：

（1）债务。债务作为评估客体价值载体主要是为计算或获取某些权益价值而需要评估其中涉及的相关债务价值，以及其他经济行为中为了厘定权利责任涉及的单项债务价值，而使得债务成为资产评估客体载体。

（2）成本费用。为了计算、核实或验证某些项目支出、资产支出或活动支出数额及其合理性，某些成本费用成为资产评估客体的载体。

（3）相关损坏损失。为了计算、核实或核定相关财产损坏损失、环境破坏损失等，也使得相关损坏损失成为资产评估客体价值载体。相关损坏损失是一个较为宽泛的概念。除财产损失和环境破坏损失之外，可能还有其他损坏损失会成为资产评估客体载体。

（4）生态环境权益。为了判断和量化自然景观、人文景观、空气质量、水质量等生态环境对人们居住生活、企业生产经营和整个社会经济运行的影响，生态环境权益成为资产评估客体的载体。

（5）其他。未包括在以上资产评估客体载体之中的其他资产评估客体载体。

随着社会经济的发展和市场的进一步完善，需要或可以利用估值技术服务与评价的经济事项可能还会增加，或者其在资产评估业务中的比例可能会进一步的提高，比如生态环境价值、历史文化遗产价值和污染价值损失等。

4.2.2 主要资产评估客体载体的基本特征

这里所说的主要评估客体载体，是指在评估实践中评估频率较高的那些评估客体载体，如房地产、机器设备、无形资产、企业及其股权等。从评估客体载体的角度来看，这些评估客体载体都有自身的特性和特点。在资产评估过程中考虑这些评估客体载体自身的特性和特点，就会形成这些评估客体载体带有一般性的评估特点。

1）房地产的特点

（1）房地产的资产特点

房地产是指土地、建筑物和其他地上定着物及其权属的总称。其中，土地是指地球表面及其上下一定范围内的空间。建筑物是指人工建筑而成，由建筑材料、建筑构配件和设备等组成的整体物。其他地上定着物是指固定在土地或建筑物上，与土地、建筑物不能分离，或者能够分离，但是分离不经济，或者分离后会破坏土地、建筑物的完整性、使用价值或功能，或者使土地、建筑物的价值受到明显损害的植物或人工建筑等。

房地产作为一类资产一般具有以下特点：

①位置固定性。

由于房屋固着在土地上，房地产的相对位置是固定不变的，因此可以说地球上没有完全相同的房地产。即使有两宗房地产的地上建筑物的设计、结构和功能等完全相同，因土地位置的差异，也会造成它们价格的差异。

②供求区域性。

由于土地位置的固定性，房地产还具有区域性的特点。一个城市房地产供给过剩并不能解决另一个城市房地产供给不足的问题。例如，我国西部地区大量空置的土地并不能解决东部地区土地供给紧张的问题。房地产供求关系的地区差异又造成区域之间房地产价格的差异。

③使用长期性。

由于土地可以永续利用，建筑物也是耐用品，使用年限可达数十年，甚至长达上百年，因此在使用期间，即使房屋变旧或受损，也可以通过不断翻修，延长其使用期。

④投资大量性。

房地产生产和经营管理要经过一系列过程——取得土地使用权、土地开发和再开发、建筑设计和施工、房地产销售等——在这些过程中要投入大量的资金。例如，大城市地价和房屋的建筑成本都相当高，无论开发者还是消费者，一般都难以依靠自身的资金进行房地产投资，因此金融业的支持和介入是发展房地产产业必不可少的条件。

⑤保值与增值趋势。

一般物品在使用过程中由于老化、变旧、损耗、毁坏等原因，其价值会逐渐减少。与此相反，在正常的市场条件下，从长期来看，土地的价值呈上升趋势。由于土地资源的有限性和固定性制约了对房地产不断膨胀的需求，特别是对良好地段物业的需求，导致其价格上涨。同时，对土地的改良和城市基础设施的不断完善，也使土地原有的区位条件改善，导致土地增值。

⑥缺乏流动性。

由于房地产具有位置固定、用途不易改变等特点，房地产不能像股票和外汇一样可以迅速变现，其变现性较差。

⑦政策限制性。

房地产市场受国家和地区政策影响较大。城市规划、土地利用规划、土地用途管制、住房政策、房地产信贷政策、房地产税收政策等都会对房地产的价格产生直接或间接的影响。

（2）房地产评估的特点

房地产评估与其他种类的资产评估在原理和技术运用方面基本相同，但是房地产自身的特点决定了其评估具有以下特点：

①合法性前提。

由于房地产的多用途性和用途转换的可能性较大，在房地产评估中需要强调合法性前提。房地产评估的合法性前提具体是指房地产评估应以评估对象载体的合法产权、合法使用和合法处分等为前提进行。在评估房地产的价值时，必须根据城市规划及有关法律规定，依据规定用途、容积率、覆盖率、建筑高度与建筑风格等来把握房地产的使用状况，测算房地产的收益，评估其价值。不能以非法用途、非正当经营等作为评估依据。房地产评估应当是在评估对象载体依法判定的权利下进行。对于不动产的权利类型和归属，应当以其权属证明文件、权属档案以及相关合同等合法权属证明文件为依据。评估对象载体的权利、用途等相关条件应当满足评估目的所对应的国家法律、法规、政策等的规定或要求。

②最佳使用原则。

由于房地产的多用途性和用途转换的可能性较大，在充分活跃的市场条件下，通过竞争可以使房地产达到最有效使用，包括房地产的最佳用途、最佳使用强度和最佳效益。站在房地产权利人的角度考虑，希望获得房地产最大收益或达到最佳使用效果是合理的要求，评估人员是应当予以考虑的。但是，根据房地产评估的合法性前提的要求，房地产的最佳使用必须在法律、法规允许的范围内，并且必须在城市规划的约束条件下进行。因此，在房地产评估过程中，评估人员不仅需要考虑房地产现时的用途和利用方式，还需要考虑房地产是否具有最佳使用的可能性、实现的途径及合法性。如果能够满足合法性前提，评估人员以房地产的最佳使用所能带来的收益评估房地产的价值是可取的，即当评估目的等对评估并无特别限定，且房地产存在多种利用方式时，应当在合法的前提下，以最优利用方式进行评估。

(3) 房地产评估的注意事项

影响房地产价格和评估价值的因素众多而且复杂，如房地产实体、房地产权益和房地产区位等。由于这些因素本身具有动态性，因此，它们对房地产价格和评估价值的影响也是动态的。随着时间的推移，这些因素以及它们的影响也在不断变化。有些因素对房地产价格及评估价值的影响程度是可以量化的，而有些因素的影响则难以量化，只能凭借评估师的经验加以判断。

2）机器设备的特点

(1) 机器设备的资产特点

作为评估客体载体的机器设备，是指由特定主体拥有或控制的，用于生产、提供商品和服务、获取租金或管理等目的的机器、仪器、器械、装置以及附属于机器设备的特殊构筑物等。

与其他资产相比，作为一类独立资产的机器设备具有以下特点：

①机器设备是一类可以长期使用的劳动手段，具有单位价值大、使用寿命长的特点。

在我国的经济核算中，凡列为固定资产的机器设备必须同时具备两个条件：一是单位价值在规定标准以上；二是使用年限在1年以上。不同时具备以上两个条件的一般列为低值易耗品。另外，资产评估中的机器设备仅指作为劳动手段的部分，不包括作为生产物或产品的机器设备。由于机器设备使用年限较长，其评估价值不仅会受到实体性损耗的影响，还会受到功能性贬值及经济性贬值的影响。

②价值补偿和实物更新不一致。

机器设备价值补偿是在机器设备发挥功能的期间通过折旧的形式逐渐实现的，而实物更新一般是在机器设备寿命终结时一次性完成的。由于机器设备是以折旧的形式进行价值补偿的，而企业折旧要受到企业会计政策和政府的税收制度的制约和影响，因而，机器设备的会计折旧和累计折旧并不一定能够客观反映机器设备价值损失和价值转移。机器设备的价值补偿与实物更新的非同步性，使机器设备评估具有较大的复杂性。

③涉及专业门类多，工程技术性强。

机器设备存在于各行各业，各专业门类的机器设备千差万别，而机器设备又是工程技术性很强的一类资产，许多机器设备的价值是由其技术性决定的。因此，在评估时应注意把握不同门类机器设备的技术特点，并且要注意与企业设备管理和技术装备部门在评估中的密切合作。

(2) 机器设备评估的特点

机器设备自身所具有的特点形成和影响了机器设备的评估特点。其要点有以下几个方面：

①机器设备评估是以技术检测为基础的。

机器设备本身就是一类技术含量很高的资产。机器设备自身的技术含量多少本身就直接决定了机器设备评估价值的高低。技术检测是确定机器设备技术含量的重要手段。另外，因为机器设备的使用时间长，工程技术性强，又处于不断磨损过程中，其磨损程度的大小又因机器设备使用、维修保养等状况不同而形成一定差异，所以通过技术检测来判断机器设备的磨损状况，也是判断机器设备评估价值的重要方面。因此，在机器设备评估时必须进行技术检测，以评定机器设备的技术水平、损耗程度、实物状况和评估价值。

②机器设备在评估时的存在形式和使用方式将影响机器设备的评估价值。

被评估机器设备是以单台、件作为评估对象载体还是以整体资产中的要素资产作为评估对象载体，是按机器设备在评估基准口正在使用的方式继续使用下去、改变目前的使用方式换作其他用途继续使用下去，还是将机器设备移到异地继续使用，将直接影响机器设备的评估价值。

③机器设备评估时所处的或依据的使用状态将影响机器设备的评估价值。

机器设备在评估时所处的状态和评估时所假设或依据的状态（如正在使用状态、最佳使用状态或闲置状态）对机器设备的评估价值影响重大。

（3）机器设备评估的注意事项

① 机器设备所包含的技术性无形资产应酌情考虑统一评估或分别评估。比较复杂或先进的机器设备，特别是成套设备、机组、检测设备等，其功能的正常发挥还需要有专利、专有技术或计算机软件等技术类无形资产的支持。一般来说，在单台设备以及无法将该设备中包含的无形资产严格区分的情况下，可以将这些无形资产含在设备价值中一起评估，而成套设备、机组和复杂的检测设备中含有的可分离的专用无形资产，也可考虑与设备分开评估。

② 与土地及其建筑物不可分离的机器设备（分离设备会严重影响土地及建筑物使用价值和价值的），可将机器设备放到土地、建筑物中一并评估，例如建筑物中的电梯、水、电、气、通信等设施设备。

③ 机器设备通常是以单台、件为标的进行评估。由于机器设备单位价值大、规格型号多、情况差异大，为了保证评估结果的真实性和准确性，通常要对机器设备逐台、逐件进行评估。当然，对数量多、单位价值相对低的同类机器设备，可选择合理的分类标准，按分类进行评估，但也必须逐台、逐件核实数量。

3）无形资产的特点

（1）无形资产的形式特征和资产特点

无形资产，是指由特定主体所控制的，不具备实物形态，对生产经营长期发挥作用且能带来经济利益的资源。

无形资产作为一类较特殊的资产，有其自身的特殊性，归纳起来可以概括为无形资产的形式特征和资产特点两个方面。

①无形资产的形式特征。

第一，无形资产没有物质实体，但它又必须通过一定的物质载体直接或间接地表现其客观存在。其直接载体包括专利证书、许可证、图纸、注册商标等，间接载体包括整体企业、机器设备等。无形资产作为一种独立的资产，其价值与其载体具有密切关系。

第二，无形资产通过使用，能为其拥有者带来持续的经济效益。

第三，无形资产被排他性地占有，其提供的未来经济效益具有较强的不确定性。

②无形资产的资产特点。

无形资产的资产特点主要是与有形资产相对而言的。主要有以下特点：

第一，可分性与共享性。同一无形资产经合法的程序可以同时为不同的权利主体共同享用。同一无形资产在其所有者继续使用该无形资产的前提下，可以多次转让其使用权。

第二，无形资产对有形资产的相对依附性。无形资产的作用是巨大的，但是，无形资产作用的发挥需要借助有形资产，而且无形资产作用的大小与其依附的有形资产的质量、规模等具有密切联系。专利权或非专利技术作用的发挥，需借助于专门的设备和生产企业。专门设备的数量和质量，以及企业的生产规模都会影响专利权及非专利技术作用的发挥。

第三，无形资产的研制开发成本与其获利能力的弱对应性。无形资产在其开发研制过程中所支出的各种费用的多少与无形资产的获利能力并不成等比关系。无形资产的获利能力是由无形资产的功能及效用决定的，而并不完全取决于它的开发研制成本。运用成本法及利用无形资产的取得成本作为其评估价值时应格外慎重。

第四，无形资产的市场透明度低。无形资产中的知识型、技术型无形资产往往具有很强的保密性和垄断性，同样或同种的无形资产的市场交易资料，特别是有关无形资产特性方面的市场数据并不多见。这使得无形资产的市场透明度很低。

（2）无形资产评估的特点

无形资产本身的形式特征和特点，决定了无形资产评估也有其自身的特点。其中较为突出的特点如下：

① 无形资产的评估必须掌握和界定无形资产的权益、权利及其类型。

② 无形资产的评估必须掌握和界定作为评估对象载体的无形资产的存在方式和作用方式。

③ 无形资产的评估必须明确无形资产作为评估对象载体的作用空间。

（3）无形资产评估的注意事项

无形资产的评估应该注意的事项大都集中在评估对象载体的界定方面。例如，无形资产与知识产权之间、商标权与商誉之间、专利权与专有技术之间、商标权与商号之间，以及商标权、专利权、专有技术之间的关系和实际作用界限并不一目了然。许多人在评估实践过程中经常将无形资产与知识产权等同起来，将商标权与商誉在企业中的作用和贡献混为一谈，对专利权与专有技术之间、商标权与商号之间，以及商标权、专利权、专有技术之间的联系与区别，发挥作用时的黏合关系与有时需要剥离评估的认识及技术处理不恰当等。确认评估对象载体及权益界限、作用空间、载体状况及盈利模式等，是无形资产评估必须注意的事项。

4）企业的特点

企业是以营利为目的，按照法律程序建立的经济实体，形式上体现为由各种要素资产组成并具有持续经营能力的自负盈亏的经济实体。进一步说，企业是由各个要素资产围绕着一个系统目标，发挥各自的特定功能，共同构成一个有机的生产经营能力和获利能力的载体及相关权益的集合或总称。

（1）企业的资产特点

企业作为一类特殊的资产，具有自身的特点：

①营利性。

企业作为一类特殊的资产，其经营目的就是营利。为了达到营利的目的，企业需要在既定的生产经营范围内，以其生产工艺为主线，将若干要素资产有机组合并形成相应的生产经营结构和功能。

②持续经营性。

企业要获取盈利，必须进行经营，而且要在经营过程中努力降低成本和费用。为此，企业要对各种生产经营要素进行有效组合并使其保持最佳利用状态。影响生产经营要素最佳利用状态的因素有很多，持续经营是保证企业正常盈利的一个重要方面。

③整体性。

构成企业的各个要素资产虽然各具不同的性能，但只要它们在服从特定系统目标的前提下构成企业整体，企业的各个要素资产功能就可能产生互补。因此，它们可以被整合为具有良好整体功能的资产综合体。当然，即使构成企业的各个要素资产的个体功能良好，如果它们不能服从特定系统目标拼凑成企业，它们之间的功能可能就不匹配，由此组合而成的企业的整体功能也未必很好。因此，整体性是企业区别于其他资产的一个重要特征。

④权益可分性。

作为生产经营能力载体和获利能力载体的企业具有整体性的特点，而与载体相对应的企业权益却具有可分性的特点。企业的权益可分为企业整体权益、股东全部权益和股东部分权益。

（2）企业价值评估的特点

企业价值评估具有以下特点：

① 企业是由各种可辨认及不可辨认资产及相应负债组成的具有生产经营能力和获利能力的资产组组合体。

② 决定企业价值高低的因素是企业的整体获利能力。

③ 企业价值评估是一种整体性评估。

（3）企业价值评估的注意事项

企业本身就是一个复合概念，如法律层面上的企业、经济层面上的企业、工艺技术层面上的企业、资产层面上的和市场层面上的企业等。企业价值也是一个复合概念，它包含企业总资产价值、企业整体权益价值、企业投资资本价值、企业股东全部权益价值和企业股东部分权益价值等。

缘于企业自身的多资产及负债的组成，以及它的整体性特点，企业价值评估对象载体具有了双重表现形式：其一是组成企业的各类资产与负债，其二则是企业的整体权益、股东全部权益和股东部分权益等。

企业整体权益是企业总资产扣除企业负债中的非付息债务后的部分，或企业所有者权益加上企业的全部付息债权权益。

股东全部权益就是企业的所有者权益。

股东部分权益是指企业的某一部分股权权益，或股东全部权益中的某一部分。股东部分权益可能是控股权权益或少数股权权益，因而可能需要考虑控股权溢价和少数股权折价等因素。

由于企业价值评估对象载体的双重性和多层次，企业价值的表现形式也具有多层次。资产评估人员在评估企业价值时，应当根据不同的评估目的、委托方不同的要求等，谨慎区分本次评估的是企业总资产及其价值、企业整体权益及其价值、股东全部权益及其价值，还是股东部分权益及其价值等，并在评估报告中明确说明。

4.3 资产评估对象及其界定

资产评估活动是具体的，也是受相关经济活动、评估目的相关条件及委托人约束的。在资产评估实践中，评估人员仅仅认识和理解了资产评估客体及其价值载体（资产评估对象和评估对象载体）一般是不够的，还需要从具体的、有条件约束的资产评估客体及其价值载体角度，准确地认识和把握资产评估对象及其价值载体，以及评估范围等资产评估要素。

4.3.1 资产评估对象界定需要考虑的因素

资产评估对象是微观层面的资产评估客体，是由引起具体资产评估的经济活动、评估特定目的等相关条件约束的资产评估客体。资产评估客体转化为资产评估对象需要满足两个基本条件：其一是价值定性，其二是评估对象载体界定。将泛泛的评估客体（价值）进行价值内涵、价值类型及合理性指向界定，是将资产评估客体转化为评估对象的重要内容之一。对与特定经济活动相关，受特定评估目的等相关条件约束的被评估资产或经济事项及其数量边界、权利边界和时间空间进行界定，即资产评估对象载体界定是资产评估对象具体化的另外一个过程。无论是评估对象的价值定性过程，还是评估对象载体的界定都与引起资产评估的经济活动、资产评估特定目的及其相关条件的约束紧密相关。

因此，界定评估对象就需要从引起资产评估的具体经济活动的约束、特定资产评估目的的约束和其他相关条件的约束三大方面进行。

1）引起资产评估的具体经济活动的约束

在我国，资产评估活动的开展通常是为了满足特定经济活动涉及的特定资产或经济事项的价值估量需要而进行的。特定经济活动都有其特定的经济内涵，如企业并购、资产买卖、抵押融资、破产清算等。而企业并购、资产买卖、抵押融资、破产清算等不同经济活动，又会受到相关法律法规或制度等的约束和规范。相关法律法规或制度等对不同性质的特定经济活动的约束和规范，就传导至其涉及的资产或经济事项的价值评估。因此，引起资产评估的特定经济活动会对评估对象的价值内涵具有相当程度的约束。例如，涉及企业并购的资产评估价值可能是市场价值或投资价值，而涉及破产清算的资产评估价值可能是清算价值。涉及企业并购的资产评估价值与涉及破产清算的资产评估价值可能是不同的。另外，特定经济活动都有其特定的活动范围，经济活动范围又会直接约束评估对象载体的数量，即特定经济活动涉及的特定资产或经济事项才是资产评估对象载体，经济活动范围直接约束了资产评估范围。经济活动都是在特定时间和地点进行的，经济活动发生的时间空间也约束了资产评估的时间和空间。因此，特定经济活动不仅约束了资产评估对象的价值内涵、资产评估对象载体的数量，还约束了资产评估的具体时空。仔细分析引起资产评估活动的经济活动的性质、活动范围并界定其时间空间，是界定资产评估对象首先需要考虑的因素。

2）特定资产评估目的的约束

特定资产评估目的是人们对资产评估活动所要实现的价值目标，以及资产评估结论预期用途的某种抽象。虽然引起资产评估的特定经济活动会对评估对象的价值内涵具有相当程度的约束，但这种约束仍然相对宽泛。如果将引起资产评估的特定经济活动的当事人以及他们进行经济活动和资产评估活动的意愿（体现在具有约束力的合同或协议中）考虑进去，会对资产评估活动所要实现的价值目标和资产评估结论预期用途有一个比较清晰的判断，从而为进一步明确评估对象的价值内涵提供最直接的指引。可以说，特定资产评估目的对评估对象价值的内涵及其合理性指向具有最直接的约束。

3）其他相关条件的约束

其他相关条件的约束主要涉及资产评估对象载体自身存续状态、权利状态和运营状况等情况的影响，引起资产评估的特定经济活动及其发生时点的宏观及微观经济环境等对资产评估对象载体存续状态、权利状态及运营情况等的影响，以及资产评估委托方对资产评估对象载体预期用途及评估范围等相关问题的合理性要求的影响等。

从上述资产评估对象界定需要考虑的因素的内容和要求来看，资产评估对象的界定实际上是一个综合性很强的分析判断的过程。在这个过程中，涉及引起资产评估的经济活动的全面分析与判断、评估特定目的的分析与提炼、评估价值内涵及类型的分析判断、评估约束性条件的梳理与假设前提的分析与判断、评估时间基准合理区间的把握、评估范围的界定等。鉴于资产评估目的、资产评估价值类型、资产评估假设和资产评估基准日等的重要性以及需要重点介绍其分析判断的过程与内容的缘故，资产评估目的、资产评估价值类型、资产评估假设和资产评估基准日等将以专门的章节分别加以介绍。本章关于资产评估对象及其界定，将主要介绍与资产评估对象界定紧密相关的评估范围的界定。

4.3.2 资产评估范围的界定

由特定经济活动引起的具体评估项目，其中的资产评估对象载体都是有数量边界、权利边界和时间空间边界的。或者说，受特定评估日的等相关条件约束的被评估资产及经济事项（或称资产评估对象载体）都是有范围的。我们通常把受特定评估目的等相关条件约束的被评估资产或经济事项的范围，即资产评估对象载体的范围称为资产评估范围。资产评估范围界定是资产评估对象界定的重要组成部分，其本质就是界定资产评估对象载体及其数量边界、权利边界和时间空间边界。由于特定经济活动涉及的资产评估对象载体有可能是单项有形资产、无形资产或其他经济事项，也有可能是资产组合或企业，其评估对象载体的数量边界、权利边界和时空边界等的界定要求还是有所区别的。

1）单项评估对象载体范围的界定

资产评估活动的开展通常是为了满足特定经济活动涉及的特定资产或经济事项价值估量的需要进行的。有些经济活动涉及的资产评估对象载体就是单项有形资产、无形资产、其他经济事项或它们的集合。评估人员应当根据引起资产评估的经济活动有关文件、资产评估委托合同等分析确定具体评估对象载体是什么、数量是多少、具有什么样的权益以及时间空间等事项。

从把握单项评估对象的角度，需要界定单项评估对象载体的数量边界、权益边界和作用方式。

（1）单项资产评估对象载体数量边界的界定

关于单项资产评估对象载体数量边界的界定，重点在于单项有形资产的数量边界。无论是单项有形资产，还是单项有形资产的集合，单项有形资产的数量边界通常是清晰的。评估人员根据委托合同和资产评估申报材料，通过现场查勘等手段界定单项有形资产的数量边界相对比较容易。像界定一台或多台机床、一辆或多辆汽车、一宗或多宗房地产或若干动产及不动产集合等单项有形资产数量边界，无论单项评估对象载体是一个还是多个，其数量边界都是相当清晰的。只要认真按照资产评估委托合同确定的评估对象载体，运用现场勘查实物、查验权属证明等手段加以界定，其难度并不大。

无形资产不存在实体形态，其数量边界并不像有形资产的数量边界那么清楚。但是，许多无形资产的存在是依据相关法律法规的授权或赋权实现的，如依据知识产权法赋权的商标权、专利权和著作权，依据民法典赋权的有利的供应合同及销售合同等。评估人员根据委托合同和资产评估申报材料，查验能够证明单项无形资产存在的相关法律法规赋权或授权证明文件、合同协议、交易明细等，是界定单项无形资产评估对象载体数量边界的重要手段。非依据相关法律法规的授权或赋权而存在的无形资产，如技术诀窍、客户关系、销售网络等则需要评估人员根据委托合同和资产评估申报材料，运用相关技术鉴定和市场调查等手段来完成。

（2）单项资产评估对象载体权益边界的界定

单项有形资产评估对象载体的权益边界，需要评估人员在明确评估目的和委托要求的前提下核实鉴定单项有形资产评估对象载体的权益，明确本次评估的是评估对象载体的所有权、使用权、租赁权还是抵押权等，评估对象载体承载的权益是否受限，以及本次评估的是什么权益等问题。对于单项有形资产评估对象，评估人员可以通过评估对象载体的产权证明材料、购置合同、协议、相关票据凭证和引起资产评估的具体经济活动等落实评估对象载体的产权及权益。

在正常情况下，单项有形资产评估对象载体的权益边界是清楚的，或者是可以调查清楚的。我国的经济转型期并没有完全完成，所以某些资产的产权关系并不是十分清晰。另外，体制创新和制度创新也可能产生一些产权不是十分清晰的资产。这就要求评估人员在核实鉴定单项有形资产评估对象载体权益边界的过程中切实注意在单项有形资产评估对象载体中是否存在经营租赁、未办理产权、未登记入账的情况，以及实物资产与产权文件记载内容不符的情况，尽量查明原因以便妥善处理。

由于无形资产不存在物质实体，因此无形资产不存在实体边界的界定问题，无形资产权益的界定相对于有形资产而言就显得复杂一些。原因如下：①无形资产没有物质实体。无形资产评估对象载体本身就不容易把握，而蕴含其中的权益就更难以把握。②无形资产的种类繁多。就大的方面讲，无形资产包括知识产权类、权利类、关系类和其他类等，其使用价值鉴定和产权鉴定相对比较复杂。无形资产本身的鉴定涉及相关技术、科学研究成果、科学研究成果转化能力、工艺等方方面面。无形资产权益的界定涉及相关法律法规，如知识产权法、财产法、行政许可法、民法典等。无形资产产权界定比较复杂，其权益的存在形式更是丰富多彩。评估人员需要明确无形资产评估价值载体是作为独立的资产还是作为企业的要素资产成为评估对象载体，以及无形资产的作用空间和权益边界。在很多情况下，作为评估对象载体的无形资产的权益可以是权益束或权益组合，包括无形资产的所有权、使用权、质押权等，也可以是其权益组合中的某一组成部分，如无形资产的使用权或许可权以及其中的独占许可、独家许可或普通许可等。无形资产的权益界定和作用方式界定在无形资产评估中具有非常重要的意义。无形资产的权益界定和作用方式界定的准确与否将直接影响被评估无形资产的价值。准确把握无形资产权益边界和作用方式对无形资产评估至关重要。

无形资产评估对象载体权益边界的界定需要关注：①评估对象载体是什么，包括无形资产的名称和种类。②评估对象载体承载的权益和权利，即无形资产评估对象载体相关授权赋权证明文件、合同协议等载明的权利及权益是什么，如所有权、许可权或其他权益权利。③评估目的及委托合同对单项无形资产评估对象载体及权益的约束，即本次经济活动涉及的转让或交易且已被评估委托合同确定的无形资产评估对象载体的权益部分。

（3）无形资产评估对象载体的作用方式的界定

评估人员也可以通过引起资产评估的经济活动的相关交易合同协议等具体内容、无形资产评估对象载体本身的具体存在形式和种类、本次评估的目的及评估委托合同中的要求等相关条件分析判断无形资产评估对象载体的作用方式和作用空间。

2）整体资产评估对象载体范围的界定

整体资产实际上是指按照特定目的将不同的单项资产有机组合起来形成生产经营能力和获利能力的资产综合体。整体资产是包括了企业、机组、生产线和业务资产组等整体性资产的统称。由于整体资产评估对象载体本身就是一个多种类资产有机组合体，整体资产评估对象载体的数量边界的界定既有与单项资产实体边界界定相同的地方，又有其自身的特殊性。另外，由于整体资产评估对象载体的权益是一个权益束或权益集合，以企业最为典型，其权益束或权益集合又存在着细分的可能性。企业作为整体资产评估对象的载体，其承载的权益束或权益集合可以细分为企业整体权益、股东全部权益、股东部分权益等。因此，整体资产评估对象载体范围的界定，特别是企业价值评估范围界定，所包含的资产评估对象载体数量的界定和权益边界界定两部分都有一定的特殊性。例如，在企业价值评估中，评估专业人员需要明确本次评估的具体评估对象载体是企业权属范围内的全部资产与负债，还是剔除了某些部分的其余资产组合或其他组合，以及对资产的进一步分类。评估专业人员还需要明确本次评估的具体评估对象载体权益是企业的整体权益、股东全部权益、股东部分权益，还是其他权益。

（1）整体资产评估对象载体数量边界的界定

整体资产评估对象载体数量的一般边界的界定，主要取决于整体资产权属关系、引起整体资产评估的经济行为和评估目的的具体约束，以及委托合同的具体要求，在方式方法上与单项资产评估对象载体的数量边界的界定并无大的不同。但是，由于整体资产评估对象载体本身是由多种多项资产（可能还包括负债）有机组成的一项综合性资产，其要素资产的组成并不是随机的，具有匹配性和整体性等要求。因此，在界定整体资产评估对象载体数量一般边界的基础上，还需要考虑整体资产评估对象载体各要素资产之间的工艺要求和匹配关系，以及各要素资产在形成整体生产能力和获利能力中的作用。在界定了整体资产评估对象载体数量一般边界的基础上做出进一步的分类，即进一步考虑按各要素资产在形成整体资产，特别是以在企业的生产能力和获利能力中的作用为标准，将整体资产评估对象载体（企业）具体划分为有效资产和溢余资产两个部分。将整体资产评估对象载体（企业）进一步划分为有效资产和溢余资产，并不是对整体资产评估对象载体数量一般边界的否定，而是有利于评估人员清晰地把握评估对象载体及其在价值形成过程中的作用、合理地运用评估技术、恰当地选择评估参数、较为准确地判断评估对象价值的需要。整体评估对象载体（企业）数量一般边界的界定，主要依据整体资产的产权所属关系。整体评估对象载体（企业）数量一般边界的细化和分类，则主要依据各个要素资产在整体资产中发挥的作用。

（2）整体资产评估对象载体权益边界的界定

整体资产所承载的固有权益通常是清晰的，由整体资产的权属关系限定。但是，作为整体资产评估对象载体的整体资产的权益却要受到引起整体资产评估的经济活动、评估的特定目的以及委托合同等的约束与限制。整体资产评估对象载体可能是整体资产的整体权益或全部权益，也可能是整体资产的部分权益等。以企业价值评估为例，企业价值评估对象载体的权益边界就有多种。评估人员应该根据评估目的和委托要求来界定本次企业价值评估载体是企业整体权益、股东全部权益、股东部分权益，还是其他权益组合等。

当然，由于整体资产评估对象载体的数量边界和权益边界都是多维的，还需要评估人员在界定整体资产评估对象载体的数量边界和权益边界的过程中，特别注意委托合同及其相关要求对整体资产评估对象载体的数量边界和权益边界匹配性和逻辑性的影响，避免出现整体资产评估对象载体的数量边界和权益边界的脱节。如果委托合同及其相关要求可能造成整体资产评估对象载体的数量边界界定和权益边界界定出现脱节的情况，评估人员应当及时与委托方沟通，保证委托合同及其相关要求的合理性。

4.4　评估对象载体作用方式和使用效果的界定

从某个角度上讲，资产评估对象价值是资产评估对象载体所承载的权益价值的说法是正确的。但同时，资产评估对象载体所承载的权益价值是要通过资产评估对象载体的运用及其所体现出来的获利能力及市场表现来实现的。在评估对象载体所承载的权益已经确定的前提下，评估对象载体如何被使用、评估对象载体以什么方式使用将直接影响甚至决定评估对象载体获利能力的产生和形成。也就是说，评估对象载体的作用方式将影响评估对象载体的盈利模式和评估对象价值。关于评估对象载体作用方式的讨论涉及评估对象载体作用方式界定与评估对象载体盈利模式判断等方面的问题。

4.4.1 评估对象载体作用方式界定

单项资产评估对象载体的作用方式，指的是判断单项资产评估对象载体是作为整体资产中的要素资产被使用，还是作为独立的资产被使用。评估对象载体作用方式将影响评估对象载体的作用空间和获利空间，不同作用方式还将影响单项资产评估对象载体的评估结果、价值类型，以及在资产评估过程中的评估参数的选择。如果评估对象载体是作为整体资产中的要素资产被使用，在资产评估过程中适用贡献原则，评估结果通常是在用价值；如果被评估资产是作为独立的资产被使用，在资产评估过程中适用替代原则、供求原则和预期原则等，一般情况下评估结果是市场价值。

整体资产评估对象载体的作用方式界定，是指判断整体资产评估对象载体是将持续经营或使用，还是作为非持续经营的若干需要变现的单项要素资产组合。整体资产的持续经营与整体资产变现或者拆零变现，无论在价值类型选择、评估参数选择，还是评估结果等方面都可能存在较大的差异。

4.4.2 评估对象载体盈利模式判断

评估对象载体的盈利模式与评估对象载体自身的性质、功能以及与评估目的相关的使用方式紧密相关。整体资产评估对象载体的盈利模式相对比较容易把握，因为整体资产评估对象载体的盈利模式相对固定。单项资产评估对象载体的盈利模式把握起来较为复杂，因为它可以独立存在或以整体资产的要素组成存在，其盈利模式首先取决于它的存在形式，然后才能对其盈利模式进行判断。有形资产的盈利模式相对比较容易把握，而无形资产的盈利模式把握起来较为困难。有些单项有形资产本身就具有独立的获利能力，而有些单项有形资产本身并不具有独立的获利能力，要么与其他若干个单项资产组成资产组或资产组组合形成获利能力载体，要么作为整体资产的一分子融入整体资产之中。无形资产本身具有很强的获利能力，但无形资产本身通常并不具有独立的获利能力，无形资产的获利能力大都需要借助有形资产，与其共同形成获利能力载体。无形资产在多大的范围内、与什么规模和质量的有形资产结合，对无形资产评估价值影响巨大。无形资产的作用方式以及盈利模式是评估人员选择评估参数、评估途径与技术方法的重要依据之一，是影响无形资产评估价值的最重要的因素之一。

4.4.3 评估对象载体使用效果界定

评估对象载体使用效果界定的另一个说法，就是关于评估对象载体是否能有效使用的判断。在大多数情况下，资产评估是以评估对象载体能被有效使用为前提的，但这并不能排除评估对象载体的非有效使用是资产评估前提可能性。评估对象载体能被有效使用或没有被有效使用的判断直接影响评估对象的评估价值。评估对象载体使用效果界定就是要求评估人员在进行资产评估时，根据评估目的等相关条件推定或判断本次评估是否应该以评估对象载体的有效使用或非有效使用为评估前提。如果评估人员根据评估目的等相关条件推定本次评估必须以评估对象载体的有效使用为前提，那么在评估过程中所使用的各类经济技术参数和评估结果的价值类型选择等都必须以评估对象载体被有效使用为依据。如果评估对象载体事实上并没有达到有效使用的状态，评估人员就需要做必要的技术处理，在保证评估过程中所使用的各类经济技术参数都符合评估对象载体被有效使用的前提下，注意将评估对象载体由现实状况调整到有效使用状况所需要做的工作及其成本。

如果评估人员根据评估目的等相关条件推定本次评估可以评估对象载体的现有使用状况及效果（可能是非有效使用）为前提，评估人员需要注意在评估过程中所使用的经济技术参数，以及评估结果的价值类型是否与以评估对象载体现有使用状况和效果为依据的情况相匹配。

资产评估对象载体作用方式、盈利模式和使用效果界定的基本依据是评估对象载体自身和资产评估目的及其相关要求，包括评估对象载体功能、评估时点使用状况和状态、评估特定目的和委托合同的具体要求对评估对象载体功能、评估时点之后使用状况和状态的影响。在此基础上，评估人员还需要结合评估对象载体的数量边界和权益边界的界定，在充分考虑两者匹配的前提下，合理判断资产评估对象载体的作用方式、盈利模式和使用效果。

评估对象载体的实体边界、权益边界、作用方式、使用状态和盈利模式的界定是在资产评估过程中非常重要的组成部分，是准确合理评价评估对象的基础工作。评估对象载体的实体边界、权益边界、作用方式和盈利模式的界定可能并没有固定的模式，需要评估人员根据评估对象载体自身的性质、功能，以及评估目的等分析判断。评估对象载体的实体边界、权益边界、作用方式、使用状态和盈利模式的准确界定将是评估人员选择价值类型和评估途径与技术方法的重要依据。

小资料4-1　　资产评估对象和资产评估范围

中国资产评估协会于2020年年底发布的《资产评估准则术语2020》，对资产评估对象和资产评估范围等做出了行业界定。

评估对象是指被评估的具体标的或者被评估的资产，即资产评估的具体对象。评估对象可以是不动产、动产、无形资产、企业价值、资产损失、其他经济权益或者负债等可以量化的标的。

评估范围是指评估对象的具体表现形态及其权利边界和数量边界。

本章小结

资产评估客体和资产评估对象是资产评估中的两个重要概念，对资产评估对象及其载体的认识、把握和界定在资产评估中具有重要的意义。在从资产评估客体到资产评估对象的转化过程中涉及评估对象载体的实体边界、权益边界、作用方式、盈利模式和作用效果的界定，需要对资产评估对象价值进行定性定义。这一过程是评估人员根据评估目的及其相关条件所做的分析判断过程，是整个资产评估过程中非常重要的组成部分，是准确、合理评价评估对象价值的基础工作。在现实资产评估实践中，实务界更习惯于将评估对象载体直接作为资产评估对象，而以资产评估目的、资产评估价值类型、评估基准日和评估范围等来约束其价值内涵和载体边界进行评估。总之，只要能从理论上认清资产评估客体和对象的本质，至于是通过综合还是分解的方式加以评估可以有不同的选择。

主要概念

资产评估客体　资产评估对象　资产评估对象载体　资产评估范围

基本训练

思考题

（1）资产评估客体与资产评估对象的联系与区别是什么？

（2）为什么要界定资产评估范围？

（3）界定整体资产评估对象载体的数量边界和权益边界的意义是什么？

（4）在资产评估过程中需要设定的资产评估对象载体的作用方式有哪些？

第4章参考答案

第5章 资产评估目的与假设

学习目标

通过本章的学习，学生应当了解和掌握资产评估的一般目的和特定目的，以及它们在资产评估中的地位和作用；了解和掌握资产评估中的各类假设和各种假设，如评估条件假设、评估环境假设、评估对象利用程度假设和特定假设，并能充分理解资产评估假设在资产评估中的地位和作用。

5.1 资产评估目的

在我国资产评估理论研究和评估实践中，评估目的都是一个十分重要的概念和评估专业术语。如果从宏观层面上解释，资产评估目的被认为是资产评估所要实现的目标。如果站在微观的立场上，评估目的通常是指引起资产评估活动的特定经济行为及评估委托人对资产评估报告和评估结论的条件要求和用途要求。也可以将评估目的进一步概括为，资产评估报告和评估结论的预期用途。宏观层面上的资产评估目的，通常被称作资产评估的一般目的。而微观层面上的评估目的，通常被称作资产评估的特定目的。资产评估一般目的是泛指所有资产评估活动共同的目的或目标，即抽象掉所有引起资产评估的经济活动或事项的特殊性，抽象掉所有个别经济行为或事项以及当事人对资产评估的特殊条件要求，只保留进行资产评估所要实现的最基本的目标和要求。资产评估特定目的则是每一项资产评估所要实现的具体目标，是每一个引起资产评估的经济活动或事项及具体委托人对资产评估报告和结论的具体条件要求和用途要求。

既然资产评估特定目的是每一项资产评估活动所要实现的具体目标，是每一个引起资产评估的经济活动或事项及具体委托人对资产评估报告和评估结论的具体条件要求和用途要求，那么就应该基于个别经济活动及客户的角度和立场来认识和理解资产评估特定目的，即评估报告及评估结论的特殊目的和具体用途。资产评估特定目的是站在特定经济活动及客户的角度和立场上，认识和看待评估报告及评估结论的目的和用途。资产评估特定目的应该被理解为：在符合法律法规、评估规范及社会公共利益的前提下，评估报告和评估结论应当满足特定客户进行某个具体经济活动或事项对资产评估报告及其评估结论的条件要求和用途要求。或者表述为：在符合法律法规、评估规范及社会公共利益的前提下，引起资产评估的特定经济活动或事项及其委托人对资产评估报告和评估结论的条件要求和用途要求，以及由此产生的对此次评估活动相应条件的约束。

要很好地理解与把握个别客户使用评估报告及结论的特殊目的和具体用途，就需要从引起资产评估的经济事项入手。

资产评估一般目的的提出，实际上要求评估人员站在使用评估报告及结论的客户整体立场上，考虑资产评估的条件约束和目标约束，并在资产评估的全过程中体现这些约束。

资产评估特定目的的提出，实际上要求评估人员站在具体客户使用评估报告及结论的立场上，考虑每一个资产评估项目的条件约束和目标约束，并在该资产评估项目的全过程中体现这些约束。

由于资产评估活动都是具体的，在资产评估实践中直接发挥作用的主要是资产评估特定目的。为了更好地理解资产评估特定目的并能切实实现评估特定目的对评估报告及评估结论的约束和影响，就需要全面理解资产评估特定目的的主要构成要素以及它们之间的相互关系，包括引起资产评估的经济行为或事项、评估报告及结论的预期用途和评估报告及结论的预期使用人三者间的关系及作用方式。

我国评估界对资产评估目的的传统解释更愿意把评估的一般目的与评估的价值目标相联系。这种理解并不一定会造成多大的问题，但有可能会混淆资产评估目的与资产评估价值目标之间的区别。

5.1.1 引起资产评估的经济事项与资产评估报告的预期用途

资产评估报告的预期用途（intended use）是指评估师及评估机构承接业务时，在与客户沟通的基础上，通过评估委托协议或合同所确定的评估报告的使用用途。

资产评估活动并不是评估人员可以随意或随机进行的。它通常是客户为进行某项经济活动需要相关的价值意见而委托评估专业人员提供的价值咨询服务。很显然，评估人员提供的价值咨询服务不仅应当具备良好的专业性，而且必须要有极强的针对性，以满足客户为进行某项经济活动需要的相关价值意见要求。一般意义上的“引起资产评估的经济活动或事项”可以理解为客户拟要进行的对评估价值意见有需求的经济活动或事项。

资产评估作为一种资产价值判断活动，总是为满足特定资产业务的需要及评估委托人而进行的。引起资产评估的经济活动或事项既是资产评估的起因和条件约定，又对资产评估报告和结论的预期用途具有极强的约束。引起资产评估的经济活动或事项与因此而做的资产评估报告及结论的预期用途存在十分紧密的联系。很多人把它们两者等同起来，即将引起资产评估的经济活动或事项直接作为评估报告和评估结论预期用途的代名词，而评估实务界更愿意把引起资产评估的特定经济活动或事项（资产业务）对资产评估报告和评估结论的条件约束和目标约束称为资产评估特定目的。无论在理解上还是事实上，资产评估特定目的既包含对资产评估条件的约束，又包含对评估报告和结论预期用途的约束。因此，在资产评估实务中，评估人员都十分关注资产评估特定目的，即引起资产评估的经济活动或事项（资产业务）对评估条件及评估结论预期用途的约束和要求。当然，引起资产评估的经济活动或事项对资产评估报告和结论的条件约束和用途约束通常由资产评估委托人具体提出。因此，评估人员在进行资产评估时必须明确资产评估特定目的。

从我国资产评估实际情况来看，引起资产评估的资产业务主要有以下两类：其一是相关法律法规要求需要有资产评估鉴证或价值咨询意见才可以开展的经济活动或事项；其二是市场主体自主要求需要资产评估提供价值鉴证或咨询服务支持才能开展的经济活动或事项等。

1）法律法规要求需要提供资产评估支持才能开展的相关经济活动或事项

对某些经济活动或事项规定或要求需要进行资产评估鉴证或咨询支持的法律法规主要有国有资产管理的相关法规、公司法、证券法、民法典和税法等。这些法律法规对于某些经济活动或事项的发生及运作要求提供资产评估报告。

（1）国有资产管理法规规定的需要进行资产评估的国有资产产权变动及相关经济活动

这类活动主要包括国有资产转让，国有企业兼并，国有企业出售，国有企业联营，股份经营，中外合资、合作，国有企业清算，国有资产担保，国有企业租赁，国有债务重组等。

① 国有资产转让。国有资产转让是指国有资产拥有单位有偿转让其拥有的国有资产，通常是指转让非整体性资产的经济行为。

② 国有企业兼并。企业兼并是指一个企业以承担债务、购买、股份化和控股等形式有偿接收其他企业的产权，使被兼并方丧失法人资格或改变法人实体的经济行为。当兼并主体或被兼并方是国有企业时，这种活动就可以称为国有企业兼并。

③ 国有企业出售。国有企业出售是指独立核算的国有企业或企业内部的分厂、车间及其他整体资产产权出售行为。

④ 国有企业联营。企业联营是指国内企业、单位之间以固定资产、流动资产、无形资产及其他资产投入组成各种形式的联合经营实体的行为。当上述经济行为涉

及国有企业时，就可以称之为国有企业联营。

⑤ 股份经营。股份经营是指资产占有单位实行股份制经营方式的行为，包括法人持股、内部职工持股、向社会发行非上市股票和上市股票。当股份经营涉及国有股权的时候，股份经营行为就要受到国有资产相关法规的约束。

⑥ 中外合资、合作。中外合资、合作是指我国的企业和其他经济组织与外国企业和其他经济组织或个人在我国境内举办合资或合作经营企业的行为。如果合资或合作的中方企业是国有企业，中外合资或合作行为也要受到国有资产相关法规的约束。

⑦ 国有企业清算。国有企业清算包括国有破产清算、终止清算和结业清算经济活动。

⑧ 国有资产担保。国有资产担保是指国有资产占有单位以本企业的资产为其他单位的经济行为担保，并承担连带责任的行为。担保通常包括抵押、质押和保证等。

⑨ 国有企业租赁。国有企业租赁是指国有资产占有单位在一定期限内，以收取租金的形式，将国有企业全部或部分资产的经营使用权转让给其他经营使用人的行为。

⑩ 国有债务重组。国有债务重组是指国有债权人按照其与债务人达成的协议或法院的裁决同意债务人修改债务条件的事项。

引起国有资产评估的其他合法经济事项。

（2）公司法、证券法等法规规定的需要或可以进行资产评估的投资、融资及相关的经济事项

《中华人民共和国公司法》关于对股东非货币出资需要进行资产评估的相关规定：股东可以用货币出资，也可以用实物、知识产权、土地使用权等可以用货币估价并可以依法转让的非货币财产作价出资；但是，法律、行政法规规定不得作为出资的财产除外。对作为出资的非货币财产应当评估作价，核实财产，不得高估或者低估作价。法律、行政法规对评估作价有规定的，从其规定。

《中华人民共和国证券法》关于对公司申请发行公司债券需要报送资产评估报告的相关规定：申请公开发行公司债券，在向国务院授权的部门或者国务院证券监督管理机构报送的文件中包括资产评估报告。

（3）其他法律法规规定的需要或可以进行资产评估的涉及财产、经济赔偿等的案件、事项等

例如，税法对某些或某种房地产交易、转移和保有等经济事项涉及的房地产要求进行的价值评估；城市与建设相关法规要求对城市改造或重大工程涉及的企业搬迁、房屋拆迁进行的价值评估等；民事诉讼法及有关刑法对涉及经济犯罪、损失赔偿要求进行的资产评估等。

2）市场主体进行的投融资活动和交易活动

市场主体进行的投融资活动和交易活动，例如，资产转让、企业兼并、资产重组、企业联营、股权收购、企业清算、财产抵押、企业租赁等。

3）其他经济事项

无论是什么原因引起的资产评估需求，都会受到相关法律法规及制度规定等的规范与约束。资产评估也必须遵守相关经济活动涉及的法律法规及制度规定。另外，资产评估是由特定经济活动或事项引起的，引起资产评估的特定经济活动或事项对评估报告的预期用途具有明确、直接约束。即使评估委托人对评估报告和评估结论也会有具体的条件要求和目的要求，委托人的具体要求也应该在引起资产评估的经济活动或事项对评估报告和评估结论的条件约束和预期用途约束的大范围之内。

5.1.2 评估报告预期使用人

评估报告预期使用人（intended user）是指评估机构承接业务时在与客户沟通的基础上，通过评估委托合同所确定的评估报告的使用人，一般包括委托人、资产评估委托合同中约定的其他资产评估报告使用人，以及国家法律、行政法规规定可以使用资产评估报告的主体。

引起资产评估的经济活动或事项是多种多样的，其执行或操作主体也各不相同。因不同经济活动或事项引发的资产评估的报告预期使用人也是不同的。这些不同的评估报告预期使用人既有政府相关部门、法律执行机关和经济监管部门，又有企业组织和个人。由于评估报告预期使用人的地位及使用评估报告的目的不同，他们对评估活动本身及评估报告的要求等也存在着差异。这样一来，评估报告的预期使用人就不是简单的同质客户整体，需要根据引起资产评估的经济活动或事项相关的评估报告预期使用人的具体情况，考虑不同的评估报告预期使用人对相应的评估项目在评估过程、评估依据、价值类型和参数选择等方面的不同要求和规范。例如，因国有资产产权变动引起的资产评估，其评估报告及结论的预期使用人是国有资产管理部门。国有资产管理部门对国有资产评估制定了一整套法规和规范，在这些法规和规范中对资产评估做出了一系列要求。例如，对国企改制评估要求选择市场价值类型，国有资产评估报告在格式及内容方面都必须满足国有资产管理的需要等。其他的评估报告使用人，如市场监督管理部门，证券、期货交易监管部门，金融监管部门，人民法院和司法主管部门等，也会通过相关法规规定和部门规章等对评估过程、评估依据、价值类型和参数选择等做出具体的要求和规范。

通过引起资产评估经济活动或事项明确评估报告及评估结论的具体用途，以及评估报告及评估结论的具体使用人，并根据以上要素明确具体评估项目的条件约束和用途约束，这就是评估人员在进行资产评估过程中必须做到的工作。

5.1.3 资产评估特定目的在资产评估中的地位和作用

概括地讲，资产评估特定目的的作用就是由引起资产评估的特定经济活动或事项（资产业务），以及满足特定经济活动或事项有关当事人对评估报告和结果的用途需要和目标要求所形成的对资产评估活动的条件约束和目标约束。从前面资产评估特定目的的表述中可以看出，资产评估特定目的包含为什么要进行资产评估、资产评估报告和结论的具体用途，以及谁来使用评估报告和评估结论三个基本问题。因此，评估特定目的在资产评估中具有极为重要的地位和作用。资产评估特定目的不仅是某项具体资产评估活动的起点，还对资产评估活动所要达到的目标具有极强的约束作用。资产评估特定目的贯穿了资产评估的全过程，影响着评估人员对评估对象界定、评估工作范围、评估参数及资产价值类型选择等，它是评估人员在进行具体资产评估时必须首先明确的基本事项。

资产评估特定目的是界定评估对象和评估范围的基础。任何一项资产业务，无论其产权是否发生变动，它所涉及的评估对象和评估范围都必须受资产业务本身的制约。资产评估委托方正是根据资产业务的需要提出评估对象及其载体范围的。评估人员也必须根据评估特定目的来界定评估对象及其载体范围。明确评估对象及其载体范围在资产评估中的重要作用是不言而喻的。

明确评估对象与界定评估对象载体其实是资产评估首先需要解决的问题，而关于如何明确或界定评估对象及其载体在我国评估理论界和实务界还并不十分清晰。造成这种问题最直接的原因是人们没有正确认识清楚评估客体及其载体与评估对象及其载体之间的关系，或者说，是把评估客体与评估对象、评估客体载体与评估对象载体简单地等同起来了。实际上，评估客体只是宏观和泛泛的评估对象，并不是评估对象本身。评估对象及其载体实际上是被赋予了特定价值含义和评估范围的评估客体。在资产评估中，没有价值内涵和评估范围条件约束的评估客体是没有实践意义的。例如，某人委托评估师评估某一不动产的价值，在此种情况下，其实评估师是无法确切评估该不动产价值的，因为评估师并不清楚委托人评估该不动产的目的是什么、被评估不动产的数量边界和权益状况（所有权还是使用权）等约束条件是什么。也就是说，上述委托并没有明确评估的特定目的及其相关的条件约束。没有评估特定目的等条件约束的评估客体不是真正的评估对象，当然也就无法准确界定或评估该评估对象的价值。只有当委托人明确提出因何种经济活动和目的以及评估该不动产的何种权益等条件时，上述委托才构成有明确评估目的的规范委托，评估师才可以根据特定经济行为或事项的目标约束和条件约束等来界定评估对象及其评估范围，进而评估其价值。

资产评估特定目的对于资产评估中的具体参数选择具有约束作用。评估参数是形成评估结论最直接的数据。在具体评估项目中，评估参数的采集和选择受制于评估特定目的。因为在不同的评估特定目的下，不同的评估报告使用人对评估报告及结论的形成、披露等具有不同的要求。在资产评估中，满足上述要求最直接的做法就是采用不同的评估参数。例如，委托人以拟抵押A不动产进行融资，委托评估师评估A不动产价值。该项评估业务中的评估报告及评估结论的使用人包括两类：其一是不动产的产权主体，其二是贷款方的金融机构。两类评估报告及评估结论使用人对抵押物评估的条件要求和价值目标要求可能一致，也可能不一致。如果两类评估报告及评估价值使用人对抵押物评估的条件及价值目标要求不一致，构成评估特定目的要素之一的具体的评估报告及评估价值使用人将成为决定本次抵押物评估基本参数选择的重要因素。假如A不动产产权主体要求评估抵押物的市场价值，评估师就必须采用与评估抵押物市场价值相匹配的评估参数数据；而如果金融机构要求评估抵押物的有序清算价值，那么评估师就只能选择与抵押物有序清算价值相匹配的评估参数数据。

资产评估特定目的对资产评估具体价值目标（评估结论的价值定义及价值类型）的选择具有约束作用。特定经济活动或资产业务约束着资产的存续条件、使用方式、利用状态和资产面临的市场条件以及评估报告的使用人。资产评估具体价值目标受制于上述条件及其可能发生的变化。上述条件的不同排列组合对资产评估所形成的条件约束和目标约束，要求评估人员在资产评估具体价值目标选择上应当采用与之相匹配的价值定义及价值类型。根据评估特定目的的条件约束选择与之相适应的评估结论价值定义和价值类型，是评估人员进行具体评估时最重要的工作之一。按照评估特定目的的条件约束和目标约束与评估具体价值目标匹配性原则进行评估，是保证资产评估趋于科学、合理的基本前提。例如，委托人以拟抵押A不动产进行融资委托评估师评估A不动产价值，本次评估报告及评估价值的预期使用人是贷款方的某金融机构。假设该金融机构根据评估时点房地产市场供需状况和借款人的信誉，要求评估师在评估抵押品价值时必须将借款人可能违约的潜在风险及不动产难以变现的因素考虑进去。在此种条件约束的前提下，评估师在选择本次抵押物评估的具体价值目标（价值定义及价值类型）时，可能就需要放弃抵押物的市场价值而选择抵押物的抵押价值或有序清算价值。

需要指出的是，由于时间、地点、市场条件和预期使用人等的差异，同一类型的经济事项或资产业务对资产评估的条件约束和目标约束并不完全相同，对评估结论的价值定义及价值类型的要求也会有差别。这表明，引起资产评估的经济活动或资产业务对资产评估报告及评估结论的条件约束和用途约束，以及对评估结论的价值类型要求并不是抽象和绝对的。每一类经济事项或资产业务因时间、地点、市场环境和预期使用人的差异，会对资产评估具体价值目标形成不同的条件约束，也会对资产评估结论的价值定义及价值类型产生不同的要求。换一个角度讲，引起资产评估的经济活动或资产业务本身并不是资产评估特定目的的全部。理解和掌握资产评估特定目的及其条件约束和目标约束，必须把引起资产评估的经济活动或事项及评估委托人的评估报告预期用途及评估结论预期使用人三者一并考虑，并根据上述三者的不同组合确定评估特定目的对资产评估报告及评估结论的条件约束和目标约束。因此，把引起资产评估的经济活动或资产业务本身的作用绝对化，或是把引起资产评估的经济活动或资产业务本身与评估特定目的等同化，以及将评估特定目的与评估结果的价值类型或应采用的评估方法等关系固定化的想法和做法都是不可取的。

资产评估结果的价值类型与评估的特定目的直接匹配，资产评估的技术方法应用与评估的特定目的直接匹配，曾是我国评估界非常“流行的说法和做法”。其实，这种“流行的说法和做法”的背后是人们在对资产评估特定目的的理解上出现了偏差，甚至是夸大了评估特定目的的作用领域和作用程度。资产评估特定目的固然重要，它对评估过程、评估参数及价值类型选择等的影响也非常明显。在具体评估操作过程中，忽视评估特定目的作用的做法非常危险，夸大评估特定目的的作用的做法也同样危险。无论是在评估对象、评估工作范围界定方面，还是在评估参数、评估结果价值类型选择方面，或是在评估技术方法应用方面，重视评估特定目的的约束作用与避免将评估特定目的约束作用固定化和僵化同样重要。

再次重申，资产评估特定目的对资产评估条件和目标的具体约束是由引起资产评估的特定经济活动或事项及评估委托方由此提出的评估报告预期用途及预期使用人三者的排列组合形成的。在理解评估特定目的的过程中，不要顾此失彼。

小资料5-1　　资产评估特定目的

资产评估特定目的可能有多种解释，但从本质上讲，资产评估特定目的是对影响资产评估运作的条件约束和用途约束的概括。同一资产在不同的评估特定目的下可能会有不同的评估结果，其根本原因就是不同的评估特定目的会对同一资产产生不同的条件约束和目标约束。资产评估特定目的的实质是由为什么要进行资产评估(引起资产评估的经济活动或事项)、评估报告及结论的具体用途和评估报告及结论的具体使用人等的有机结合所形成的对资产评估的条件约束和目标约束。

5.2 资产评估假设

由于认识客体的无限变化和认识主体的有限能力之间的矛盾，人们不得不依据已掌握的数据资料对某一事物的某些特征或全部特征做出合乎逻辑的推断。这种依据有限事实，通过一系列推理，对所研究的事物做出合乎逻辑的假定说明就叫假设。假设必须依据充分的事实，运用已有的科学知识，通过推理（包括演绎、归纳和类比）而形成。当然，无论如何严密的假设都带有推测，甚至是主观猜想的成分。但是，只要假设是合乎逻辑、合乎情理的，对科学研究就有重大意义。资产评估与其他学科一样，其理论体系和方法体系的确立也是建立在一系列假设的基础之上的。

关于资产评估特定目的本身及其作用的讨论，我们已经清楚了评估特定目的在资产评估中的主要作用是形成对资产评估的条件约束和目标约束。在引起资产评估经济事项、评估报告预期用途和评估报告预期使用人的层面上讨论评估特定目的对资产评估的条件约束和目标约束仍然存在着相对抽象和难以展开的局限，难以将资产评估涉及的各个方面的条件予以充分说明。资产评估假设借助于条件设定及假设的形式，可以尽可能地展示和表现评估特定目的及其他因素对资产评估的条件约束和目标约束。换一个角度讲，包括评估特定目的在内的所有对资产评估形成约束的因素，都需要借助于评估假设实现其对资产评估的条件约束和目标约束。假设通常是指人们依据现有知识和事实，根据事物发展的变化规律与趋势，对完成某项工作所依托的未来事实或前提条件做出合乎逻辑的推断或假定。评估假设是指资产评估专业人员依据现有知识和现在事实，根据事物发展的变化规律与趋势，通过正常的逻辑推理，对评估结果的得出所依托的未来事实或前提条件做出的合乎情理的客观推断或假定。由于评估资产的价值涉及评估对象载体本身的条件和状况、利用的方式和状态，以及评估时面临的市场条件和交易条件等，因此，资产评估假设设定的条件也是多种多样的。为了便于理解与把握各种评估条件假设，人们习惯上愿意按照一定的标准将评估假设划分成若干种类，如按照评估假设设定条件约束的内容为标准分类，以及按照评估假设设定条件的真实性程度为标准分类。

5.2.1　按评估假设设定条件约束的内容分类

按照评估假设设定条件约束的内容，可以将资产评估假设具体划分为基本情景假设、市场条件假设、评估对象载体状况假设、环境假设、评估对象载体利用程度假设等。

1）基本情景假设

引起资产评估的经济事项其实既包含产权变动（交易）类的经济活动，如资产买卖、企业并购重组等，又包括非产权变动类的经济活动，如资产抵押、财产课税等。按照经济学的说法，价值只能在流通领域出现，只能在市场交易中产生。对于由非产权变动类经济活动引起的资产评估，如果没有一个虚拟的市场和交易平台，非产权变动类经济活动涉及的资产的价值评估就缺少了市场基础。交易假设是资产评估得以进行的一个最基本的情景假设。交易假设假定所有待评估资产已经处在交易过程中。评估师根据待评估资产的交易条件等模拟市场进行估价。众所周知，即使是由产权变动类的经济活动引起的资产评估，在评估师实施资产价值评估及提供评估结论之前，经济活动涉及的资产并未真正进入市场，也未真正发生交易，而由于非产权变动类经济活动引起的资产评估所涉及的评估对象载体根本就不存在进入市场一说。也就是说，无论是由产权变动还是由非产权变动经济活动引起的资产评估所涉及的资产，在进行资产评估之前都在市场之外，都需要借助于某些假设将它们置于“市场交易”当中。因为只有将评估对象载体置于“市场交易”当中，评估人员才有可能模拟市场，对资产的交换价值进行专业判断。否则，资产评估将无法进行。因此，交易假设是资产评估得以进行的一个最基本的情景假设。

交易假设一方面为资产评估得以进行“创造”了条件，另一方面也明确限定了资产评估应该处于市场交易之中。交易假设暗示交易环境和市场条件也是影响资产评估的重要条件之一。

2）市场条件假设

交易假设是假定评估对象载体已经处在交易过程中，评估师根据评估对象载体的交易条件等模拟市场进行估价。资产评估市场条件假设是在交易假设的基础上，进一步限定评估对象载体在何种市场条件下进行“交易”。资产评估市场条件假设具体包括两种假设：其一是公开市场假设，其二是非公开市场假设。公开市场假设和非公开市场假设是依据决定市场条件的两大基本要素的情况划分的：其一是参与交易的市场主体的地位及数量，其二是交易时间是否充分。当参与交易的市场主体的数量足够多（有众多的自愿买者和卖者参与交易）且地位平等，以及交易时间足够充分（交易对象有充分的时间展示，交易双方或各方都有足够的时间了解交易对象和市场情况）这两点同时具备的情况下，我们将其定义为公开市场。在上述两个条件不能同时具备的情况下，我们将其定义为非公开市场。

（1）公开市场假设

公开市场假设是对资产拟进入的市场的条件以及资产在这样的市场条件下受何种影响的一种界定或假定说明。公开市场假设的关键在于认识和把握公开市场的实质和内涵。就资产评估而言，公开市场是指充分发达与完善的市场条件，是指一个有众多自愿的买者和卖者的竞争性市场。在这个市场上，买者和卖者的地位是平等的，彼此都有获取足够市场信息的机会和时间，买卖双方的交易行为都是在自愿的、理智的，而非强制或不受限制的条件下进行的。事实上，现实中的市场条件未必真能达到上述公开市场的完善程度。公开市场假设就是假定那种较为完善的公开市场存在，评估对象将要在这样一种公开市场中进行交易。当然，公开市场假设也是基于市场客观存在的现实，即以资产在市场上可以公开买卖这样一客观事实为基础。

由于公开市场假设假定市场是一个充分竞争的市场，资产在公开市场上实现的交换价值隐含着市场对该资产在当时条件下有效使用的社会认同。当然，在资产评估中，市场是有空间范围、市场级次和规模级次的。它可以是地区性市场、国内市场和国际市场，还可以是同一空间市场范围中的一级市场、二级市场和各种细分市场。关于资产在公开市场上实现的交换价值所隐含的对资产效用有效发挥的社会认同也是有范围级次、规模级次或效率级次的。它可以是区域性的、全国性的或国际性的有效市场，也可以是同一市场空间范围中的最大市场、最优市场和较小市场。

公开市场假设旨在界定一种充分竞争的市场条件。在这种条件下，资产的交换价值受市场机制的制约并由市场行情决定，而不是由个别交易决定。

公开市场假设是资产评估中的一个重要假设，其他假设都是以公开市场假设为基本参照。公开市场假设也是资产评估中使用频率较高的一种假设。凡是能在公开市场上交易、用途较为广泛或通用性较强的资产，都可以考虑按公开市场假设前提进行评估。

(2) 非公开市场假设

非公开市场假设是对于所有不能满足公开市场假设条件的其他市场条件的界定或假定说明的一种概括。非公开市场假设包括了以下几种具体情景：其一是交易时间充分而参与交易的主体数量有限；其二是交易时间充分而参与交易的主体之间存在特殊关系；其三是交易时间受限而参与交易的主体的数量很多；其四是交易时间受限，参与交易的主体数量也有限。第一种情况我们将其称为有限交易主体假设，第二种情况我们将其称为关联交易假设，第三种和第四种情况我们将其称为快速变现假设（也有人将其称为清算假设）。

①有限交易主体假设。

有限交易主体假设假定参与交易的市场主体数量有限。这样的市场并不是一个充分活跃的市场，而是一个具有局限性的市场。造成这种情况的原因可能有许多，其中包括垄断买方或卖方的存在、交易对象应用范围过窄导致交易主体数量有限以及信息不畅造成的市场狭小等。在有限交易主体假设前提下，市场可能会出现买方或卖方市场，市场交易价格可能会偏离正常市场价格。

②关联交易假设。

关联交易假设假定参与交易的市场主体存在着某种利害关系。这样的市场并不是一个充分竞争的市场，而是一个具有局限性的市场。在关联交易假设前提下，市场价格或价值可能会偏离正常市场价格或价值。

③快速变现假设。

人们习惯将快速变现假设称为清算假设。快速变现假设是对资产拟进入的市场条件的一种界定或假定说明，具体而言，是对资产在非公开市场条件下快速变现条件的假定说明。快速变现假设首先是基于评估对象载体面临交易时间受限的事实或可能性，再根据相应数据资料推定评估对象载体处于快速变现的状态。交易时间受限可能是由评估对象载体处于被迫出售状态或其他非被迫但必须在短时间内变现的原因造成的。由于快速变现假设假定被评估资产处于快速变现条件之下，被评估资产的评估价值通常要低于在公开市场假设前提下同样资产的评估价值。因此，在快速变现假设前提下的资产评估结果的适用范围是有限的。当然，快速变现假设本身的使用也是较为特殊的。

3）评估对象载体状况假设

从大的方面讲，评估对象载体状况可以简单归纳为持续使用（整体资产是持续经营）。因为，评估对象载体的绝大部分是资产。从资产的定义的角度来看，资产是能够给其拥有者或控制者带来未来经济利益的资源，能够持续使用或经营是成为资产的基本条件。持续使用假设是对在特定市场条件下的资产使用状况的一种界定或假定性说明，是对被评估资产在评估基准日及其之后，处于继续使用状态或可以继续使用的一种假设。该假设首先设定被评估资产在评估基准日正处于使用状态，包括正在使用中的资产和备用的资产，其次根据评估目的及其相关要求，推断这些处于使用状态的被评估资产在评估基准日之后还将继续使用下去。持续使用假设着重说明了资产的存续状况。但是，在实际经济生活中，资产的持续使用或持续经营又可能有多种情况。评估对象载体状况假设力图将这些具体情况加以规范。单个评估对象载体或单项资产的状况假设具体包括在用续用假设、转用续用假设和移地续用假设。

（1）在用续用假设

在用续用假设是假定评估对象载体将按其在评估基准时点正在使用的地点、用途及使用方式继续使用下去。在用续用假设有时也被称为原地续用假设，即假定评估对象载体将按其在评估基准时点正在使用的地点、用途及使用方式继续使用下去。

（2）转用续用假设

转用续用假设是假定评估对象载体在评估基准日后，将改变之前的使用用途，调换新的用途继续使用下去。转用续用假设有时也被称为改用续用假设，即假定评估对象载体在评估基准日后将改变资产现时的使用用途，调换新的用途继续使用下去。

（3）移地续用假设

移地续用假设是指假设评估对象载体在评估基准日后，将不在原所在地或原安装地持续使用，而是改变使用地点在其他地方继续使用。

在用续用假设、转用续用假设和移地续用假设都是对评估对象载体在一定市场条件下使用状态的一种界定或假定性说明，而它们对评估对象载体状况的设定并不完全一样。不同持续使用假设前提下的资产评估及其结果的价值类型、评估结论和适用范围常常是有差异的。评估人员首先应当明确本次评估中的评估对象载体状况，不可以笼统地使用持续使用假设或持续经营假设。充分认识和掌握各种持续使用假设的内涵和实质，对我国的资产评估具有重要意义。

对于企业及整体性资产而言，评估对象载体状况可以归纳为持续经营或非持续经营两种情况。

4）环境假设

资产评估环境假设是对评估对象载体使用或经营的外部环境，以及进行资产评估面对的条件的界定或假定性说明。由于评估对象载体使用或经营的外部环境，以及进行资产评估面对的条件涉及的方面和范围较为广泛，按照重要性原则，将那些对评估对象载体使用或经营以及资产评估影响较大的环境因素，运用假设的形式予以限定。从大的方面讲，资产评估环境假设包括宏观环境假设和微观环境假设。

（1）宏观环境假设

资产评估中的宏观环境假设主要是对国家产业经济政策、财政政策、货币政策、价格、利率和汇率政策等对资产评估影响较大的具有全局性的外部因素，以及行业竞争、企业竞争等市场竞争因素的界定或假定性说明，因为国家产业经济政策、财政政策、货币政策、价格、利率和汇率政策等的变化和变动对资产经营，尤其是企业经营的效果影响较大。市场竞争因素对资产利用以及利润平均化的影响也是很大的，因而对资产评估结论的影响较大。在进行资产评估时，对资产评估的宏观环境进行合理设定是资产评估所必需的，也是评估报告使用人正确理解评估结论的重要参考。

（2）微观环境假设

资产评估中的微观环境假设主要是对评估对象载体存在的环境、资产评估面对的具体条件的界定或假定性说明。评估对象载体存在的环境，如企业法人治理结构和经营水平等；资产评估面对的具体条件主要包括资产评估依据的信息资料来源的可靠性、数据资料的完整性和真实性等。评估对象载体存在的环境和资产评估面对的具体条件的优劣将直接影响评估结论的可靠性。在进行资产评估时，对资产评估的微观环境进行合理设定是资产评估所必需的，也是评估报告使用人正确理解评估结论的重要参考。

5）评估对象载体利用程度假设

评估对象载体利用程度假设是对评估对象载体利用程度和效果的一种界定或假定说明。很显然，评估对象载体利用程度直接影响评估结果。在进行资产评估时，评估人员必须界定评估对象载体的利用程度。根据评估对象载体的差异，评估对象载体利用程度假设可以划分为整体资产利用程度假设和单项资产利用程度假设。

（1）整体资产利用程度假设

整体资产利用程度假设主要是针对企业价值评估设置的一种假设条件，是对整体评估对象载体利用程度、利用状况和利用效果的一种界定或假定说明。企业的经营情况、要素资产的利用状况和利用效果受许多因素影响。这其中包括企业要素资产自身的状况、要素资产之间的匹配情况、企业经营管理水平、宏观经济环境、相关行业竞争以及同行业内部竞争等。整体资产利用程度既包括评估时点的情况，又包括预期的情况。在很多情况下，需要评估人员根据现有的数据资料进行判断和界定。整体资产利用程度假设是进行企业预期收益预测、风险预测的重要基础，也是企业价值评估的直接依据之一。在进行企业价值评估时，必须界定企业经营程度及经营状况。

（2）单项资产利用程度假设

单项资产利用程度假设主要是针对单项资产评估设置的一种假设条件。单项资产的评估价值与单项资产的利用程度紧密相关。在一般情况下，单项资产的利用程度可以划分为正常使用（最佳使用）以及非正常使用两类。单项资产的非正常使用意味着资产可能存在着贬值因素。如果评估人员使用了单项资产的非正常使用假设，应当给出充分的理由。

5.2.2 按评估假设设定条件的真实性程度分类

资产评估假设除了从限定条件约束的内容角度划分以外，还可以根据评估假设设定条件的真实性程度分类。按照评估假设设定条件真实性程度分类，资产评估假设又可以划分为一般假设（真实性条件假设）、特别假设（不确定性条件假设）和逆向假设（非真实性条件假设）等。

1）一般假设（ordinary assumption）

资产评估中的一般假设亦称资产评估真实性条件假设，通常是指评估师依据评估基准日客观存在的事实或者是可以被视为真实的条件所做的描述或假设。这些条件包括评估对象载体的物理、法律或经济特征以及在评估分析中使用的数据等。

资产评估一般假设是资产评估中使用频率最高及最基本的假设。在许多情况下，前面提到的评估对象载体使用方式中的一系列假设、在评估市场条件中的若干假设以及在评估环境假设和评估对象载体利用程度中的假设大部分采用了一般性即真实性假设。例如，根据评估对象载体在评估时点的正在使用的方式和良好的利用状况，假设评估对象载体的使用方式与使用状态为“在用续用和正常使用（最佳使用）”。再如，根据被评估无形资产是企业中的一个要素资产的事实，假设被评估无形资产为“要素资产或局部资产”，并以要素资产适用的评估原则及方式进行评估。对于存在活跃市场的评估对象载体，假设评估时的市场条件为“公开市场”也是一般假设的普遍做法。

2）特别假设（extraordinary assumption）

简单地讲，特别假设是对资产评估中的未来某些不确定性条件所做的肯定假设。具体来说，特别假设是指评估师对其在评估基准日尚不能确定的情况和条件设定为事实的假设。这些情况和条件包括评估对象载体的物理、法律或经济特征，资产的外部条件，如市场情况或趋势，以及在评估分析中使用数据的完整性等。特别假设直接与某项特定评估业务相关。如果此假设不成立或是错误的，将改变评估师的意见或结论。

在资产评估实践中经常会遇到某些未来不确定但对评估结论影响又很大的因素，例如国家经济政策因素、市场前景因素、汇率、利率因素等。对上述因素不加以确定，其实很多评估项目是无法进行的。利用特别假设对于这些在未来尚不能确定的因素进行设定（其实其真实性并不确定），以保证评估过程得以继续。例如，在企业价值评估中，假设国家的产业政策、财政政策和货币政策在未来某个时点会发生重大改变。再如，假设评估基准日的在建工程（评估对象载体）在未来某一时点可以顺利完工并投入运营。此外，在评估房地产时，假设一年后的房地产市场需求会有明显下降或上升等。通过特别假设可以使那些影响资产评估实施的不确定性条件得以“确定”，使得资产评估可以顺利进行。当然，特别假设本身包含着非确定性，评估人员在使用特别假设时，应当注意特别假设赖以存在的基础，以及相关推理的科学性和逻辑性，不可以漫无根据地随意假设。例如，在没有确定的事实和明显的证据前提下，假设某传统行业中的一个普通企业未来每年的净资产利润率以50%的比率递增就是不合理的。

3）逆向假设（hypothetical condition）

逆向假设亦称非真实性条件假设。概要地讲，逆向假设是评估师所做的与其在评估基准日所知事实和真实情况相反的假定说明。具体来讲，逆向假设所设定的评估对象载体物理、法律和经济特征、市场条件或趋势等资产外部条件以及分析中使用数据的真实性与评估师在评估基准日已知的实际情况相背。因此，逆向假设又被称为非真实性条件假设。非真实性条件假设是人们为了评估分析方便所做的假设。

在资产评估实践中经常会遇到某些评估对象载体在评估基准日的状态和利用程度与其潜在的或客观的可利用程度存在着巨大的差异。例如，在评估基准日，评估对象载体是一宗处于待开发状态的规划商业用地，如果就按评估基准日评估对象载体的待开发的状况进行评估，将会大大低估评估对象载体的客观价值。从某种意义上讲，在很多情况下，土地都是一种在制品或半成品。如果不将土地这种在制品或半成品加工成产成品，土地的内在价值就无从体现。基于这样的认识和思维方式，在资产评估中经常采用非真实性条件假设，将评估基准日待开发的土地假设为完成开发了的房地产。尽管这个假设的情况是非真实的，但这种假设符合土地资产作为资产发挥作用的常识。只要披露充分并不一定能够造成客户的误解。

正是由于逆向假设是对与现实不同或与事实不符的情况的界定或假定说明，因此在使用上应当谨慎，不能滥用逆向假设。如果评估人员使用了逆向假设，就需要详细说明使用的理由、限制条件以及提醒评估报告使用人正确理解逆向假设及假设条件下的评估结论。

为了恰当理解从设定条件真实性角度划分的3类评估假设，希望下面的举例能对读者有所帮助：

A委托人委托评估师对一个在建工程进行评估。此时，评估师就评估对象载体状况条件设定而言有3种选择：①将评估基准日确定为评估时点并与评估报告出具日同步（合理的时间区间），以在建工程的现实存在状况为依据（条件）进行评估；②将评估基准日确定为评估时点并与评估报告出具日同步（合理的时间区间），以评估基准日在建工程已经完工的假定状况为依据（条件）进行评估；③将评估基准日确定为将来某个时点（预计完工日）并与评估报告出具日不同步，以评估基准日在建工程预期完工的状况为依据（条件）进行评估。在上述3种情形下，如果评估师选择了以第一种情况作为在建工程在评估基准日的资产状况，他实际上采用的就是一般假设，即以现实存在的状态为依据设定评估对象载体的状态条件。

如果评估师选择了以第二种情况作为在建工程在评估基准日的资产状况，评估师实际上采用的就是逆向假设，即以与现实不符的情况作为评估基准日时评估对象载体的状态（评估基准日在建工程并没有完工）。在第三种情况下，评估师实际上采用了特别假设，即将未来某个时点（评估基准日）可能实现的情况（预期完工）设定为评估对象载体的存在状态。

如果说按照评估假设设定条件的内容划分，评估假设所要表明的是各种评估假设限定条件的范围和领域，按照评估假设设定条件的真实性划分的评估假设则是要说明各种评估假设的性质，以及不同假设设定条件与评估基准日条件的关系及“主客观程度”。两种分类的资产评估假设并不是彼此独立、相互排斥的关系，它们之间存在相互渗透和包含的关系。评估市场条件假设、评估对象载体使用状况假设、评估环境假设和评估对象载体利用程度假设等既可以采用真实性条件为设定条件（一般假设），又可以采用不确定性的条件为设定条件（特别假设），还可以采用与真实性条件不符的条件为设定条件（逆向假设）。反过来，一般假设、特别假设和逆向假设既可能是限定评估市场条件的，又可能是约束评估对象载体状态的，或是界定评估环境的，还可能是设定评估对象载体利用程度的等。两种分类评估假设只是站在不同的角度和标准来说明评估假设的作用和性质。

小资料5-2　　资产评估假设

本章从两个方面来讨论资产评估假设。从假设设定条件的内容方面讨论了包括资产评估中的市场条件假设、评估对象载体自身条件及状态假设、评估环境假设和评估对象载体利用程度假设等。公开市场假设和非公开市场假设属于资产评估的市场条件假设，而持续使用假设则属于评估对象载体条件和状态假设。在通常情况下，交易假设是进行资产评估的最基本的情景假设，是所有资产评估项目通用的评估环境假设。资产评估的市场条件假设及评估对象载体条件和状态假设，在某一具体评估项目中，通常不可以并列或同时使用。例如，公开市场假设与非公开市场假设一般是不会同时作为某一特定条件下资产评估的市场条件的，持续使用假设中的在用续用、改用续用及移地续用假设一般也不会同时作为某一具体评估对象载体条件和状态的假设前提。从评估假设设定条件的真实性程度的角度，我们又将评估假设划分为真实性条件假设（一般假设）、不确定性条件假设（特别假设）和非真实性条件假设（逆向假设）。两大类评估假设分别从假设的作用范围和条件性质两个角度来说明评估假设在资产评估中的作用，以及在运用不同性质假设时需要注意的问题。

5.2.3　资产评估假设在资产评估中的作用

上面列举的资产评估两类假设以及各种具体假设，可能并不一定包含在资产评估实际操作过程中运用的所有具体假设。但是，上述两类假设以及各种具体假设是资产评估实务中最基础、最基本的条件假设。它们在资产评估实务操作中具有举足轻重的作用。如果说资产评估的特定目的是资产评估的起点，并规定了资产评估结果的具体用途，资产评估各种假设则创造或构筑了资产评估得以按部就班顺利进行的基础和条件。资产评估的特定目的在一定意义上可以理解为对资产业务价值属性的一种抽象。要把资产业务价值属性这种抽象的范畴体现到资产评估结果及其价值类型中，必须借助资产评估中的各种条件假设。资产评估人员借助资产评估的各种假设才能够在资产评估中将资产业务对评估结论的价值类型及其量的要求体现在资产评估结论中。没有资产评估的各种条件假设，资产评估的特定目的是无法科学合理地实现的。

资产评估假设在资产评估中创造或构筑资产评估得以顺利进行的基础和条件，是通过资产评估各种条件假设将被评估资产置于一个相对固定的市场环境中，以及将被评估资产设定到某一种状态下。这样，评估人员就可以根据资产评估具体假设所限定的市场条件及评估对象载体的作用空间和作用方式，评定估算出符合资产评估特定目的的评估结论。如果评估对象载体面临的市场条件不确定，被评估对象载体的作用空间和作用方式不确定，那么资产评估在实际上是无法进行的。如果在未明确评估对象载体所面临的市场条件及作用空间和作用方式的情况下进行了资产评估，可以肯定地讲，这种资产评估充其量是一种数字游戏，不可能得出真实反映评估对象载体符合其评估目的的评估结论。从这个意义上讲，资产评估假设是资产评估得以按部就班顺利进行的基础条件，在资产评估中具有举足轻重的地位和作用。

5.3 资产评估假设与评估价值

在资产评估理论研究和实际操作过程中有一个无法回避的问题——什么是决定被评估资产评估值最重要的因素。关于这个问题，目前可能并没有定论，人们的认识并没有完全统一。其实这个问题本身并不复杂，但如果从理论上回答这个问题可能就会复杂一点。问题的核心或焦点主要集中在资产的价值是由抽象劳动决定的还是由资产的效用决定的这两个方面。抽象劳动决定论的理论基础是劳动价值论。持此观点的人认为资产的评估值属于价值范畴，价格是价值的货币表现，而价值是由一般人类无差别的抽象劳动或社会必要劳动决定的。按照抽象劳动决定论的观点进行资产评估，就需要从资产所耗费的社会必要劳动时间的角度来评价。事实上，每一种资产或资产组合体的社会必要劳动时间几乎是无法准确度量的。无论抽象劳动决定论是否成立，最起码此种观点是难以付诸实施的。更何况资产评估的目的不在于追求资产评估值的价值性质、价值属性和价值的真正源泉，而仅仅是为资产业务能顺利进行或完成提供可让资产交易各方或资产业务各当事人接受的资产交换价值或特定价值的专家意见。从资产评估功能的角度，以及资产交易各方在资产交易中的心态的角度，能够让资产交易双方或资产业务各当事人圆满完成资产业务，心平气和地接受评估结论、资产的效用，即满足资产业务各当事人经济上及心理上的需要的程度，尤其是满足潜在买者自身利益及其他利益上需要的程度，恐怕是度量或把握评估值是否合理的基本依据。资产的效用不仅是资产自身使用价值的翻版，其不仅由资产自身的使用价值决定，同时还受资产的使用方式以及资产在某种使用方式下的作用空间的影响。

5.3.1 资产的效用与评估价值

如前所述，资产的效用并不直接等同于资产的使用价值。资产的效用是由资产本身所具有的使用价值、资产被使用的方式以及资产使用的空间范围等共同决定的。例如，农业土地的效用通常用它的产出数量和质量来衡量，而城镇土地的效用往往通过地上物，包括建筑物的数量和质量体现出来。不同的资产，其使用价值各不相同，其效用的表现形式亦不相同。尽管不同的资产，其效用的体现形式各有差别，但它们都可归纳为一种获利能力或为其所有者或控制者带来预期经济利益的一种能力。把资产的效用归结为一种获利能力而抛开不同资产效用的具体体现形式，就可以清楚地描述出资产评估值与资产效用之间的关系，为评估人员评估资产价值提供一个可操作的理论基础。如前所述，资产之所以成为资产，并能成为交易的对象和评估对象载体，其根本原因在于它能为所有者或控制者带来预期经济效益。如果把资产的效用归结为资产的获利能力，可以说资产具有交换价值的基础在于资产具有效用。

5.3.2 资产的效用与资产的使用方式

从评估理论和评估实践两个方面看，资产的评估由资产的使用方式或（及）资产如何在市场上正常交易所决定。对于一些资产，如果它们单个使用的话，可以得到最佳的效用。其他资产如果作为一组资产的一部分使用则可以有更大的效用。因此，必须明确资产的独立使用和作为资产组合整体中的一部分使用的区别。

资产评估理论和实践已经证明了资产的使用方式对资产效用的影响。一些资产如果作为独立的资产单独使用可能或可以得到最佳的使用效果，而另一些资产只有当它们作为整体资产中的局部资产使用时，才能发挥其最佳效用。这就是说，对于不同类型的资产，其单独使用或作为局部资产使用将直接影响其效用的发挥，当然也就直接影响其评估值。因此，估价师必须熟悉各种类型的使用方式对资产效用的影响，以及不同的使用方式对资产效用水平发挥的影响程度。例如，对于生产线上的配套设备，当其被作为生产线的组成部分使用时，效用会得到充分发挥。如果把这些配套设备从生产线上撤下来而单独使用，那么这些设备几乎没有什么效用。相反，如果一个年产50万吨钢的钢铁企业购置一台年轧钢能力为100万吨的轧钢机，并把该轧钢机作为本企业整体资产的一部分，那么无论如何该轧钢机最多只能发挥出其效用的50%。

5.3.3 资产的效用与资产的作用空间

资产的作用空间，简单地解释就是资产发挥作用的场所或作用的范围。资产在一个什么样的范围内发挥作用，对其效用发挥的影响也是不容忽视的。例如，一台通用设备可以是某家企业的资产，也可以是公开市场上待售的资产。作为前者，该设备的作用空间就局限为那家企业，它能否充分发挥效用完全取决于那家企业的生产规模、资产匹配是否合理等由企业决定的各种因素。作为后者，待售资产的作用空间可以理解为社会。作为待售资产，其具体作用空间与作用方式都还是未知数，而对于未知因素只能依靠合理的假设加以限定。在通常情况下，一般假定在公开市场上的待售资产的作用空间是不受限制的。换一句话说，其效用的发挥是不受限制的，即可以理解为其效用可以达到最佳状态。

资产的作用空间对资产效用的发挥的影响并不是绝对的。对于有些资产，其作用空间的大小与其效用发挥的水平成正比，例如无形资产。有些有形资产的作用空间与其效用发挥的水平并不是正相关的，即资产的效用并不随其作用空间的不断扩大而无限增加。熟悉各种资产的功能和属性，以及它们作用空间对其效用发挥的影响，是一名合格的评估师不可或缺的基础知识。

5.3.4 资产的作用方式、作用空间与资产评估的特定目的关系

对于资产或评估对象载体作用方式和作用空间的分析判断，并不可以凭主观想象去抽象地设定。评估对象载体的作用方式与作用空间，首先是与资产评估的特定目的紧密联系的。评估对象载体是单项资产、整体资产还是整体资产中的局部资产就基本限定了资产的作用方式，而被评估资产用于合资合作、抵押担保还是用于公开出售本身就限定了被评估资产的作用空间。从这个意义上讲，资产评估的特定目的不仅是资产评估的起点并限定着资产评估结论的具体用途，同时也在宏观上规范了被评估资产的作用空间。资产评估特定目的对被评估资产的作用方式，尤其是作用空间的约束，具体是通过资产评估各种条件假设体现出来的。公开市场假设可以把以公开出售为目的的评估对象载体的作用空间明确到公开市场上。在用续用假设则可以把以联营、合资合作等为目的的评估对象载体的作用空间限定在联营企业及合资合作企业之中。

从上述分析中可以发现，被评估资产的作用方式和作用空间并不可以由评估人员随意设定，它会受资产评估特定目的及相关条件的约束。当然，被评估资产自身的功能、属性等也会对其作用方式和作用空间产生影响。有些资产只能作为某一组合资产中的局部资产发挥作用而不能独立运作，而另一些资产既可以作为独立资产发挥作用，又可以成为某一组合资产中的一部分发挥作用。有些资产的作用空间可以是全社会，包括国内和国际。就其自身的功能而言，其作用空间是没有界限的，例如技术等无形资产；而有些资产的作用空间受其自身功能及属性的限制，具有明显的区域特征和企业特征，例如码头和专用设备等。被评估资产的作用方式和

作用空间直接关系到其效用水平的发挥以及评估值的高低。当评估人员明确了资产评估的特定目的、评估范围以及评估假设与被评估资产作用方式和作用空间之间的关系后，可通过对资产评估特定目的及评估范围的认真分析，并借助于评估假设，恰当地反映被评估资产的作用方式和作用空间，从而给出一个相对科学合理的评估结果。

5.3.5 资产评估假设与评估结论的价值类型

资产评估假设对评估对象载体交易的前提条件、作用方式、作用空间等具有约束和限定作用，通过对评估对象载体交易的前提条件、作用方式、作用空间等的约束和限定影响评估结论的价值类型。例如，资产评估中的市场价值一般是与资产评估的公开市场假设联系在一起的。公开市场假设是评估资产市场价值最重要的市场条件。资产评估非市场价值中的清算价值一般是与资产评估的清算假设或快速变现假设联系在一起的。当评估人员运用了清算假设或快速变现假设，其评估结论只能是清算价值。当然，资产评估中的价值类型及价值表现形式可能会比资产评估各种假设的数量多，资产评估中的价值类型及其表现形式与资产评估各种条件假设并不是都能一一对应起来的。在许多情况下，还需要评估人员根据评估假设的前提条件及其他条件综合判断评估结论的价值类型。从某种意义上讲，资产评估特定目的对评估结论的价值类型的约束作用是通过资产评估假设具体体现出来的。

资产评估特定目的作为资产评估的起点、缘由和评估结论的具体用途，对每次评估项目的市场条件和评估对象载体条件具有重要的约束作用和限定。客观地讲，资产评估特定目的在很大程度上决定了每次资产评估项目的前提条件。由于资产评估目的及特定目的的相对抽象性，评估目的对评估条件的约束和限定往往需要借助评估假设体现出来。资产评估特定目的与评估假设在一定意义上讲就是评估前提条件的宏观限定和概括与具体化及表象化的关系。根据资产评估特定目的对评估条件的约束和限定情况，恰当地选择评估具体条件假设以及资产评估结论的价值类型，是资产评估具有科学、合理性的重要基础。

本章小结

资产评估中的一般目的和特定目的规定着资产评估的基本目标和具体方向，是理解资产评估的切入点。资产评估中的两类假设及各种具体假设，如市场条件假设、评估对象载体使用方式假设、评估环境假设及评估对象载体利用程度假设、一般假设、特别假设和非真实性条件假设等是资产评估理论体系的基础内容之一，也是学习掌握资产评估理论及其方法的重要基础。

主要概念

评估特定目的　公开市场假设　特别假设　非真实性条件假设

基本训练

思考题

(1) 如何理解资产评估一般目的和特定目的之间的关系？

(2) 在资产评估中为什么要设定交易假设？

(3) 资产评估特定目的在资产评估中所起的作用是什么？

(4) 你认为资产评估假设如何对评估结论产生影响？

第5章参考答案

第6章 资产评估价值目标

学习目标

通过本章的学习，学生应当了解和熟悉资产评估价值目标中的一般目标和具体目标，熟知评估具体价值目标中的价值定义及其分类，掌握市场价值和除市场价值以外的价值中的主要表现形式的构成要件和本质含义，掌握各种价值定义及其类型的合理性指向和适用范围，并能从理论的层面上掌握恰当选择和定义评估价值的基本要领。

资产评估中的价值目标是由资产评估结论的价值定义、价值定义内涵与其相对应的条件的关系以及价值定义分类等共同组成的。

6.1 资产评估价值目标及其分类

通俗地讲，资产评估价值目标就是资产评估结论所要达到本次评估目的及其相关约束条件的要求。无论是从一般的意义上讲，还是从具体的角度看，任何一项受托评估的结论都有目标约束和条件约束。

宏观地讲，资产评估价值目标可以划分为两个层次：资产评估一般价值目标和特定价值目标。资产评估一般价值目标泛指对所有资产评估项目的评估结论具有共同约束力的要求或目标，即抽象掉所有个别资产评估项目及其对评估结论要求的特殊性，只保留适用于所有资产评估项目对其评估结论的最基本的要求，即共同目标或一致目标。资产评估特定价值目标是每一项资产评估所要实现的具体价值目标，是每一个引起资产评估的经济事项所包含的评估目的及其条件对资产评估结论的具体要求和目标要求。从这个意义上讲，资产评估一般价值目标包含资产评估的特定价值目标，而资产评估特定价值目标则是资产评估一般价值目标在具体评估项目中的具体化。

6.1.1 资产评估一般价值目标

资产评估的一般价值目标，也可以理解为资产评估价值的基本目标。资产评估作为一种专业人士对特定时点及特定条件约束下资产价值的估计和判断的社会中介活动，一经产生就被赋予了为委托人以及资产交易当事人提供合理的资产价值专业意见的功能。无论是资产评估的委托人，还是与资产交易有关的当事人，他们所需要的无非是评估师对资产在一定时间及一定条件约束下的公允价值的判断。如果我们暂且不考虑个别资产交易或引起资产评估的特殊需求，资产评估所要实现的一般价值目标只能是资产在评估时点的公允价值。

资产评估中的公允价值是一个相对抽象的价值概念，它是对评估对象在各种条件下与其评估条件相匹配的合理评估价值的抽象，是泛指评估对象相对于当事人各方的地位、资产的状况及资产面临的市场条件的合理的评估价值。它是评估人员根据被评估资产的自身条件及所面临的市场条件，对被评估资产应有价值的合理估计值。资产评估中的公允价值的一个显著特点，就是它的相对合理性（相对于相关当事人的地位、被评估资产的状况及其面临的市场条件）。资产评估作为资产进入市场之前进行的一种资产价值判断活动，它的结果显然不会是一种客观事实。资产评估的性质也决定了资产评估结论不能取代资产交易当事人的交易决策，资产评估结论仅仅是评估人员对资产客观价值的一种估计。另外，资产评估的性质要求资产评估结论必须合理和公允的事实，决定了资产评估中的公允价值不是对哪个评估项目的评估结论的特殊要求，而是对所有评估项目的评估结论的共同要求。因此，资产评估中的公允价值不是资产的某种具体价值的表现形式，而是资产评估的基本价值目标或一般价值目标。资产评估中的公允价值是广义上的公允价值，它是对相对于资产交易当事人各方的地位、被评估资产的状况及评估时面临的市场条件应该形成的合理的交换价值的估计值的一种概括。它包含在各种资产交易当事人之间、资产的各种状况，以及资产面临的各种市场条件下的合理的交换价值的估计值。它要求评估人员根据被评估资产自身的条件及所面临的市场条件，对这种条件下的被评估资产的客观交换价值进行合理估计和判断。

资产评估中的公允价值是一个非常重要但定义并不十分具体的概念。虽然至今并未形成一个严格定义，但它却是对一种执业理念、执业目标、执业要求的抽象和概括。事实上，资产评估的公允价值伴随着现代资产评估的发展而逐步被越来越多的人所接受和认同。

6.1.2 资产评估特定价值目标

资产评估作为一种资产价值判断活动，总是为满足特定资产业务的需要而进行的。引起资产评估的经济行为（资产业务）既是资产评估的起因和条件约定，同时又对资产评估结论具有相应的要求。因此，人们通常把引起资产评估的资产业务、评估目的及其相关条件对评估结论用途的具体要求称为资产评估特定价值目标。在长期的资产评估实践和理论的发展完善过程中，资产评估特定价值目标理论逐步形成了相对完善的资产评估价值定义及其分类理论，亦称资产评估价值类型理论。

资产评估价值定义实际上就是对资产评估结论（资产评估特定价值目标）的描述、说明和表达。因为资产评估业务是多样的，资产评估特定价值目标是多样的，所以表达多样资产评估特定价值目标的资产评估价值定义也是多样的。按照某种标准将各种价值定义进行分类，就有了资产评估价值类型。合理的价值类型分类有利于帮助评估人员系统地理解与把握多样的评估价值定义。

在资产评估实践中，由于使用频率最高的市场价值既是一个特定的价值定义，又是一种价值类型，人们在频繁使用市场价值的时候，就逐步淡化了市场价值定义与市场价值类型之间的区别，久而久之也就淡化了价值定义和价值类型的区分，将资产评估价值定义与价值类型统称为价值类型。事实上，价值定义与价值类型是有区别的。基于或尊重评估实践的称谓习惯，我们可以把评估价值类型分为广义的价值类型和狭义的价值类型。广义的价值类型是指按照某种属性或特征对价值定义的分类，如市场价值和市场价值以外的价值。狭义的价值类型是指评估对象的特定价值定义，包括评估价值的名称、内涵、属性和合理性指向，如市场价值、投资价值、在用价值等。

1）评估价值定义及其基本依据

怎样表达或表述符合特定要求的评估结论就涉及如何定义评估价值的问题。事实上，价值概念本身的内涵就极其丰富，其表现形式也多种多样。这在不同学科和不同领域对价值概念及其定义的表达中就可见一斑。在资产评估中同样存在这样的问题，即站在不同的角度或不同的方面对评估结论进行定义，即便对于同一被评估对象载体，其评估结论的内涵及其属性也可能是不同的。因此，无论是从资产评估人员执业的角度，还是站在评估报告预期使用人的立场，科学定义资产评估价值都是十分重要的。从最一般的要求上讲，资产评估价值定义应当含义明确、指向清楚、表述规范、通俗易懂。

在资产评估特定价值目标的层面上讨论价值定义，其实是对一个具体的评估对象载体在具体的评估条件下的评估结论的表达。前面提及的评估价值定义的含义应当明确、指向应当清楚，表述应当规范、通俗易懂的要求包含满足一个具体评估对象载体在具体评估条件下对评估结论要求的因素。因此，资产评估价值定义，或定义资产评估中的价值是就一个具体的评估对象在具体的评估条件下的评估结论定义。从这个角度来讲，资产评估中的价值定义是指对资产评估结论的价值内涵、属性及其合理性指向的概括和规范说明。

资产评估价值内涵是资产评估价值定义中最重要的组成部分，是决定一种评估价值区别于其他评估价值的基本标志。资产评估价值内涵通常要体现评估人员评价资产价值的视角和所考虑的影响资产价值的决定性因素。资产评估价值内涵是评价资产价值的视角和所考虑的影响资产价值的决定性因素的浓缩和概括。例如，价值定义既可以选择投入的角度，又可以选择产出和退出的角度；既可以从效用决定价值的角度定义评估价值，又可以站在费用支出的角度定义评估价值，从而就有了重置价值（投入价值）、变现价值（退出价值）、收益现值（产出价值）、清算价值（快速退出价值）等各种属性不同的价值定义。

资产评估价值属性指的是对资产评估价值内涵所蕴含的主要特性、特质和特点的彰显与概括。

资产评估价值合理性指向是在资产评估价值定义中较为特殊的组成部分。它的作用是表明评估结论合理性的具体指向，即评估结果对谁合理以及评估结果的具体用途。在资产评估价值定义中，评估价值合理性指向既可以采取直接指向的方式，又可以利用评估行业对价值定义的某些约定俗成的潜在指向间接表明评估结论的合理用途。

资产评估价值内涵、属性和合理性指向通常是相互关联的，不要机械地将它们孤立开来。

要保证评估结论含义明确、指向清楚、表述规范，就需要恰当地选择定义资产评估价值的依据和标准。从一般意义上讲，评估价值是可以从多个角度进行定义的，包括投入的角度、产出的角度、效用的角度、成本的角度以及市场均衡的角度等。就评估实践和评估结论有用的角度而言，资产评估结论的价值定义必须满足引起资产评估活动的相关经济行为对特定评估结论的要求和需要。满足相关经济行为需要的资产评估结论的价值定义，其合理性的基础应当是引起资产评估的特定经济行为及评估委托人根据相关条件对评估结论用途及价值定义合理性指向的要求，特别是评估结论的预期使用人对评估价值的要求以及相关经济行为对评估价值用途的要求。无论从哪个角度定义资产评估价值，都需要反映引起资产评估的特定经济行为及评估委托人、评估结论预期使用人对评估价值内涵、价值属性和合理性指向等具体要求或限定。

2）定义评估价值具体依据的实践过程

资产评估结论的价值定义在资产评估中具有举足轻重的地位和作用，甚至可以说是资产评估的灵魂。就我国的资产评估实际经历来看，在选择评估结论的价值定义的依据方面，也呈现出“百花齐放、百家争鸣”的局面。这正是我国资产评估实践不断推进、评估理论不断完善的历史发展进程的写照之一。我国最早定义评估结论的价值定义依据是当时的“资产评估四大估价标准”，即重置成本、收益现值、现行市价和清算价值。客观地讲，由于当时我国评估实务界和理论界对资产评估理论及世界评估实践了解甚少，因此在定义资产评估价值时，参照或遵循了会计资产的计价标准。当时的所谓“资产评估四大估价标准”带有浓厚的会计计量属性的色彩。可以说，我国定义评估价值最早的依据和标准与会计计量属性具有密切的关联。

随着我国资产评估实践的深入，很多评估人员尝试从资产评估依据的假设前提的角度来表述和定义资产的评估价值，例如继续使用价值、公开市场价值和清算价值。

当然，也有一些评估人员更愿意从引起资产评估的资产业务，即引起资产评估的经济行为本身（有人称其为评估特定目的），或资产评估结论的直观用途来表述和定义评估价值，例如抵押价值、保险价值、课税价值、投资价值、清算价值、转让价值、保全价值、交易价值、兼并价值、拍卖价值、租赁价值、补偿价值等。

到了20世纪90年代后期，评估行业又出现了以满足引起资产评估的经济事项的条件约束和评估价值合理性指向为依据来定义资产的评估价值的情况，例如市场价值、投资价值、在用价值、持续经营价值、清算价值、特殊价值、合并价值等。

综上所述，在我国资产评估实践中，评估人员在定义资产评估价值的过程中，具体的依据和标准是多样性的。这虽然丰富了我国资产评估价值定义的理论内容，但同时也给规范资产评估价值定义以及相对统一评估人员对评估价值的认识留下了不确定因素。

3）不同价值定义依据的特点与评价

从纯粹学术的角度来看，上述四种评估价值定义的依据各有特点。如果从服务于产权变动以及满足相关经济行为需要的角度来看，不同的价值定义依据可能就有选择之分了。

“资产评估的四大估价标准”基本上承袭了现代会计理论中关于资产计量属性的划分方法和标准。虽然依据这样的标准定义评估价值有助于将资产评估与会计的资产计价紧密联系在一起，但是依据这样的标准定义的评估价值，其价值合理性的依据及其指向不清晰，不利于评估结论使用人理解和使用评估结论，尤其不利于产权变动下的评估报告使用人理解评估结论，因为重置成本、收益现值和现行市价的合理性指向不是很明确。

以资产评估假设前提为依据定义评估价值，有利于人们了解资产评估结论的假设前提条件和使用条件，同时也能强化评估人员对评估假设前提条件的运用。但是，由于资产的评估价值与每一个资产评估假设并不是一一对应的关系，或者说，资产的评估价值并不是哪一种评估假设（条件）下的结果，所以将每一种评估假设作为选择评估结论价值类型有失偏颇。另外，有些资产评估假设前提具有概括性，以此作为依据来定义评估价值显得过于笼统。例如，继续使用价值包含原地续用价值、移地续用价值等不同的价值内涵。因此，以资产评估假设前提为依据定义评估价值，在某些情况下，其价值合理性的依据及指向不够清晰。

依据资产评估结论的具体用途来表述资产的评估价值强调了与引起资产评估的资产业务的对应性，评估结论使用的指向性非常明确。但是，由于引起资产评估的资产业务种类繁多，评估人员很难给出与每种资产业务相对应且具有独立价值内涵的价值定义。

以资产评估所依据的条件以及资产评估结论合理性指向为依据来定义评估价值注重了资产评估结论适用范围与资产评估所依据条件的匹配性，资产评估结论合理性指向相对明确。由于以资产评估所依据的条件以及资产评估结论合理性指向为依据定义的评估价值较为抽象，与评估特定目的、评估的前提假设以及评估方法等直观因素并不一一对应，评估人员在实际运用过程中可能会有一定的难度。

从纯学术的角度来看，不同的价值定义可能并无优劣之分，只是依据的标准和定义的角度有差异。但是，从资产评估实践的角度来看，依据什么来定义资产评估价值，确实存在是否适当以及如何选择的问题。对资产价值进行合理定义主要有两个层面的日的或两个基本标准：第 ，为评估人员科学合理地进行资产评估提供指引；第二，使资产评估报告使用人能正确理解和恰当使用资产评估结论。

4）资产评估中的价值定义推介

如上所述，由于定义资产评估价值的标准具有多样性，资产评估中的价值定义也呈现出多样性的特点。为了相对统一和规范资产评估中的价值定义，这里拟推介一些被评估行业业内人士广泛使用的价值定义。这些定义也是评估行业中最具有代表性的价值定义。

（1）市场价值

市场价值是《国际评估准则》和许多国家评估准则最为推崇的价值定义。在《国际评估准则》中，市场价值的定义如下：

市场价值是自愿买方与自愿卖方在评估基准日进行正常的市场营销之后所达成的公平交易中，某项资产应当进行交易的价值估计数额。当事人双方应各自理性、谨慎行事，不受任何强迫压制。

通俗地讲，市场价值是在适当的市场条件下，自愿买方和自愿卖方在各自理性行事且未受到任何强迫的情况下，资产在评估基准日进行公平交易的价值估计数额。

根据市场价值的定义，其具有以下要件：

第一，自愿买方，是指具有购买动机，但并没有被强迫进行购买的一方当事人。该购买者会根据现行市场的真实状况和现行市场的期望值进行购买，不会特别急于购买，也不会在任何价格条件下都决定购买，即不会付出比市场价格更高的价格。

第二，自愿卖方，是指既不准备以任何价格急于出售或被强迫出售，又不会因期望获得被现行市场视为不合理的价格而继续持有资产的一方当事人。自愿卖方期望在进行必要的市场营销之后，根据市场条件以公开市场所能达到的最高价格出售资产。

第三，评估基准日，是指市场价值是某一特定日期的时点价值，仅反映了在评估基准日的真实市场情况和条件，而不是在评估基准日之前或之后的市场情况和条件。

第四，以货币单位表示。市场价值是指在公平的市场交易中，以货币形式表示的为资产所支付的价格，通常表示为当地货币。

第五，公平交易，是指在没有特定或特殊关系的当事人之间的交易，即假设在互无关系且独立行事的当事人之间的交易。

第六，资产在市场上有足够的展示时间，是指资产应当以最恰当的方式在市场上予以展示，不同资产的具体展示时间应根据资产特点和市场条件有所不同，但该展示时间应当使该资产能够引起足够数量的潜在购买者的注意。

第七，当事人双方都很精明，谨慎行事，是指自愿买方和自愿卖方都合理地知晓资产的性质和特点、实际用途、潜在用途，以及评估基准日的市场状况，并假定当事人都根据上述知识为自身利益而决策，谨慎行事以争取在交易中为自己获得最好的价格。

第八，估计数额。估计数额是指资产的价值是一个估计值，而不是预定的价值或真实的出售价格。它是在评估基准日，满足对市场价值定义的其他因素的条件进行交易的情况下资产最有可能实现的价格。

资产的市场价值反映了市场作为一个整体对其效用的认可，而并不仅仅反映其物理实体状况。某项资产对于某特定市场主体所具有的价值，可能不同于市场或特定行业对该资产价值的认同。市场价值反映了由各市场主体组成的市场整体对被评估资产效用和价值的综合判断，不同于特定市场主体的个别判断。

（2）在用价值

一个仅适用于要素性资产评估的价值定义。要素性资产通常是指评估对象载体是作为资产组或企业的组成部分发挥资产作用，而不是作为一项独立的资产发挥作用。从理论上讲，在用价值指的是要素资产对其所属资产组或企业做出的经营和财务贡献的价值估计数额。从操作的层面上讲，在用价值指的是要素资产在所属资产组或企业现实经营状况下，预计未来可实现的现金流量，以及处置该要素资产不再继续使用时的残值可实现的现金流量的折现值之和。

（3）投资价值

投资价值是指资产对于具有明确投资目标和特定投资偏好的特定投资者或某一类投资者所具有的价值。投资价值多出现在企业并购、无形资产投资与转让、相邻资产交易等评估事项之中。例如，企业并购评估中的被并购企业对于特定收购方的并购评估价值。企业并购中的投资价值通常会高于其市场价值，由于市场对企业并购具有普遍的整合效应预期，收购方企业与被收购企业之间通常存在资产、经营、财务等的特殊联系，并购方的某些特别动机等都可能使得被并购企业产生高于正常市场价值的溢价。投资价值正是反映特定资产对特定投资者具有有别于市场价值的一种价值定义。资产的投资价值与投资性资产价值是两个不同的概念。投资性资产价值是指特定主体以投资获利为目的而持有的资产在公开市场上按其最佳用途实现的市场价值。

（4）持续经营价值

持续经营价值是指被评估企业按照评估基准日时的用途、经营方式、管理模式等继续经营下去所能实现的预期收益（现金流量）的折现值。企业的持续经营价值是一个整体的价值概念，是相对于被评估企业自身既定的经营方向、经营方式、管理模式等所能产生的现金流量和获利能力的整体价值。由于企业的各个组成部分（要素资产）对企业的整体价值都有相应的贡献，将企业的持续经营价值按企业各个要素资产的相应贡献分配给各个要素资产，即构成企业各要素资产的在用价值。换一个角度讲，企业各个要素资产的在用价值之和构成了企业的持续经营价值。企业的持续经营价值本身并不是企业的市场价值，但并不排除在某些情况下，其数量正好等于企业的市场价值的可能性。

（5）残余价值

残余价值是指假设在未进行特别修理或改进的情况下，将资产中所包含的各组成部分进行变卖处置的价值。残余价值不是继续使用时的价值，且不包括土地价值在内。该价值中可能还需考虑总的处置成本或净处置成本。在后一种情况下，残余价值可能等同于可变现净值。

（6）清算价值（或强制变卖价值）

清算价值（或强制变卖价值）是指在销售时间过短，达不到市场价值定义所要求的市场营销时间要求的情况下，变卖资产所能合理收到的价值数额。在某些国家，强制变卖价值还可能涉及非自愿买方和非自愿卖方，或买方在购买时知晓卖方不利处境的情况。

（7）特殊价值

特殊价值是指按资产相对于特定投资者或使用人具有特殊作用和功效以及满足其特殊需求的情况为依据所具有的价值估计数额。

特殊价值产生于资产对特殊购买者比其他人更具有吸引力，特殊购买者愿意支付更高价格。特殊价值通常要高于市场价值，它产生于相邻相关资产的特殊位置、特殊功能、暂时的优越条件或特别动机等。从一定意义上讲，特殊价值可以理解为投资价值的一种表现形式，即资产对于某一特定投资者的价值估计数额。

（8）合并价值

合并价值是对两种或者两种以上资产相结合产生的价值大于两个或两个以上单项资产的价值之和而产生增值情况下的相关资产的价值估计数额。从一定意义上讲，合并价值也可以理解为投资价值的一种表现形式，合并价值有两个明显的特点：其一，合并后的资产价值要大于合并前原有各项资产价值的简单加和；其二，协同价值对于交易双方都是有利的。

以上价值定义仅是评估行业中经常使用的价值定义。由于引起资产评估的经济行为和事项的多样性，以及评估对象的多样性，可能不断地有新的价值定义出现，也可能有一些原有的价值定义不再被人们使用。因此，资产评估中的价值定义远不止上述推介的内容。事实上，在不同的评估目的下，以及不同种类的评估对象，可能还有许多特定的价值定义以及细分的价值定义。如果评估人员所做的评估结论符合上述推介的价值定义条件，评估人员可以直接选择上述推介的价值定义。如果评估人员所做的评估结论不符合上述推介的价值定义条件，评估人员就必须对所做的评估结论自行进行定义。

6.2 价值定义分类

由于引起资产评估的经济行为和事项的多样性，以及评估对象的多样性，资产评估价值定义也是多种多样的。为了使评估人员更好地把握价值定义的内涵和合理性指向，将资产评估的价值定义按其合理性指向及适用范围进行分类，便形成了广义上的资产评估价值类型。

广义上的资产评估价值类型是对资产评估结论的价值属性及合理性指向的归类。不同的价值类型从不同的角度反映资产的评估价值及合理性指向。不同属性的价值类型所代表的资产评估价值在性质上存在差别，在数量上往往也存在着差异。资产评估的价值类型，从其形成的角度看，不同的价值类型与引起资产评估的特定经济行为，即资产评估特定目的、被评估对象载体自身的功能、状态，以及评估时所设定的市场条件等因素具有密切的联系。资产评估特定目的、被评估资产的功能状态，以及评估时的各种条件是合理地选择和确定资产评估价值类型的基础。

根据资产评估价值定义分类的目标，以及对资产评估价值类型作用和意义的理解，目前资产评估行业对资产评估的价值类型的最主要分类是将资产评估中的价值分为市场价值与市场价值以外的价值两大类。

6.2.1 市场价值（market value）

市场价值是一个独立的价值定义。前面已经对市场价值进行过表述：市场价值是在适当的市场条件下，自愿买方和自愿卖方在各自理性行事且未受到任何强迫的情况下，评估对象在评估基准日进行公平交易的价值估计数额。

由于市场价值是一个使用频率很高，而且是多含义的概念术语，因此，市场价值也是一个极易引起误解的概念术语。造成这一情况的主要原因是，市场价值既有习惯上的概念，又有专业上的概念。如果将这些概念加以归类，也可以将其划分为广义的市场价值和狭义的市场价值。广义的市场价值是对经过市场（条件下）形成的价值（价格）的统称，或者是利用市场价格衡量各种货物或服务的价值（价格）的总称。狭义的市场价值可能并无严格的定义，它只是相对于广义的市场价值而言的，是针对特定条件或在特定领域使用的有限制条件的价值概念。本节讨论的市场价值，即资产评估中的市场价值属于狭义市场价值范畴，是一个专业术语，而不是广义的市场价值或泛指的市场价值。明确资产评估中的市场价值是一个狭义的市场价值，而且是一个专业术语是非常重要的。资产评估人员以及资产评估相关当事人，在从事资产评估工作和使用资产评估报告的过程中，应把市场价值作为一个专业术语或专有名词加以理解。根据《国际评估准则》对市场价值的定义，以及关于市场价值的其他补充说明，我们把资产评估中的市场价值定义整理概括如下：资产评估中的市场价值是指资产在评估基准日公开市场上正常使用（最佳使用或最优可使用条件下）所能实现的交换价值的估计值。由于市场价值是一种面对市场参与者的公允价值，具有较为广泛的合理性指向区间，虽然它仅仅是一种价值定义，但它同时也代表了一种价值类型，即市场整体认同的资产价值（市场参与者整体认同的价值）。

市场价值作为评估结论的价值定义，以及表明价值合理性指向的价值类型应当满足以下基本要求：

①市场价值所表达的，或承载市场价值的评估对象载体及其权益是明确的。

②评估师在整个评估过程中以公开市场（假设）来设定资产评估所依据的市场条件。公开市场条件包含着这样的市场条件假定，即有众多的市场参与者，包括众多的自愿买方和自愿卖方，他们之间的地位平等，没有受到追胁和压力，都足够理性并有充分的时间了解行情信息以及讨价还价。

③评估师是将评估对象载体能够被正常使用，并能够达到正常使用水平和效益水平作为评估对象载体在评估时的使用状态。

评估对象载体被正常使用的假设剔除了评估对象载体没有被正常使用的情况，包括超负荷、超常规使用及其达到的使用水平，以及低负荷使用及其出现的贬值。

④评估师是以评估对象载体在评估基准日按市场价值在市场上交易之前，有一个合理的展示时间为前提。

这里提及的展示时间通常被定义为：假设被评估资产在评估基准日按市场价值在市场上交易之前，应该以该报价在公开市场上展示的时间估计数。

展示时间是一个基于充分竞争市场或公开市场假设基础，对过去事项进行分析的追溯性概念，而合理的展示时间并不是一个固定的时间概念，不同的资产类型和市场条件，其合理展示时间是不同的。合理展示时间在理解上应当考虑并包括对评估基准日的供需条件、现行成本信息、历史销售信息（在展示期后和买卖双方谈判完成后成交）以及对未来预期收益的预期做出充分分析所需要的合理的时间。合理的展示期是与价格、时间和用途成函数关系，而不是一个孤立的时间估计。

假如，有一幅国画在市场上按500万元已经展示了两年并没有成交，这表明市场参与者认为该报价不合理。而后，国画所有者把价格降到400万元，6个月后以350万元成交。就这幅国画而言，虽然实际的市场展示期是2年零6个月。但是市场认同的价值范围（350万元至400万元）的合理展示期是6个月。

再如，一座写字楼在市场上按每平方米12 000元的价格水平已经展示了1年零7个月仍没有成交，这表明市场参与者认为该报价不合理。然后，业主把价格降到每平方米10 000元，5个月后以每平方米9 800元的价格成交。虽然该写字楼实际的市场展示期是2年，但是在市场认同的价值范围（每平方米10 000元至每平方米9 800元）的合理展示期是5个月。

⑤评估师在资产评估过程中所使用的数据均来源于市场。

在资产评估过程中所使用的数据均来源于市场是指评估人员所使用的各种数据要么直接来自市场，要么是评估人员根据市场中的信息数据归纳整理分析得出的，包括评估对象载体被正常使用的标准，众多的自愿买方和自愿卖方形成的市场行情信息等等。

6.2.2 市场价值的特点

市场价值是一个反映市场整体认同的价值概念（value to market），是在市场经济条件下大部分被评估资产的价值基础。市场价值能够为资产评估提供一个基准。市场价值的特点主要表现在以下几个方面：

（1）市场价值是一种经过严格定义的价值

市场价值在资产评估业务中有严格的定义，不能将只要是通过市场（交易）的价值都理解为资产评估中的市场价值。市场价值的内涵在定义中已明确，只有同时满足该定义中的全部条件才能构成资产评估中的市场价值。

（2）市场价值是一种相对理想状态下的价值

市场价值定义中的各项前提条件均是相对理想状态下的市场条件。这些相对理想状态下的市场条件可以是评估对象载体现实存在的市场条件，也可以是评估对象载体载体所具备的潜在条件。在具体评估过程中需要评估人员充分考虑评估对象载体是否具有现实或潜在的相对理想状态市场条件的基础。

（3）市场价值是在评估业务中使用频率最高的一种价值定义和类型

根据资产评估所要实现的目的，以及市场价值的合理性指向范围，市场价值是在资产评估中使用频率最高的价值定义和类型，也是多数评估业务所要求的价值定义和类型。

（4）市场价值是整体市场认同的价值，而不是个性化的价值

资产的效用对于不同的个体而言可能会有很大不同，因此，不同的市场参与者对同一资产价值的认知也有很大区别。

市场价值概念建立了一个“标准”价值，使得对于资产价值的计量具有意义。同一资产对不同人、在不同条件下具有不同的价值，这是不争的事实。但评估行业需要解决这样一个问题：评估师在大多数情况下评估的是哪一种价值？资产价值认知的不一致是因为不同的市场参与者对该资产的效用认知不同，但对于资产的效用市场整体还是有一个共同的认知的。因此，尽管资产对不同人而言具有不一样的价值，但对于整个市场而言应当有一个共同的价值标准，这就是我们所定义的市场价值。市场价值反映了市场每个参与者的意见，但不是简单地直接反映每个参与者的

意见，而是集中反映了包括每个市场参与者在内的市场主体的集中意见。因此，市场价值定义中设定了严格的条件，确保其严密性，避免不必要的混淆或概念误用，不能因为市场价值与具体价值或成交价格不一致而否定市场价值。

市场价值是资产相对于市场整体的价值（market value），而不是资产对特定市场主体的价值（value to particular user or group）。市场价值反映了资产评估所依据的市场整体对资产效用及价值的认知和认同，即反映了作为一个整体的市场对被评估资产价值的认可。

6.2.3　市场价值以外的价值（the value other than market value）

市场价值以外的价值也称非市场价值、其他价值。它是一个与狭义且与资产评估专有的市场价值概念相对的专有名词。它并无独立的定义，而是所有不符合市场价值定义条件的其他价值定义的统称。市场价值以外的价值或非市场价值中的“市场价值以外”或“非”字并不是否定评估结论与市场的联系，而是强调非市场价值是那些不满足、不具备资产评估中市场价值定义条件的价值。因此，市场价值以外的价值或非市场价值是一个相对于市场价值的专有名词和专业术语。包括《国际评估准则》在内的评估准则，也并没有直接定义市场价值以外的价值，而是指出凡不符合市场价值定义条件的资产价值都属于市场价值以外的价值。

在资产评估中为什么要分出一类市场价值以外的价值呢？从市场交换的实际情况来看，有些交易是在较为充分竞争的市场中进行的，交易价格是整个市场竞争的结果；还有一些交易是在关联方之间，以及个别市场主体之间进行的，交易结果和交易价格与整体市场关系并不十分紧密。在资产评估中设立市场价值以外的价值来反映个别市场主体之间的交易行为及交易价值是客观的、必要的。第八版《国际评估准则》在论及市场价值以外的价值存在的必要性时，认为市场价值以外的价值的存在是基于以下三种情况，同时也可以分为以下三类：

第一类是指评估主体从资产所有权中获得的收益。资产价值对评估主体来说是特定的，尽管在某些情况下等同于销售资产时获得的价值。这一类资产价值基本上反映了持有资产获得的收益，因此，没有必要假设资产交换，投资价值属于这一类。特定主体的某项资产价值与市场价值之间的不同促使买方和卖方进入市场交易。

第二类是指为交换某项资产，特定双方达成合理的协议价格。如果各方之间没有关联，交易正常，没有必要将资产放在更大范围的市场上交易。持续经营价值、特殊价值、清算价值、残余价值、合并价值等属于这一类。

第三类是指法律法规或合同协议中规定的价值。

为特定经济行为服务的资产评估，其评估结论的价值类型的选择和定义要受到相关法律法规、合同协议等具体条款的约束或限定。对这些服务于特定经济行为的资产评估，其评估结论的价值类型的选择和定义应根据相关法律法规、合同协议等具体条款的规定确定。从严格意义上讲，服务于课税、保险、抵押、资产减值准备和拆迁补偿等目的的评估，评估结论的价值定义和价值类型并不是事先确定的，因为服务于课税、保险等目的的评估结论的价值定义和价值类型取决于保险法、保险合同、民法典、税法及会计准则等的具体规定。在不同的国家和地区，以及在同一国家的不同地区，相关法律法规和合同协议等可以要求或规定服务于课税目的、保险目的、抵押目的、资产减值准备和城市拆迁补偿目的等的评估结论采用市场价值。相关法律法规、合同协议等也可以要求或规定服务于课税目的、保险目的、抵押目的、资产减值目的和城市拆迁改造目的等的评估结论只能采用市场价值以外的价值。因此，服务于课税目的、保险目的、抵押目的、资产减值目的和城市拆迁改造目的等的评估结论等价值定义及其价值类型取决于相关法律法规、合同协议等对这些评估结论价值内涵的规定。人们不可以主观地实现将其限定在市场价值或市场价值以外的价值表现形式之中。评估师可以根据评估项目所在地相关法律法规等的具体规定，以及评估过程来具体判断评估结论的最终价值属性。如果相关法律法规及合同协议等要求或规定服务于课税目的、保险目的、抵押目的、资产减值目的和城市拆迁补偿目的等的评估结论采用市场价值，评估师就应该用市场价值去定义服务于课税、保险、抵押、资产减值测算和拆迁补偿等目的的评估结论。但是，一旦相关法律法规、合同协议等对服务于课税目的、保险目的、抵押目的、减值目的和城市拆迁改造目的等的评估结论的价值内涵规定不满足市场价值定义的条件，评估师就只能使用课税价值、保险价值、抵押价值、可收回金额和拆迁补偿价值等价值定义来反映服务于课税、保险、抵押、减值测算和拆迁补偿等目的的评估结论。服务于课税目的、保险目的、抵押目的、资产减值目的和城市拆迁改造目的等的评估结论的价值内涵并不天然就是市场价值以外的价值，服务于上述评估目的的资产评估项目也可以选择市场价值。但是，课税价值、保险价值、抵押价值和拆迁补偿价值等的价值定义本身及其属性天然是市场价值以外的价值。

课税价值是指在税法等相关法律法规对课税对象税基价值的规定和要求不满足市场价值定义条件的前提下，课税对象相对于税法等相关法律法规的有关规定和要求所具有的价值估计数额。

保险价值是指在财产保险等相关法律法规和保险契约等对保险标的物评估价值的有关规定和要求不满足市场价值定义条件的前提下，保险标的物相对于财产保险等相关法律法规和保险契约等的有关规定和要求所具有的价值估计数额。

抵押价值是指在民法典等相关法律法规及金融监管机关对抵押物评估价值的有关规定和要求不满足市场价值定义条件的前提下，抵押物相对于民法典等相关法律法规及金融机关的有关规定所具有的价值估计数额。

拆迁补偿价值是指在有关城市规划、建设和房地产管理等相关法律法规对拆迁物价值补偿的具体规定和要求不满足市场价值定义条件的前提下，拆迁标的物相对于有关城市规划、建设和房地产管理等相关法律法规的具体规定和要求所具有的价值估计数额。

可收回金额是指特定评估对象价值载体（资产组或资产组组合）的公允价值减去处置费用后的净额与预计未来现金流量的现值两者中较高者。

当评估师需要用课税价值、保险价值、抵押价值和拆迁补偿价值等来表达服务于纳税目的、财产保险目的、抵押目的和城市拆迁补偿目的等的评估结论时，评估人员必须明确说明课税价值、保险价值、抵押价值和拆迁补偿价值等不是市场价值而是属于市场价值以外的价值。

从市场价值以外的价值的表述来看，市场价值以外的价值不是一种具体的资产评估价值存在形式。它是一系列不符合资产市场价值定义条件的价值定义的总称或组合，是在用价值、投资价值、持续经营价值、特殊价值、清算价值、残余价值、合并价值、课税价值、保险价值、抵押价值和拆迁补偿价值等一系列不符合市场价值定义条件的其他具体价值的概括。对市场价值以外的价值的理解和把握不应仅仅局限在它与市场价值的区别上，而是要理解和把握市场价值以外的价值中的具体价值表现形式的确切定义。在用价值、投资价值、持续经营价值、特殊价值、清算价值、残余价值、合并价值、课税价值、保险价值、抵押价值和拆迁补偿价值等是在市场价值以外的价值中具有代表性，以及使用频率较高的一些价值定义。这些价值定义已经在前面做了介绍，这里就不再重述。

属于市场价值以外的价值中的具体价值定义表达或表现了某个或某些市场参与者对资产价值的认同，而不是整体市场对资产价值的认可。市场价值与市场价值以外的价值的区别，在很大程度上取决于其市场参与者（买卖双方）的数量和交易时间，即参与者是众多的还是个别的，交易是否有时间限制等。也就是说，资产评估依据的是充分竞争的公开市场或买方市场、卖方市场将会影响评估师对资产评估价值类型的选择。

另外，我国作为新兴市场经济国家，市场环境具有特殊性，在经济转型过程中有一些特殊情况，在我国资产评估实践中还不能排除出现市场经济发达国家不曾使用过的特殊的价值定义的可能性。只要遵循资产评估中定义评估价值的原则和要求，我们并不一定完全拘泥于已有的、经常使用的价值定义及其表现形式，完全可以根据资产评估价值类型理论和我国的实际情况，因地制宜地对评估结论做出恰当的价值定义。

相关链接6-1　　　　资产评估价值类型指导意见（节选）

第二章　价值类型及其定义

第三条　本指导意见所称资产评估价值类型包括市场价值和市场价值以外的价值类型。

第四条　市场价值是指自愿买方和自愿卖方在各自理性行事且未受任何强迫的情况下，评估对象在评估基准日进行正常公平交易的价值估计数额。

第五条　市场价值以外的价值类型包括投资价值、在用价值、清算价值、残余价值等。

第六条　投资价值是指评估对象对于具有明确投资目标的特定投资者或者某一类投资者所具有的价值估计数额，亦称特定投资者价值。

第七条　在用价值是指将评估对象作为企业、资产组组成部分或者要素资产按其正在使用方式和程度及其对所属企业、资产组的贡献的价值估计数额。

第八条　清算价值是指评估对象处于被迫出售、快速变现等非正常市场条件下的价值估计数额。

第九条　残余价值是指机器设备、房屋建筑物或者其他有形资产等的拆零变现价值估计数额。

第十条　某些特定评估业务评估结论的价值类型可能会受到法律、行政法规或者合同的约束，这些评估业务的评估结论应当按照法律、行政法规或者合同的规定选择评估结论的价值类型；法律、行政法规或者合同没有规定的，可以根据实际情况选择市场价值或者市场价值以外的价值类型，并予以定义。特定评估业务包括：以抵（质）押为目的的评估业务、以税收为目的的评估业务、以保险为目的的评估业务、以财务报告为目的的评估业务等。

相关链接6-2　第八版《国际评估准则》关于资产评估价值定义的调整和解释

国际评估准则委员会在第八版《国际评估准则》中对资产评估中的价值定义进行了调整和说明。这些内容集中体现在《国际评估准则》以及相应的说明中。其中，关于持续经营价值、清算价值和公允价值的调出、调入是第八版《国际评估准则》对传统价值定义的重大挑战。

6.3　资产评估价值基础

从内涵的角度讲，资产评估的价值定义是资产评估结论的价值内涵、属性和合理性指向的概括与描述。评估结论的价值类型则表明各种价值定义之间的联系与区别。资产评估价值定义及价值类型的作用表现在两个方面。对于评估者来说，资产评估中的价值定义和价值类型首先是评估的特定价值目标，即指明评估结论的性质、用途和属性，为评估人员提供评估目标指引及明确评估结论的预期使用人。对于评估报告及评估结论的预期使用人来说，资产评估中的价值定义和价值类型则表明了评估结论的合理性指向和适用范围。

资产评估结论的价值定义和价值类型是具体评估条件下评估过程的“自然”结果。这个“自然”结果是建立在评估人员充分了解和掌握资产评估的具体条件对评估价值定义和价值类型影响的基础上，选择并实施了一系列恰当的做法完成的。很显然，充分了解和掌握影响评估价值定义和价值类型的评估具体条件就显得格外重要了。它的重要性就在于，资产评估所依据的具体条件的不同排列组合就构成了评估价值定义和价值类型的基础。从大的方面讲，评估价值基础也可以分为两大类

(与资产评估价值类型分类相对应)，即市场价值基础和非市场价值基础。资产评估价值定义和价值类型的形成显然不是评估人员主观臆断的结果，而是评估人员对在特定评估条件下评估对象公允价值及其表现形式的选择和客观反映。了解和掌握在什么样的条件下应该得出什么性质及类型的评估结论，无疑是评估人员最基本的专业胜任能力，也是评估人员了解和把握自己的工作“产品”以及正确指导客户使用评估结果的基本功课。所谓资产评估价值基础，是指能得出某种价值定义及类型的评估结论应满足的具体条件及组合。

第八版《国际评估准则》对评估价值基础有大致如下表述：市场价值这一概念与市场参与者共同的认知和行为有关。它指出了各种不同的可能影响某一市场中交易的因素，并将它们与影响价值的其他固有的或是非市场考虑的因素区别开来。市场价值是基于市场的，因而，所有数据的输入都应该来自市场。

基于市场的资产评估假定交易发生的市场的运作没有受到来自非市场作用力的限制。

基于市场的评估必须假定资产处于最充分、最佳利用或最可能利用状态，这是决定其价值的一个很重要的因素。

基于市场的评估取自特定市场中的专门数据并通过一系列的方法和程序试图反映在这些市场中市场参与者博弈的过程中。

基于市场的评估可以通过采用市场售价类比法、收入资本化法以及成本法得到评估价值。每一种方法所采用的数据及标准必须来自市场。

除了采用假定的由两个典型的有动机的市场参与者进行交易的价值外，资产评估也可以利用估测原则，考虑一项资产的经济效用或功能，也可以采用与非经常性或非典型的一项交易双方当事人中某一方的动机有关的价值，或者是采用由法律或合同决定的特定价值。

公允价值（个别人之间的)、投资价值、特定价值以及整合价值可以作为非市场价值基础或是市场价值以外的价值基础的例子。这类价值基础需要有其他的假设。这些假设对于个别当事人的状况来说是特定的、明确的。正是由于这个原因，以非市场价值为基础的评估不能重新划为市场价值。

以非市场价值为基础的评估必须通过适当的程序，对数据进行充分分析，进而得到合理的价值估计值。

当然，对于资产评估价值基础及构成还有其他的理解方式。我们也可以将资产评估价值基础分解为三方面的基本构成要素，即评估的特定目的、评估对象载体的使用方式及状态和评估时所依据的市场条件。从另外一个角度讲，资产评估价值基础是由资产评估的特定目的、评估对象载体的使用方式及状态和资产评估依据的市场条件3方面基本要素有机组合构成的。

资产评估特定目的作为资产评估价值基础的条件之一，是因为它不仅约束着资产评估结论的具体用途和评估结果的预期使用人，而且直接或间接地约束着资产评估的过程及运作条件，包括对评估对象载体的利用方式和使用状态的宏观约束，以及对评估市场条件选择的宏观限定。即使是相同的评估对象载体，在不同的评估特定目的下很可能会有不同属性的价值定义和价值类型的评估结果。

评估对象载体的使用方式和利用状态，既是评估对象载体自身的条件写照，又在一定程度和方面反映出评估对象载体与市场及其有效性的关系。评估对象载体是被作为一项独立的资产（与其他资产没有联系）加以评估，还是被当作整体资产中的要素资产进行评估，将影响其评估价值定义和价值类型的选择。是把评估对象载体的正常（最佳）使用状态作为评估其价值的基础条件之一，还是把评估对象载体的非正常使用状态作为评估其价值的基础条件之一，也将影响评估对象载体的价值定义和价值类型选择。这种影响通常表现在市场价值是市场整体视角下的评估对象载体处于正常（最佳）或最有可能使用状态下评估结论的货币反映，而市场价值以外的价值则是市场整体视角下的评估对象载体处于非正常（最佳）或非最有可能使用状态下评估结果的货币反映。

评估对象载体的使用方式和利用状态对于评估对象价值定义和价值类型的影响属于内在因素层面。评估对象载体自身的利用方式和利用状态对其评估价值定义和类型选择的影响也是评估人员必须时时关注的。

在评估时所依据的市场条件及交易条件作为影响评估结论价值定义和价值类型的重要因素之一，是因为资产评估自始至终都存在着评估人员的评估视角和评估立场问题。而资产评估中的市场价值与市场价值以外的价值的分类恰恰是从市场整体（主体）或个别市场（主体）对资产价值公允性的认同和视角划分的。评估人员选择了不同的市场主体和立场将决定其评估结论的价值定义和价值类型。换一个角度说，资产评估时所依据的市场条件及交易条件，其实就是评估人员选择的评估视角和评估立场。评估人员选择了市场整体（主体）视角并站在市场整体的立场上评估资产价值，评估人员所使用的数据资料当然要来源于公开市场，其评估结论当然就是市场价值。当评估人员选择了个别市场（主体）视角并站在个别市场主体的立场上评估资产价值，评估人员所使用的数据资料并不来源于公开市场，而通常来源于个别交易。此种条件下的评估结论当然就不是市场价值，而属于市场价值以外的价值。从这个意义上讲，评估时所依据的市场条件及交易条件是构成资产评估价值基础最重要的条件之一。在不同的市场条件下或交易环境中，即使评估相同的资产也会有不同价值定义和价值类型的评估结论。

资产评估目的作为约束资产评估结果具体用途和预期使用人并对资产评估运作条件起宏观约束的因素，与决定评估对象价值内在因素的评估对象价值载体使用方式及利用状态，以及评估时评估人员依据的市场条件共同构成了资产评估的价值基础。这三大因素的不同排列组合形成了不同评估价值定义和价值类型的基本条件。

6.3.1　资产评估的市场价值基础

从理论上讲，资产评估的价值基础是由评估的特定目的、被评估资产使用方式及使用状态和评估依据的市场条件三要素有机组合构成的。

从资产的市场价值作为一种市场整体认同的资产评估结论的角度来看，作为资产评估市场价值基础之一的评估特定目的，还不能简单地从它是服务于产权变动类的资产业务还是服务于非产权变动类的资产业务的角度判断其作为评估价值基础的属性，即市场价值基础属性或市场价值以外的价值基础属性。能够成为评估市场价值基础条件之一的评估特定目的，需要满足其对评估对象载体的使用方式和利用状态以及评估依据的市场条件并不产生特别的限制或个别性约束的前提，即评估特定目的并不产生对评估对象载体独立使用方式和正常使用的限制，也不会对评估人员的市场整体主体立场等构成特别限制和约束。确切地讲，没有非市场因素特别限制和个别性约束的评估特定目的才是评估市场价值的基础条件之一。统计数据显示，在大量的为产权交易业务或非产权交易业务提供估值咨询的服务中，市场价值是使用频率最高的价值定义和价值类型。因为许多资产评估的预期使用人都首先希望获得一个市场整体对评估对象的价值观点和意见，以作为自己确定交易底价或其他用途价值的参考和参照。而从评估人员的角度来看，在没有特殊信息来源渠道和特别授权的情况下，评估人员最主要的信息来源是公开市场。评估人员能够通过公开市场信息评估资产价值恰恰是资产评估中的市场价值，即在一定时点和一定市场范围内对于该市场范围内整体（买者和卖者）相对合理的价值估计值。因此，没有非市场因素特别限制和个别性约束的评估特定目的是评估资产市场价值的基础和客观要求。当然，在上述资产评估特定目的与评估价值定义和价值类型关系的讨论中，我们也希望评估人员能够在评估实践中根据委托评估项目的特定目的和对评估价值定义及价值类型的具体要求，对应选择自己的评估视角和评估立场，以及评估对象载体的使用方式、使用状态和评估数据资料的来源。资产评估特定目的不仅是引起资产评估的经济行为，还蕴含着这种经济行为对评估结论预期用途和预期使用人以及对评估对象载体状况及其评估市场条件的宏观约束。

评估对象载体的使用方式和利用状态作为评估市场价值基础的相关条件前面已经反复提及。在一般情况下，评估对象载体被要求产权清晰、具有独立功能、可独立交易转让，并且包含评估对象载体功能正常发挥或被有效地使用。概括地讲，评估对象载体能够被独立且正常（最佳）使用的条件构成资产评估市场价值的内在基础。

前面已经对评估市场价值依据的市场条件和交易条件进行过阐述。满足评估市场价值依据的市场条件和交易条件，是通过评估人员站在市场整体的评估视角和评估立场，以及从该评估视角和立场出发通过采用来源于公开市场的数据资料完成的。对公开市场的描述通常是这样的：公开市场是一个公开竞争的市场，在该市场上的买者和卖者具有正常的交易动机，没有垄断和强迫。买卖双方各自理智、地位平等、信息对称，评估对象载体在市场上有合理的展示时间，在公开市场中形成的价格是交易双方充分讨价还价及竞争的结论，未受任何交易一方提供的特别或特殊融资及折让。

资产评估的特定目的、评估对象载体的使用方式和利用状态，以及评估依据的市场条件等共同构成了资产评估价值的基础。资产评估的市场价值基础概要地讲，是由无特别限制和个别约束的评估特定目的、公开市场条件和资产有效使用等条件有机组合而成。需强调的是，上述三个条件要素在一种有机组合的情况下构成了资产评估市场价值基础。任何过分强调某一条件要素而省略或忽略其他条件要素的做法都可能会偏离资产评估的市场价值基础。

6.3.2 资产评估中的市场价值以外的价值基础

按照资产评估结论价值类型的分类，资产评估结论或是资产的市场价值，或是资产的市场价值以外的价值。关于构成资产评估市场价值基础的条件及其组合前面已经明确：凡是不同时具备或满足资产评估市场价值基础条件的其他条件组合，都构成资产评估市场价值以外的价值基础，在此基础上评估出的结论都属于市场价值以外的价值。大家已经清楚，资产的市场价值以外的价值并不是脱离了正常市场的黑市价值、非法交易价值或其他什么价值的估计值。它也是资产交易中的一种相对公平合理的价值的估计值（公允价值），只是它的合理性指向以及公平合理的适用范围相对较窄。它只是针对资产业务特定当事人的相对公平合理价值，即只是被局部或个别市场主体认同的价值。在市场价值以外的价值的基础条件中，评估特定目的包含了有特别限制和个别约束的条件、评估对象并不一定具有独立使用（交易）方式和正常（最佳）的使用效果，评估依据的市场条件包含了评估人员的个别市场主体视角和立场，以及采用个别市场交易数据及个案资料等条件。

市场价值以外的价值的评估条件基础主要源于引起资产评估的特殊经济行为或资产业务，特别的评估对象载体和特殊的市场条件。

引起资产评估的经济行为或资产业务的特殊性或特别限制可以用资产评估目的的特殊性加以说明，如以快速变现为评估目的的企业破产清算、以控制竞争对手为评估目的的特别投资、在受到民法典及其规则限制的前提下进行的以确定财产损失为评估目的的担保赔偿，以及为满足国家政策调控需要的财产课税等。上述各评估目的无论是否是为资产产权变动服务的，终因其对评估过程及其结论具有特殊要求和限制而不符合资产市场价值的评估基础条件，而成为资产市场价值以外的价值评估的条件之一。

特别评估对象载体主要是由于其使用方式的特殊性而有别于市场价值基础中的评估对象载体条件。评估对象载体使用方式的特殊性通常表现在企业或整体资产中非独立使用的要素资产上。由于非独立使用的要素资产需要与企业或整体资产中的其他资产共同使用才能产生效用和效益，要素资产的评估价值与公开市场并没有直接联系，而只与要素资产对企业及整体资产的贡献有关。

特殊的市场条件可以笼统地理解为评估人员的个别市场主体视角和立场，以及非公开市场的信息资料来源等的组合。

由于市场价值与市场价值以外的价值，以及市场价值基础条件与市场价值以外的价值的基础条件都是相对的，在资产评估的实践中，评估条件要满足市场价值的基础，否则就构成市场价值以外的价值的基础条件。

6.4 明确划分资产评估中的市场价值与市场价值以外价值的意义和作用

在众多资产价值类型中，选择资产的市场价值与市场价值以外的价值作为资产评估中最基本的资产价值类型具有重要意义和作用。作用之一表现在对资产评估人员的技术指引方面，作用之二表现在帮助客户及委托方正确使用资产评估报告方面。

6.4.1 价值定义及其类型对资产评估人员的技术指引和约束

价值定义及其类型对资产评估人员的技术指引和约束表现在价值定义及其类型不仅是对评估结论价值属性与评估条件相互关系规律的总结和归纳，还要求评估人员应当根据评估条件正确选择价值定义及其类型。正确认识价值定义及其类型与资产评估目的及其相关条件的关系，对于正确选择价值定义及其类型，以及实现评估目的和目标是至关重要的。

关于价值定义及其类型的选择与资产评估目的等相关条件的关系应该从两个方面来认识和把握。其一要从正确选择价值定义及其类型的角度，关注资产评估目的等相关条件对所选择价值定义及其类型的影响；其二要从价值定义及其类型的选择对实现资产评估目的，以及满足其他相关条件的角度，关注价值定义及其类型的正确选择。

从第一个层面上看，资产评估中的价值定义及其类型是资产评估结论的属性及其表现形式合理性指向的归类。价值定义及其类型的选择本来就应该受到评估目的等相关条件的制约，或者说价值定义及其类型是在评估目的等相关条件的基础上形成的。有什么样的评估条件基础就应该有与之相适应的评估价值定义和价值类型。可以说，资产评估目的等相关条件构成了资产评估的价值基础。这个价值基础包括了资产评估特定目的、评估对象载体的使用方式和利用状态，以及评估依据的市场条件。

市场价值和市场价值以外的价值是以资产评估依据的市场条件和评估对象价值载体自身的条件为标准，根据评估价值合理性指向设定的。市场价值和非市场价值的划分，既考虑了资产评估的基础条件，又包括了资产自身的条件、利用方式和使用状态、资产评估依据的市场条件，还考虑了评估结论的合理性指向。也就是说，市场价值和市场价值以外的价值的划分，既考虑了决定资产评估价值的内部因素，又考虑了影响资产评估价值的外部因素及其用途指向。这至少能在理论上和宏观层面上为评估人员客观合理地评估资产价值，以及清晰地披露评估结果提供帮助和依据。

市场价值和市场价值以外的价值概念界定与分类有利于评估人员对其评估结果性质的认识，便于评估人员在撰写评估报告时更清楚明了地说明其评估结论的确切含义。只有评估人员自己充分认清了自己的评估结果的性质，才可能在评估报告中充分说明这个评估结论。当然，一份结果阐述明确的评估报告才能使客户受益。

市场价值和市场价值以外的价值的分类及概念界定便于评估人员划定其评估结论的适用范围和使用范围。资产评估结论的适用范围与评估目的所要求的评估结论用途是否匹配和适应，是检验资产评估科学性和合理性的首要问题。把评估结论按资产的市场价值和市场价值以外的价值分类，可以从大的方面决定评估结论的适用范围，便于评估人员将其与评估的特定目的相对照。资产评估结论的使用范围关系到评估结论能否被正确使用的问题。评估报告使用人未必都十分了解不同价值类型的评估结论都有其使用范围的限定。限定评估结论的使用范围的责任应由评估人员承担。评估人员应在评估报告中对评估结论的使用范围给予明确的限定。

6.4.2 价值类型对客户及委托方正确使用资产评估报告的指引作用

资产评估作为一种专业中介服务活动，对客户和社会提供的服务是一种专家意见及专业咨询。无论是专家意见还是专业咨询，最重要的是这种意见或咨询能对客户的某些行为起指导作用。应防止和杜绝提交可能造成客户误解、误用或误导的资产评估报告。就一般情况而言，资产评估机构和评估人员主观上并不愿意提交可能会对客户及社会造成误解、误用或误导的资产评估报告。但在资产评估实践中，经常出现评估人员并不十分清楚所做的资产评估结论的性质、适用范围等，以致在资产评估报告中未给予充分说明及使用限定的问题。客户或评估报告使用人中绝大部分都是非专业人员，他们对评估结论的理解和认识基本上只来源于评估报告的内容。资产评估报告中任何概念的模糊或不合理，都会造成客户及社会对评估结论的误解。因此，资产评估结论价值类型的科学分类和解释具有重要的作用。关于资产的市场价值和市场价值以外的价值概念及分类，正是从资产评估结论的合理性指向及其适用范围和使用范围限定方面对资产评估结论进行分类的。因此，这种分类方法符合资产评估服务于客户、服务于社会的内在要求。

一般而言，属于市场价值的资产评估结果既适用于产权变动类业务，又适用于非产权变动类业务。在特定评估时点的公开市场上，资产的市场价值相对于市场整体而言都是合理的，或者是得到整体市场认同的价值。资产的市场价值以外的价值只是一种局部市场认同或只在局部市场范围内是公允合理的价值，即只是对特定的市场主体来说是公平合理的。从大的方面讲，资产评估的市场价值和市场价值以外的价值都是资产公允价值的表现形式，但是两者公允价值的市场范围是有明显差异的。如果评估人员及其评估报告使用人明确了资产评估中市场价值和市场价值以外的价值公平合理的市场范围，那么，他们也就能很容易地把握评估结论的适用范围和使用范围。

6.4.3　价值定义及其类型的合理选择是实现资产评估价值目标的重要手段

从资产评估结论与引起资产评估的经济行为及其要求价值目标的层面上看，资产评估价值定义及其类型的合理选择也应该成为实现资产评估价值目标的重要途径和手段。

资产评估价值目标有一般目标和具体目标之分。资产评估的一般价值目标是评估对象载体相对于各种条件下的公允价值，而特定价值目标则是一般价值目标的具体化，即评估对象载体在特定条件下或具体条件下的公允价值。

公允价值的相对性质主要是指对于某一评估对象载体的具体状态和相对条件而言，不是一个确定不变的值，而是一个相对值。当该评估对象载体处于正常使用及面对正常市场条件下时，有一个与此条件相对应的合理价值。当该资产处于非正常使用及面对特定市场条件下时，也有一个与之相对应的合理价值。当然，这样的排列组合会很多，相应的合理价值也会很多。尽管对这个具体评估对象载体而言，不同条件下的合理评估价值各不相同，但是它们有一个共同的特点，即这些价值相对于它们各自拥有及面对的条件又都是合理和公允的。公允价值与评估条件的相对性和相关性决定了公允价值的相对性质；公允价值的相对性质又决定了公允价值具有抽象性质和高度概括性质。在资产评估实践过程中，为了满足委托方及预期使用人的需要，还必须将抽象的公允价值具体化。

由于具体的资产评估项目的条件都是具体的，各种各样的具体条件决定了资产公允价值的多样性和复杂性。设计、选择并利用科学合理的资产评估价值定义和价值类型对评估人员把握资产评估特定价值目标及特定条件下的公允价值就显得十分重要。市场价值和市场价值以外的价值的分类，以及各价值类型所包含的具体价值定义，不仅仅是根据资产评估目的、基本价值目标等相关条件的被动选择，它们对于实现评估目的，特别是把握资产评估公允价值这个评估基本价值目标具有极其重要的作用。这种作用突出表现在资产评估价值类型的设计上，即将评估价值分为市场价值和市场价值以外的价值两大类。由于市场价值与市场价值以外的价值之间的相对关系，市场价值及其成立条件是这种价值类型分类的基准。确立了市场价值及其成立的条件，就等于明确了市场价值以外的价值及其成立条件。明确了市场价值在资产评估中的作用，也就很容易把握市场价值以外的价值及具体价值形式在资产评估中的作用。这种价值类型分类实际上是把市场价值作为整个评估价值目标体系中的基础，发挥着资产评估公允价值坐标和基本参照的作用。

应该讲，资产评估中的公允价值与市场价值是两个不同层次的概念。资产评估中的公允价值是一个一般层次的概念，它是所有条件下的合理评估结论的价值抽象。资产评估中的市场价值只是对由无特别限制和个别约束的评估特定目的、公开市场条件和资产有效使用等条件组合下的合理评估结论的表达（凡是不满足市场价值成立条件的其他合理评估结论都属于另外一种价值类型——非市场价值）。相对于公允价值而言，市场价值更为具体，条件更为明确，更易于评估人员在实践中把握。市场价值概念的明晰性和可把握性，使得市场价值能够成为资产评估公允价值的坐标和基本参照。市场价值的这种作用和定位源于其自身优越的条件：①市场价值是公开市场条件下的公允价值，公开市场条件容易理解和把握；②市场价值是资产正常使用（最佳使用）状态下的价值，正常使用（最佳使用）也容易理解和把握；③资产评估价值只有两种价值类型，市场价值和市场价值以外的价值，而市场价值类型中只有市场价值一种价值定义，明确了市场价值也就等于明确了市场价值以外的价值；④市场价值是资产评估中最为典型的公允价值，市场价值的准确定位是准确把握市场价值以外的价值的基础，也是准确把握公允价值的基础。由于市场价值自身的特点，包括国际评估准则委员会在内的资产评估界广泛使用市场价值概念，并把资产评估中的市场价值作为衡量资产评估结论公允的基本尺度和基本参照。换一个角度来看，也正是定义了资产评估中的市场价值，才使得较为抽象的资产评估公允价值能够被把握和衡量，公允价值才能够成为可操作的资产评估的基本价值目标。我们之所以反复强调理解和把握资产评估市场价值的重要性，不仅仅因为它是一种重要的价值类型，更重要的是，它是我们认识、把握和衡量资产评估结论公允性的基本参照和坐标。从理论研究的角度来看，人们可以根据不同的标准将资产评估结论划分为若干种价值类型。但是，从有助于评估人员理解和把握资产评估基本价值目标，并很好地实现资产评估价值目标的角度来看，将资产评估结论划分为市场价值和市场价值以外的价值是最有实际意义的。在我国的资产评估准则中将市场价值和市场价值以外的价值作为资产评估的基本价值类型，正是我国评估理论工作者对资产评估运作规律的一种抽象和概括。

资产评估特定价值目标从本质上讲，就是要求评估人员评估特定条件下的资产的公允价值，划分市场价值和市场价值以外的价值两大类型并正确选择价值类型，为很好地实现评估价值目标提供了技术平台。设计了市场价值这个公允价值的坐标，并设计出能够涵盖各种特殊条件下的市场价值以外的价值的具体价值形式和定义，就为实现资产评估具体价值目标提供了目标载体和表达载体。

总之，明确资产评估价值定义，并按市场价值和市场价值以外的价值将评估价值定义分为两大类，旨在为合理有效地实现资产评估价值目标提供目标载体和表达载体。同时，明确资产评估价值定义，并按市场价值和市场价值以外的价值将评估价值定义分为两大类，也为实现资产评估的预期用途，限定评估结论的适用范围和使用范围提供技术指引。因此，明确资产评估价值定义、合理划分资产评估价值类型是资产评估中的重要工作。

本章小结

价值类型理论在资产评估中具有举足轻重的地位和作用，尤其是在市场经济还不很完善的中国。将价值类型理论引入资产评估实践，将指引评估人员更准确地理解资产评估，准确地把握资产评估目标，为合理地实现评估价值目标提供了目标载体和表达载体。同时，价值类型的合理划分也为评估人员提高评估报告披露质量创造了条件和规范，从而对于保证评估报告使用人正确使用评估报告具有重要作用。

主要概念

公允价值　市场价值　投资价值　在用价值

基本训练

思考题

（1）明确资产评估价值合理性指向有什么意义？

（2）价值定义分类的依据和意义是什么？

（3）如何描述市场价值的基本特征？

（4）在资产评估中如何选择评估结论价值类型？

（5）资产评估价值基础是由哪些要素构成的？

第6章参考答案

第7章 资产评估的途径与方法

学习目标

通过本章的学习，学生应当了解和掌握资产评估途径与方法的理论基础、适用条件、应用前提、构成要素、主要经济技术参数、数学表达式和归纳式，以及各种评估途径与方法之间的关系。

7.1 资产评估的途径

一般而言，资产评估方法就是评定估算资产价值的技术手段，是泛指评定估算资产价值所采用的技术思路和技术手段的总和。专业地讲，资产评估方法是指建立在供求均衡价值论、效用价值论和生产费用价值论等资产定价理论基础之上的评定估算资产价值的各种技术思路与实现评估技术思路的技术手段的总和。

7.1.1 资产评估途径的内涵

概括地讲，资产评估途径是指建立在特定资产定价理论基础之上的判断资产价值的技术思路以及实现该评估技术思路的各种评估技术手段的有机集合。目前，最具代表性的资产评估途径主要有3条，它们分别是建立在供求均衡价值论基础上，通过市场参照物比较思路以及实现该思路的各种比较分析技术手段的有机集合——市场途径；建立在效用价值论基础上，通过将利求本思路以及实现该思路的各种折现技术手段的有机集合——收益途径和建立在（劳动价值论）生产费用价值理论基础上，通过有效投入核算（费用支出）思路以及实现该思路的各种分析核算技术手段的有机集合——成本途径。上述三大资产评估途径不仅有各自的理论基础、评估技术思路以及具体评估技术手段，即自成体系，而且它们构成了资产评估方法体系的基本架构。

所谓判断资产价值的技术思路，包含了价值决定理论以及在此基础之上的资产价值评估理念、评估技术路线或路径。因此，资产评估技术思路亦可以理解为评估资产价值的技术理念、路线或路径的结合体。当然，能够成为判断资产价值的技术思路或评估资产价值的技术理念、路线及路径的结合体，就必须符合人们的价值判断取向，必须符合市场价值形成机制及价值决定规律和规则，而且能够被客户及社会公众接受或认同。从理论的层面上讲，判断资产价值的技术思路或评估资产价值的技术理念、路线及路径的结合体，正是以劳动价值论、效用价值论、生产费用价值论和供求均衡价值论等价值决定理论为基础形成的，也是市场供求原理、替代原理、竞争原理、效用原理，以及投入产出原理等在资产价值评估方面的具体体现。由于劳动价值论、效用价值论、生产费用价值论和供求均衡价值论等价值决定理论，以及市场供求原理、替代原理、竞争原理、效用原理和投入产出原理是大家所熟悉和认同的理念和理论。因此，建立在劳动价值论、效用价值论、生产费用价值论和供求均衡价值论等价值决定理论，以及市场供求原理、替代原理、竞争原理、效用原理和投入产出原理等基础上的资产评估技术思路自然也就能够被人们所接受和理解。由于劳动价值论、效用价值论、生产费用价值论和供求均衡价值论等价值决定理论从不同的角度、价值形成渠道及其影响因素来考虑和判断价值，对于特定标的物的价值而言，这些价值决定理论所代表的价值审视视角、价值形成渠道及其价值影响因素等存在着某种替代关系。以这些价值决定理论为基础形成的评估途径也存在着相互替代关系。从本质上讲，资产评估技术思路就是市场定价原理和市场规则在资产价值评估手段中的集中体现。

实现评估技术思路的技术手段是资产评估中的具体评估工具和手段。仅就实现资产评估技术思路的具体技术手段本身来讲，它并不是资产评估所独有的。资产评估中的许多种技术手段其实都是利用或借用了工程技术、经济核算、经济学、统计学、金融学、会计学等其他学科或领域中的技术方法。这些被借用或利用的技术方法之所以成为评估的技术手段，并与评估技术思路组合成一整套资产评估的方法体系，一方面，因为资产评估使用的技术手段和方法与其他学科或专业使用的技术手段和方法具有相通性，如资产使用价值的鉴定方法、资产投入或耗费的核算方法、资产价值的因素分析方法等；另一方面，资产评估在借用或利用其他学科中的技术方法的过程中，并不是照抄照搬的机械运用方式，而是按照资产评估运作的内在要求，用资产评估的技术理念、思路等将可利用的（包括了其他学科的技术方法在内的）各种技术手段和方法加以整合、重组、改造和应用，从而成为了实现资产评估技术思路具体评估工具和手段。

资产评估中的具体评估手段是实现评估技术思路的工具和具体方法。资产评估具体方法在种类及数量方面具有多样性的特点，涉及几乎所有的学科和领域。换一个角度来看，资产评估利用了许多其他学科、领域和专业的，被社会和公众认同的逻辑分析、计算、计价、估值的方法，并通过不同的资产评估技术思路将这些逻辑分析、计算、计价、估值的方法加以重组。它们共同构成了资产评估方法体系。从这些具体的逻辑分析、计算、计价、估值方法的角度看，这些具体技术方法本身又具有可以为多种评估技术思路服务的特点，很多具体技术方法并不从属于某个或某条特定的评估技术思路。它们可以成为实现多条评估技术思路的工具和手段。当那些被社会和公众认同的逻辑分析、计算、计价、估值的方法按照某种评估技术思路运作，或者成为实现某种评估技术思路的工具和手段，就形成了丰富多彩和数量众多的资产评估具体技术方法。所以说，虽然资产评估途径主要有三条，但资产评估具体技术方法却有许许多多。我们可以把资产评估具体技术方法理解为从不同角度、方面实现评估技术思路的工具和手段。

7.1.2 资产评估途径及其方法与市场的关系

资产评估是一种价值（价格属性）的判断活动，而价格只能在市场中产生。因此，从实践的层面上讲，资产评估是以各种价值（格）决定理论为基础的模拟市场定价的一种经济行为或活动。前面已经提及，资产评估中的市场途径、收益途径和成本途径是建立在劳动价值论、效用价值论、生产费用价值论和供求均衡价值论等价值决定理论，以及市场供求原理、替代原理、竞争原理、效用原理和投入产出原理等基础上的资产评估技术思路与实现这些评估技术思路的具体评估技术方法的结合体。从另外一个角度来看，资产评估途径实际上也是人们模拟市场定价机理和规则所设计出来的若干资产价值评估基本模型。很显然，市场与资产评估途径之间是本质与形式、模特与素描的关系。资产评估活动本身以及资产评估途径和技术方法应用等都不能脱离市场，包括商品市场、要素市场和资本市场。不同的资产评估途径以不同价值决定理论为依据，在运用于不同的评估对象载体的估值过程中可能会模拟不同的市场或倚重某个市场的定价规则。熟悉商品市场、要素市场和资本市场各自的定价机制和基本规律，以及商品市场、要素市场和资本市场之间的传导机制及其相互联系，将会对资产评估途径及其技术方法的认识、理解和运用具有极大的帮助。对资产评估途径与技术方法的理解不能仅仅基于价值决定理论的视角，还必须从市场的角度把握。价值（格）决定理论更多地提供了估值的视角、路径和影响因素，而市场则提供了现实可具体操作的丰富的模拟对象或参考对象。虽然各种评估途径及其技术方法具有替代关系和关联关系，但每种评估途径及其技术方法的应用还必须借助于相关市场。虽然各类市场具有共同的定价机理可以遵循，但各类市场又存在着各自独特的定价特点和规律。因此，熟悉市场和了解市场不仅要熟悉和了解一般的市场定价机理和规律，还包括对不同市场的定价特点和规律的熟悉和把握。从大的方面讲，资产评估途径主要有三条，而具体的评估技术方法却有很多种。当评估专业人员运用某一个评估途径或某一种具体的评估技术方法的时候，可能会主要依托或模拟某一个市场或几个市场。当评估专业人员运用多种评估途径及多种具体评估技术方法的时候，所要依托或模拟的市场可能会相同也可能不同。当评估专业人员运用多种评估途径及多种具体评估技术方法评估同一评估对象并且要对多种初步评估结论进行相互对比并给出最终评估结论的时候，评估专业人员对评估所依托或模拟的不同市场各自的定价规则以及市场间的传导状况与联系的具体内容的熟悉和掌握至关重要。在某些情况下，评估专业人员运用多种评估途径及多种具体评估技术方法评估同一评估对象，因评估依据的各类市场之间存在着正常传导机制，运用多种评估途径与方法得出的多个初步评估结论应该会落在一个可接受的合理的值域区间之内。在另外一些情况下，评估专业人员运用多种评估途径及多种具体评估技术方法评估同一评估对象，由于依据的各类市场之间的正常传导机制发育不足或传导受阻，运用多种评估途径与方法得出的多个初步评估结论可能会有较大的偏差，并有可能超出人们能够接受的合理的值域区间。对于前一种情况，由于多种评估途径和评估方法得出的多个初步评估结论相互接近并可比，评估专业人员可以根据评估目的等相关条件选择其中某一评估途径和评估方法的初步评估结论作为最终的评估结论，也并不排除以多个初步评估结论的加权平均值或算术平均值等作为评估的最终结论。对于后一种情况，评估专业人员则需要考虑不同市场之间的差异对不同评估途径及其技术方法初步评估结论的影响，并考虑是否有条件和能力对这种影响做出切实合理的调整。对于有条件并有能力剔除不同市场差异等对评估途径及其技术方法运用的影响，并能对不同初步评估结论做出相应调整的，评估最终结论的确定可以比照前一种情况的处理方式。如果无法剔除各类市场差异等对评估途径及其技术方法运用的影响，并难以对不同初步评估结论做出合理调整，评估专业人员就需要对不同的初步评估结论进行分析，然后确定一个合适的评估结论作为最终的评估结论。

作为评估途径及其技术方法理论基础的各种价值决定理论之间的可验证性和某种替代性，构成了评估途径及其评估技术方法之间具有替代性的理论基础。作为资产评估模拟的市场的整体有效性以及不同细分市场间的可传导和关联性等，构成了资产评估途径及其技术方法之间可替代性的市场条件基础。关注评估途径和具体的技术方法是否在一个正常有效的市场环境下应用，关注不同评估途径及其技术方法的应用与模拟的市场是否具有传导性、可比性和可验证性至关重要。需要强调，市场与资产评估途径及其技术方法之间具有某种近似于模特与素描的关系。不能脱离市场孤立地运用评估途径及其技术方法，离开了市场及市场规律的资产评估途径和方法充其量只是一堆数学模型或数字游戏工具。当然，资产评估途径与方法毕竟是人们对市场及市场规律认识的一种升华。它源于市场及市场规则，而又有自身的特点和运作规则。资产评估途径与方法并不完全是现实市场定价机制的翻拍工具。资产评估途径与方法体系的设计是建立在理性市场条件或相对规范市场条件的基础上，并融入了人们对市场规律的认识。也就是说，资产评估途径是对理性市场价格形成机制的模拟，提供了理性的价值分析和判断的技术思路和平台。资产评估途径与方法源于市场定价机理，但不是对现实市场价格形成机制的机械复制。资产评估途径与方法需要大量应用数学模型、价值分析模型和计算公式，但又不是数学模型、价值分析模型和计算公式的简单堆积。正确认识资产评估途径与市场的关系，正确认识资产评估途径是价值判断的分析工具，是评估人员恰当运用评估技术的关键。

7.1.3 市场结构及有效性对评估的影响

资产评估途径与方法是人们对市场及市场规律认识的一种总结和概括，并有自身的特点和运作规则。可以说，资产评估途径是对理性市场价格形成机制的模拟，提供了理性的价值分析和判断的技术思路和平台。但是，资产评估途径与方法的运用并不能脱离现实市场。现实市场结构、市场有效性程度等条件都会对评估途径与方法的运用产生重要的影响。熟悉现实市场结构和市场有效性程度，对于恰当运用评估途径与方法合理判断资产价值意义也很重大。在评估实践中，评估途径及评估方法的选择在很大的程度上取决于各种评估途径及其方法所依赖的数据资料的数量、真实性及可靠性，而不同的评估途径及其方法所依据的数据资料又与市场结构或细分市场相关。比如，从市场结构角度，市场可以划分为正常交易市场、租赁市场、抵押市场和拍卖市场等；从市场类型的角度，市场又可以划分为资本市场、要素市场和商品市场等；从市场交易级次结构的角度，市场又可以划分为一级市场和二级市场等。从市场结构的方面讲，市场途径及其方法所依据的数据资料更多地源于交易市场，收益途径及其方法所依据的数据资料更多地源于租赁市场，而成本途径及其方法所依据的数据资料更多地源于交易市场及建造市场。从市场类型的角度来看，市场途径及其方法所依据的数据资料可以源于资本市场、要素市场和商品市场，收益途径及其方法所依据的数据资料可以源于资本市场、要素市场和商品市场，而成本途径及其方法所依据的数据资料更多地源于要素市场及商品市场。不同市场间的替代关系与传导关系以及由此种关系决定的各个市场数据资料之间的内在联系，构成了资产评估各种评估途径及其方法有效使用的现实基础。

对于不同市场间是否存在替代关系与传导关系，以及由此种关系决定的各个市场数据资料之间是否存在内在联系的判断标准就是市场的有效性及其程度。

市场有效假说是尤金·法玛在1970年提出的，是关于证券市场价格与其反映的信息程度关系的理论和假说。市场有效假说有3个要点或基本前提：①市场上每一个投资者都是理性的经济人，他们谨慎地在风险与收益中平衡；②股票的市场价格反映理性经济人的供求平衡，即认为股票被高估和被低估的人数相等，不存在套利的机会；③股票的市场价格能够反映所有的信息，即“信息有效”。

市场有效假说将市场有效程度划分为三种，强式有效、半强式有效和弱式有效。

强式有效市场是指股票的市场价格反映了所有可获得的信息，包括已经公开的信息和尚未公开的信息。

半强式有效市场是指股票的市场价格反映了所有已经公开的信息。

弱式有效市场是指股票的市场价格只反映了历史的信息。

资产评估理论体系和方法体系都是建立在市场有效假设基础之上的，即假设参与市场的投资者有足够的理性，能够迅速对所有市场信息做出合理反应，所有信息都会很快被市场参与者领悟并立刻反映到市场价格之中。

行为金融学认为，有效市场只是理论上的一种极端的情形，在现实环境中这种情形不可能存在。行为金融学对有效市场的否定基于两个基本理论：第一是有限套利理论，即在现实的金融市场中，套利的行为不可能完全实现。有限套利理论也解释了为什么在非理性投资者的行为影响下市场不会始终保持在有效状态。第二是投资者情绪理论。该理论是探讨投资者在证券买卖时是如何形成投资理念以及如何对证券投资价值进行判断的。投资者情绪理论（非理性不相关）否定了有效市场假说的核心。

我国现实市场正处于转型当中，市场的有效程度与资产评估理论体系和方法体系建立时的有效市场假说以及评估实践活动发达的市场经济国家还有较大的差距。因此，在我国现实市场条件下运用各种评估途径及其方法进行估值可能会遇到发达的市场经济国家并未有过的困难，需要我们不断地总结经验教训，摸索出适合我国市场条件和环境的评估技术应用规律。

7.2　资产评估中常用的逻辑分析方法

资产评估途径与方法作为理性的价值分析和判断的技术工具和手段，利用和借用了大量的逻辑分析方法。熟悉和掌握这些逻辑分析方法对于熟悉和掌握资产评估途径与方法十分重要。资产评估中常用的逻辑分析方法主要有：比较、分析与综合、推理等。

7.2.1　比较

比较就是对照各个事物，以确定其间差异点和共同点的逻辑方法。事物间的差异性和同一性是进行比较的客观基础。比较是人类认识客观事物、提示客观事物发展变化规律的一种基本方法。在资产评估中，比较分析法是一种应用十分广泛的方法，如市场途径及其方法就是一类通过比较分析确定资产价值的方法。通过对不同来源的信息应用比较分析，还可鉴定其可靠性和准确性。

比较通常有时间上的比较和空间上的比较两种类型。时间上的比较是一种纵向比较，即将同一事物在不同时期的某一（或某些）指标，如资产的性能、成本等进行对比，以动态地认识和把握该事物发展变化的历史、现状和趋势。空间上的比较是一种横向比较，即将某一时期不同国家、不同地区、不同企业的同类事物进行对比，找出差距，判明优劣。在实际评估中，时间上和空间上的比较往往是相互结合的。在比较时，要注意以下几点：

（1）要注意可比性

所谓可比性，是指进行比较的各个对象必须具有共同的基础。它包括时间上的可比性、空间上的可比性和内容上的可比性。时间上的可比性是指所比较的对象应当是同期的。空间上的可比性是指在比较时要注意国家、地区、行业等的差异。内容的可比性是指在比较时要注意所比较的对象内容范畴的一致性。

（2）要注意比较方式的选择

不同的比较方式会产生不同的结果，并可用于不同的目的。例如：时间上的比较可反映某一事物的动态变化趋势，可用于预测未来；空间上的比较可找到不同比较对象之间的水平和差距。

（3）要注意比较内容的深度

在比较时，应注意不要被所比较的对象的表面现象所迷惑，而应该了解决定其价值的本质特征。

7.2.2 分析与综合

1）分析

分析就是把客观事物整体按照研究目的的需要分解为各个要素及其关系，并根据事物之间或事物内部各要素之间的特定关系，进行由此及彼、由表及里的研究，以正确认识事物的一种逻辑方法。在分析某一事物时，常常要将事物分解为各个要素。只有通过分解，才能找到这些要素，并通过研究找出这些要素中影响客观事物发展变化的主要要素或关键要素。例如，对不同行业的企业，有些行业的企业业绩受技术进步的影响较大，而有些行业的企业业绩受营销能力影响较大。分析的基本步骤如下：

第一步，明确分析的目的。

第二步，将事物整体分解为若干个相对独立的要素。

第三步，分别考察和研究各个事物以及构成事物整体的各个要素的特点。

第四步，探明各个事物以及构成事物整体的各个要素之间的相互关系，进而研究这些关系的性质、表现形式、在事物发展变化中的地位和作用等。

在实际评估中，事物之间以及构成事物整体的各要素之间的关系是错综复杂、形式多样的，如因果关系、表象和本质关系等。

（1）因果分析

因果关系是客观事物各种现象之间的一种普遍的联系形式。引起某种现象出现的现象就是原因，由于原因的作用而产生的现象就是结果，即只要某一现象出现，另一现象必定会接着出现，我们就认为这两个现象具备因果关系。其中，先行现象称为原因，后续现象称为结果。从客观事物的这种因果关系出发，由原因推导出结果，或者由结果探究出原因的分析方法，就是因果分析。通过因果分析，可以找出事物发展变化的原因，认识和把握事物发展的规律和方向。

（2）表象和本质分析

表象和本质是揭示客观事物的外部表现和内部联系之间相互关系的一对范畴。表象是事物的表面特征以及这些特征之间的外部联系。本质是事物的根本性质，是构成一个事物的各种必不可少的要素的内在联系。由于本质是通过表象以某种方式表现出来的，因此，两者之间存在着一定的关系。利用事物的表象和本质之间的这种关系进行分析的方法，就是表象和本质分析。利用表象和本质分析，可达到由表及里、透过事物表象把握其本质的目的。

（3）相关分析

客观事物之间除了因果关系、表象与本质关系外，还存在着许多其他相关关系，如科技与经济发展、市场供给与需求、市场风险与收益、股票价格与业绩等。在资产评估中，需要对收集的资料作相关性分析，从而找出影响研究目标的主要因素。

（4）典型分析

典型分析是对一个或几个具有代表性的典型事例，就其核心问题进行深入分析和研究的方法。这种方法涉及面不宽，但能使人们深入了解同类事物的性质与发展趋势。在资产评估中，如果涉及的类似目标资产数量较大，可采用典型分析法，既能准确把握其物性，又能节约时间。

2）综合

综合是同分析相对立的一种方法。它是指人们在思维过程中将与研究对象有关的众多片面分散的各个要素联系起来考虑，以从错综复杂的现象中探索它们之间的相互关系，从整体的角度把握事物的本质和规律的一种逻辑方法。

综合把对研究对象的各个要素之间的认识统一为整体的认识，从而把握事物的本质和规律。它是按照各个要素在研究对象内部的有机联系从总体上去把握事物。综合的基本步骤如下：

第一步，明确综合的目的。

第二步，把握被分析出来的研究对象的各个要素。

第三步，确定各个要素的有机联系形式。

第四步，从事物整体的角度把握事物的本质和规律，从而获得新的认识结论。

在资产评估中，综合分析是一种行之有效的方法。它将各种来源、内容各异的分散信息按特定的目的汇集、整理、归纳和提炼，从而形成系统全面的认识。例如，影响一项资产价值的因素多种多样，评估人员通常需要收集大量的关于目标资产的信息资料，包括它的技术性能、市场前景、相关技术发展状况、所属企业经营历史与现状等。评估人员需要对这些大量的信息资料做出综合的考虑，才能准确把握目标资产的价值。

7.2.3 推理

推理是由一个或几个已知的判断推出一个新判断的思维形式。具体来讲，就是在掌握一定的已知事实、数据或因素相关性的基础上，通过因果关系或其他相关关系顺次、逐步地推论，最终得出新结论的一种逻辑方法。任何推理都包含三个要素：一是前提，即推理所依据的一个或几个判断；二是结论，即由已知判断推出的新判断；三是推理过程，即由前提到结论的逻辑关系形式。在推理时，要想获得正确的结论，必须注意两点：一是推理的前提必须是准确无误的，二是推理的过程必须是合乎逻辑思维规律的。推理是一种重要的逻辑方法，在信息分析与预测中具有广泛的应用。例如，通过对某些已知事实或数据及其相关性的严密推理，可以获得一些未知的事实或数据，如科技发展的动向、技术优势和缺陷、市场机会和威胁等；通过对科技、技术经济、市场等的历史、现状的逐步推理，可以顺势推测出其未来发展的趋势。常用的推理方法有以下两种：

1）演绎推理

演绎推理是借助于一个共同的概念把两个直言判断联系起来，从而推出一个新结论的过程。演绎推理是由一般到个别的推理方法，它以普遍性的事实或数据为前提，通过一定程式的严密推论，最后得出新的、个别的结论。因而，这是一种典型的必然性推理。这种推理只要前提准确无误，推理过程严格合乎逻辑，所推出的结论必然是正确的和可信的。

2）归纳推理

归纳推理是由个别到一般的推理，即由关于特殊对象的知识得出一般性的知识。例如，简单枚举推理就是通过简单枚举某类事物的部分对象的某种情况，在枚举中又没有遇到与此相矛盾的情况，从而得出这类事物的所有对象具有此种情况的归纳推理。在信息分析与预测中，简单枚举推理是常见的一种推理形式。

简单枚举归纳推理是一种或然性推理，推理形式的正确性并不一定能保证由真的前提得出真的结论，它只能肯定由真的前提得出的结论有一定程度的可靠性。在运用这种推理形式时，要注意不能有矛盾的情况。

7.3 资产评估可以借鉴和参考的资产定价方法

说到底，资产评估是一种价值判断活动，需要对评估对象的价值进行量化。对于资产评估对象基本载体的资产，各行各业都有一些较为成熟的定价方法和规则，例如会计、统计、工程造价、金融等行业的资产定价方法等等。这些较为成熟的定价方法和规则可供资产评估借鉴和参考。

7.3.1 会计定价法

传统会计的资产计价或核定价值方法通常采用要素核算法。要素核算法的基本特征是根据资产的计量属性及价值构成要素采用累加的方式确定资产价值。以企业的固定资产和无形资产为例进行说明。

1）固定资产定价

（1）按历史成本计价的要素核算法

固定资产按历史成本核算价值，是指将过去某一时点购买或建造某项固定资产达到预定可使用状态前所发生的一切合理的和必要的支出累加作为该固定资产的价值。

（2）按重置成本计价的要素核算法

固定资产按重置成本核算价值，是指将现在时点购买建造某项固定资产达到预定可使用状态前所发生的一切合理的和必要的支出累加作为该固定资产的价值。

2）无形资产价值的要素核算法

外购无形资产按照要素核算法计价，是指将包括购买价款、相关税费以及直接归属于使该项资产达到预定用途所发生的其他费用支出累加起来作为该无形资产的价值。

自行开发的无形资产按照要素核算法计价，是指在满足会计准则规定的前提下，将包括自研发至达到预定用途所发生的各项必要支出累加起来作为该无形资产的价值。

要素核算法有一个明显特征，那就是细节分析、逐项核算和费用累加，这种细节分析、逐项核算和费用累加的方式至少在资产评估成本途径中的某些具体技术方法中可以参考和利用。

当然，会计资产计价方法也在发生变化，特别是在引入公允价值计量属性和估值技术等新的会计资产计价方法的情况下，资产评估方式方法与会计资产计价方法之间具有了更大的借鉴空间。

7.3.2 统计定价法

资产定价中的统计方法是泛指利用统计学原理估算资产价值的一系列方法的总称，包括数理统计评价法、点面推算法、价格指数法等。

1）数理统计评价法

数理统计评价法又称模拟方法。传统的模拟方法就是重复随机抽样。蒙特卡罗是典型的模拟方法。该模型首先要建立一个投资计划模型，描述不同的变量之间和相同变量不同阶段之间的相互依赖关系；其次，进行敏感性分析，确定重要变量并精确预测其分布；再次，在确定每一个重要基本变量的概率分布的基础上进行随机抽样，利用模型计算出每一个时期的现金流和净现值。然后重复以上过程，直到获得足够多的随机抽样，得到现金流和净现值的概率分布以及期望值、标准方差等，最后评估出标的物价值。

2）点面推算法

这是一种利用统计学原理估算资产价值的一种方法，一般用于同类较大批量资产价值的估算。其步骤如下：

① 把全部资产按有关规定或一定规则划分为若干类别；

② 在各类资产中抽样选择代表性资产，估算其价值（重置成本）；

③ 依据代表性资产的价值（重置成本）与其账面价值计算出分类资产的调整系数K；

④ 利用分类资产的调整系数K与某类被评估资产的账面价值推算某类被评估资产的价值（重置成本）。

3）价格指数法

价格指数法是以标的物的历史成交价格为基础，考虑标的物的成交时间与评估基准日之间的时间间隔对标的物价值的影响，利用价格指数将估算标的物的历史价值（通常表现为账面价值）调整为评估价值的方法。其数学表达式为：

$$\text{标的物价值}=\text{标的物的历史价值}\times(1+\text{价格变动指数}) \tag{7-1}$$

7.3.3 工程项目定价法

工程项目定价法是泛指利用项目预算及工程预算表示投资项目、建筑工程等价值的方法总称。以建筑工程为例，建筑工程的计价方法有单价法、实物法和工程量清单计价法等。

1）单价法编制施工图预算

（1）计算公式

用单价法编制施工图预算的计算公式为：

$$\frac{\text{单位工程预算}}{\text{直接工程费}}=[\sum(\text{工程量}\times\text{预算综合单价})]\times(1+\text{其他直接费率}) \tag{7-2}$$

（2）计算步骤

计算步骤如下：计算工程量→套用预算综合单价（预算定额基价）→编制工料分析表→计算其他费用、利税并汇总造价。

（3）特点

单价法编制施工图预算，根据统一的工程量计算规则计算工程量，套用各地区、各部门统一编制的综合单价，其特点是工作量小、计算简单，但在市场价格波动较大的情况下，采用单价法计算的结果会偏离实际水平，造成误差，往往需要利用一些系数或价差弥补。

2）实物法编制施工图预算

（1）计算公式

实物法编制施工图预算的主要公式为：

$$\text{单位工程预算直接工程费}=\left[\sum\left(\text{工程量}\times\text{材料预算定额用量}\times\text{当时当地材料预算价格}\right)+\sum\left(\text{工程量}\times\text{人工预算定额用量}\times\text{当时当地人工工资单价}\right)+\sum\left(\text{工程量}\times\text{施工机械台班预算定额用量}\times\text{当时当地机械台班单价}\right)\right]\times\left(1+\text{其他直接费率}\right) \tag{7-3}$$

（2）计算步骤

计算步骤如下：计算工程量→套用预算材料、人工、机械台班定额→统计汇总单位工程所需的各类材料消耗量、人工消耗量、机械台班消耗量→根据当时、当地材料、人工工资和机械台班单价，汇总材料费、人工费和机械使用费→计算其他各项费用，汇总工程造价。

（3）特点

采用实物法编制施工图预算，由于所用的材料、人工工资和机械台班的单价都是当时当地的实际价格，所以编制出的预算能比较准确地反映实际水平，误差较小。但是，由于采用这种方法需要统计材料、人工、机械台班消耗量，还需要收集相应的实际价格，如果市场信息少，市场价格就难以准确掌握，因而工作量较大，计算过程烦琐。

3）工程量清单计价法

（1）计算公式

工程量清单计价法的公式为：

$$\text{总报价}=\sum(\text{工程量}\times\text{综合单价})+\text{开办费用} \tag{7-4}$$

（2）计算步骤

计算步骤如下：计算工程量→提供分项目名称的实物工程量清单→计算综合单价→计算开办项目费用→汇总工程造价。

（3）特点

工程量清单计价法需要有统一的项目划分，统一的工程量计算规则和清单。承包商可以根据工程特点、自身条件、市场价格确定综合单价，自主报价。采用这种方法，工程投标单位不需要计算工程量，工作量小，可以集中精力搞好施工组织设计和市场询价，但是目前还没有适用于工程量清单的工程消耗量定额。

7.3.4　金融资产定价法

金融资产定价广泛应用现行市价法和期权法。

1）现行市价法

现行市价法亦称现价法，是泛指按照标的物现行市场价格或参照与标的物基本相同的参照物的市场价格评估标的物价值的各种方法。现行市价可以是标的物的实际成交价格、标的物在活跃市场上的交易价格、标的物有法律约束力的交易价格以及可比参照物的市场价格等。

2）期权法

期权，又称选择权，是指其持有者能在规定的期限内按交易双方商定的价格购买或出售一定数量的某种特定商品的权利。期权思想最早产生在金融领域。以金融资产为标的资产，称为金融期权。1974年默顿提出可将公司股权看作一个看涨期权，据此分析公司贷款的风险，开始将期权理论运用于价值评估。

7.3.5 资本资产定价法

资本资产定价广泛应用现金流量折现法、实物期权法和EVA法等。

1）现金流量折现法

现金流量折现法是将评估对象剩余寿命期间每年（或每月）的预期现金流量（或收益），用适当的折现率折现后累加得出评估对象价值的各种方法。现金流量折现法广泛应用于金融资产、企业、投资项目以及无形资产等的定价。

根据现金流量折现的定义，资本资产的价值就是期望现金流量的现值，其基本模型为：

$$V = \sum_{t=1}^{n} \frac{CF_t}{(1+r)^t} \tag{7-5}$$

式中：V——评估基期的资产价值；CF_t——资产第t期预期现金流入量；r——现金流量风险的折现率；n——资产的存续期间。

从公式（7-5）来看，现金流量折现方法的核心思想是：资产价值是其未来期望现金流量按照一定折现率折现的现值。其中，现金流量因所估价资产的不同而异。对股票而言，现金流是红利；对债券而言，现金流是利息和本金；对于一个实体项目而言，现金流是税后现金流。折现率取决于所预测现金流的风险程度。资产风险越高，折现率就越高；反之，折现率就越低。

2）实物期权法

1977年，斯图尔特·迈尔斯（Stewart Myers）首次提出把投资机会看作“增长期权”的思想，认为管理柔性和金融期权具有一些相同的特点，如对一项实物资产的看涨期权就是赋予企业一种支付约定的价格获取基础资产的权利。同时，看跌期权就是赋予企业出卖一项资产而获得约定价格的权利。他指出一个投资方案产生的现金流量所创造的利润，来自对目前所拥有资产的使用，再加上一个对未来投资机会的选择。也就是说，企业可以取得一个权利，在未来以一定价格取得或出售一项实物资产或投资计划，所以实物资产的投资可以应用类似评估一般期权的方式来进行评估。同时，又因为其标的物为实物资产，故将此性质的期权称为实物期权。

实物期权模型可以分成两大类：离散时间模型和连续时间模型。离散时间模型包括二叉树期权定价等模型，而连续时间模型则包括普通公式类、随机微分方程以及蒙特卡罗等模型。离散时间模型中具有代表性的就是二叉树期权定价模型，而连续时间模型则以B-S（Black-Scholes）期权定价模型比较具有代表性。

（1）二叉树期权定价模型

二叉树期权定价模型假设标的资产的价值运动是时间离散的，以对标的资产价值变化的一种简单描述为基础，认为标的资产价值的运动是由大量小幅度二值运动构成的，建立相应的标的价值变化树形图。通过树形图的倒推，计算期权的价值。假设标的资产的当前价值用A表示，下一期标的资产的价值上升到Au的概率为p，下降到Ad的概率为（1-p），如图7-1所示。

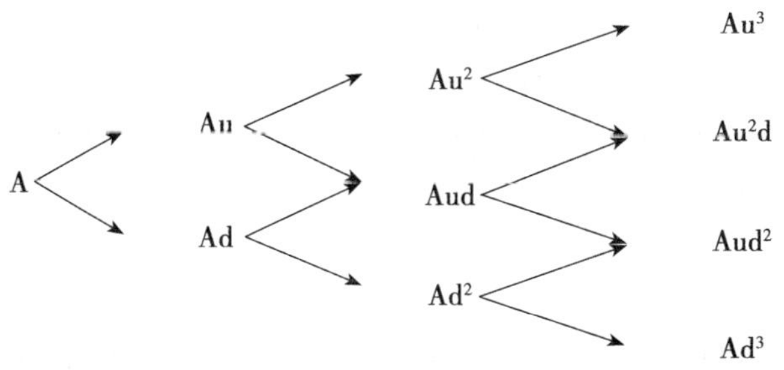

图7-1　二叉树网络图

简化为单时期可得二项式期权定价公式：

$$f=e^{-rT}\left[pf_u+(1-p)f_d\right] \quad (7-6)$$

其中：

$$p=\frac{e^{rT}-d}{n-d}，0<p<1$$

即：

$$d<e^{rT}<u$$

式中：f——期权（看涨或看跌）的价值；f_u——股价上涨时期权的收益；f_d——股价下跌时期权的收益；u——上涨后的股价是原股价的倍数；d——下跌后的股价是原股价的倍数；r——无风险利率；T——期权到期期限。

（2）B-S期权定价模型

布莱克-斯科尔斯期权定价模型（Black-Scholes Option Pricing Model，BSOPM）是二叉树期权定价模型的一种特例。它是在n期定价模型中，当n→∞时的一种极限情形，借助于正态分布，减少了所需要的信息量和计算量。

B-S期权定价公式如下：

$$C=SN(d_1)-Xe^{-rT}N(d_2) \quad (7-7)$$

其中：

$$d_1=\frac{\ln(S/X)+(r+\sigma^2/2)T}{\sigma\sqrt{T}}$$

$$d_2=d_1-\sigma\sqrt{T}$$

式中：C——欧式的看涨期权价格；S——标的资产的市场价值；X——执行价格；σ——股票连续复利的年收益标准差；r——无风险利率；T——期权到期期限；N（d）——标准正态分布小于d的概率；N（d_1）——期权将会具有实际价值，

用实值程度调整的，与未来股票价格期望值相关的概率；N（d_2）——在风险中性世界中，某将来时刻的标的资产市场价值大于执行价格的概率，或欧式看涨期权被执行的概率。

3）EVA法

EVA反映了企业税后净经营收益扣除债务资本成本和权益资本成本后的收益，是真正的“经济利润”，真正反映了经营者努力创造的价值。EVA不是简单地在原有的会计利润基础上减去一个资本成本，它是一套企业管理评价方法及其体系。

EVA价值评估模型是以经济增加值为基础来进行企业价值评估的一种方法。这个模型说明，企业的价值等于投入的资本加上与每年创造的价值的现值相等的溢价。EVA价值评估模型认为，企业价值等于投入资本额加上与未来经济增加值现值相等的溢价或折扣，即：

企业价值=投入资本+未来经济增加值现值

其逻辑是，公司每个期间所获得的利润如果正好与加权平均资本成本相等，那么预计自由现金流量的现值正好等于投入资本。企业价值正好等于最初的投资，相对于投入资本的变化幅度仅仅相当于它相对于加权平均资本成本的变化幅度。因此，相对于投入资本的溢价或折扣也必然等于未来经济增加值的现值，即：

$$\begin{aligned} EVA &= NOPAT - WACC \times Capital \\ &= (RONA - WACC) \times Capital \\ &= (Revenues - Operation\ Cost) - Taxes - Capital \times WACC \end{aligned}$$

式中：NOPAT——税后净营业利润；RONA——净资产收益率；Revenues——业务收入；Operation Cost——营运成本；Taxes——税金；WACC——加权平均资本成本（Weighted Average Cost of Capital）；Capital——实收资本。

7.3.6 其他方法

资产评价方法及价值评估方法还有许多，以上介绍的只是其中的一部分。其实，不同的行业、领域以及不同的学科等都有相对独立的资产定价方法和估值方法，例如房地产开发企业广泛应用的假设开发法、企业商誉评估中的剩余法等。由于篇幅所限，这里就不再展开介绍了。

7.4 评估途径及方法的选择

7.4.1 评估途径之间的关系

资产评估的市场途径、收益途径和成本途径，以及由以上三种基本评估途径衍生出来的其他评估方法共同构成了资产评估的方法体系。资产评估途径依托的理论基础和资产评估模拟市场的专业性质决定了构成资产评估方法体系的各种评估途径及方法之间存在着内在联系和替代关系。而各种评估途径依据各自的理论基础并自成一体以及依托的市场各有侧重等，又说明资产评估三大途径各有特点并彼此独立。正确认识资产评估途径之间的内在联系与区别以及各自的特点，对于恰当地选择评估途径和方法、高效地进行资产评估是十分重要的。

《国际评估准则》在论及资产评估基本方法（评估途径）的应用时明确指出，成本法（途径）、市场法（途径）和收益法（途径）是资产评估中最常用的三种基本评估方法（途径）。无论评估资产的市场价值还是非市场价值，评估师都需要根据项目具体情况恰当选择评估方法（途径）。在选择评估方法（途径）时，评估师应当考虑三种基本评估方法（途径）在具体项目中的适用性；采用多种评估方法（途径）时，应当分析、调整运用多种评估方法（途径）得出的评估结论，确定最终评估结果。

成本法（途径）、市场法（途径）和收益法（途径）作为资产评估的三大基本方法（途径），反映了三种评估思路。每种评估方法（途径）又包括一些具体的运用方法。评估师在进行某项评估业务时，应当根据其经验和知识、当地的评估准则要求、市场要求、数据的可获得程度等综合因素，选取适宜的评估方法（途径）。

对于不动产、动产、企业价值、金融资产等各种资产类型的评估项目而言，三种评估方法（途径）都是适用的。但是，不同类型的资产评估项目所获得的相关信息资料是不同的，分别反映了各类型资产在其相应市场上的特点。评估师应当收集、分析能够合理反映被评估资产价值的数据资料，在选取评估方法（途径）时应当充分考虑资料的可获得程度。

评估资产的市场价值时，如果评估方法（途径）运用得当，则所有评估市场价值的方法、技术和程序都会得出符合市场价值基本定义的评估结果。采用市场法（途径）进行评估时须根据市场观察得出结果；采用成本法（途径）确定建筑成本和损耗时，须根据对成本和应计损耗的市场化分析进行判断；采用收益法（途径）时须以市场认可的现金流和市场确定的回报率为基础。虽然需要根据数据的可获得程度以及与市场或资产本身相关的条件决定哪种评估方法最适用，但如果每种评估方法（途径）都是以市场数据为基础的，那么采用以上任何评估方法（途径）都可以评估出资产的市场价值。

1）资产评估途径及方法之间的联系

从理论上讲，资产评估途径之间的联系首先源于各种评估途径与方法得以形成的相关理论基础之间的联系。生产费用价值论、效用价值论和供求均衡价值论实际上从不同角度来阐释价值组成和价值决定，假设市场有效、市场资源配置功能健全、理性经济人普遍存在，供求均衡就可以经常实现。在这样的理论假设前提下，依据各种价值决定理论建立起来的评估途径都从不同的角度反映价值，它们只发挥反映、衡量评估对象载体价值工具的作用。也就是说，评估途径及其具体技术方法只反映评估对象价值而不决定评估对象价值。当评估对象及评估范围一致、评估目的一致、评估的内外部条件一致，评估途径和评估技术方法的应用仅仅是从不同角度来反映或衡量价值。只要条件允许，选择任何一种评估路径或选择多种评估途径都可以实现评估的目的。这也从另外一个方面说明，评估途径及其技术方法之间存在着联系和替代关系。

从操作的层面上看，在满足相关假设的前提下，对于特定经济行为下具有特定价值目标或价值类型的评估对象，评估途径和方法虽然只是实现评估目的的手段，并不具有决定评估对象价值的功能，但是这些评估途径和方法作为估值手段在实现评估目标的过程中，需要借助相关市场，需要利用相关数据，甚至需要借助评估人员的主观判断。无论是相关市场发育的同步性、传导性，还是相关数据的可靠性、可比性，或是评估人员主观判断，都可能存在或大或小的差异。因此，即使是在市场有效以及评估的价值目标一致的情况下，采用多种评估途径和方法对在相同状态下的同一资产进行评估，其评估结果保持完全一致的情况仍属于偶然，而评估结果存在差异则是必然。当然，在满足相关条件的前提下，不同评估途径的评估结果的差异也会控制在一定的值域之内，即这些不同的评估结果也会落在一个适当的值域区间。评估理论界或学界通常认为的，在满足相关条件的前提下，不同评估途径评估同一评估对象的评估结果会趋于一致的确切说法应该的是：不同的评估途径评估同一对象的评估结果趋于一个值域区间，而并不是一个确切的值点。也就是说，虽然评估途径与方法只是实现评估结果的工具和手段，并不具有决定价值的功能，但不同评估途径在具体评估同一评估对象过程中也会因所模拟的市场的差异、市场传导通畅程度差异、各自运作程序和参数使用差异等而产生估值结果差异。不同评估途径评估同一评估对象的结果产生差异可能是无法避免的。那么，就有两个问题需要我们注意：首先，这个值差会有多大，或者说这个评估值域区间到底有多大，并没有统一的说法。相对于不同的评估对象的这个值域区间并不完全相同，当然也就不能一概而论。这个值差或者这个评估值域区间的大小与评估对象载体自身的功能、资产属性、评估对象载体涉及的相关市场以及相关市场的有效程度和传导性等直接相关（暂不考虑评估人员的主观因素）。其次，不同评估途径评估同一评估对象产生的估值差异，或者评估结果值域区间是客观存在的。但是，在正常情况下，这个差异应该会在一个适当的幅度之内，即不同评估途径评估同一评估对象产生的估值差有一个合理的值域区间。在正常情况下，评估结果不会因评估人员所选用的评估途径的不同而出现差异巨大的评估结果。由于资产评估工作基本目标的一致性，在市场有效的前提下，在同一资产的评估中可以采用多种途径和方法。如果使用这些途径和方法的前提条件同时具备，而且评估师也具备相应的专业判断能力，那么，多种评估途径得出的结果应该大致趋同。如果采用多种评估途径得出的结果出现较大差异，可能的原因有：①某些评估途径的应用前提不具备；②分析过程有缺陷；③结构分析有问题；④某些支撑评估结果的信息依据出现失真；⑤评估师的职业判断有误。建议评估师为不同评估途径和方法建立逻辑分析框图，通过对比分析，将有利于问题的发现。评估师在发现问题的基础上，除了对评估途径或方法做出取舍外，还应该分析问题产生的原因，并据此研究解决问题的对策，以便最后确定评估价值。

2）资产评估途径之间的区别

各种评估途径独立存在本身就说明各种评估途径之间存在差异。各种评估途径都从不同的角度去表现资产的价值。无论是通过市场参照物比较获得评估对象的评估价值，还是根据评估对象载体预期收益折现获得其评估价值，抑或按照资产的再投资（重新取得）途径寻求评估对象的价值，都是对评估对象在一定条件下的价值的描述，它们之间是有内在联系并可相互替代的。当然，每一种评估途径都有其自成一体的运用过程，都要求具备相应的市场基础和信息基础，评估结论也都是从某一角度反映资产的价值。这些情况或现象恰恰说明不同评估途径之间既有联系又有区别。因此，我们既不能忽视它们之间的联系和替代关系，又不能无视它们之间的差别以及可能会对评估结论产生的影响。由于各种评估途径之间存在着差别，每种评估途径自身的特点在评估不同类型资产价值时，就有了效率上和直接程度上的差别。这就使得在资产评估中存在评估途径与技术方法的选择问题，也就要求评估人员应当具备选择最直接且最有效率的评估途径完成评估任务的能力。

7.4.2 资产评估途径的选择

资产评估途径选择实际上包含了不同层面的选择过程，即三个层面的选择：其一是关于资产评估技术思路层面的选择，即分析三种资产评估途径所依据的资产评估技术思路的适用性；其二是在各种资产评估技术思路已经确定的基础上，选择实现各种评估技术思路的具体评估技术手段和方法；其三是在确定了资产评估具体技术手段和方法的前提下，对运用各种具体技术评估手段和方法所涉及经济技术参数的选择。恰当选择评估途径，既包含了对恰当选择评估技术思路以及实现该技术思路的具体评估技术方法的要求，又包括了在运用各种评估具体方法时对所涉及的经济技术参数的恰当选择。选择恰当的评估技术思路与实现评估技术思路的具体方法同恰当选择经济技术参数共同构成了恰当选择资产评估途径的具体内容。片面地强调某一个方面而忽略另一个方面，都有可能会导致评估结论的失实和偏颇。

资产评估途径的多样性，为评估人员选择适当的评估途径，有效地完成评估任务提供了现实可能。为高效、简捷、相对合理地估测资产的价值，在评估途径的选择过程中应注意以下因素：

① 评估途径的选择要与评估目的、评估时的市场条件、被评估对象载体在评估过程中所处的状态，以及由此所决定的资产评估价值类型相适应。根据上述条件，当资产评估的价值类型为资产的市场价值时，可考虑按市场途径、收益途径和成本途径的顺序进行选择。

② 评估途径和方法的选择受评估对象载体的类型、理化状态等因素制约。例如：对于既无市场参照物，又无经营记录的资产，只能选择成本途径进行评估；对

于工艺比较特别且处在经营中的企业，可以优先考虑选择收益途径。

③ 评估途径的选择受各种评估途径运用所需的数据资料及主要经济技术参数能否收集的制约。每种评估途径的运用都需要有充分的数据资料作依据。在一个相对较短的时间内，收集某种评估途径所需的数据资料可能会很困难。在这种情况下，评估人员应考虑采用替代的评估途径进行评估。

总之，在评估途径的选择过程中，应注意因地制宜和因事制宜，不可机械地按某种模式或某种顺序进行选择。但是，无论选择哪种评估途径进行评估，都应保证评估目的，评估时所依据的各种假设和条件与评估所使用的各种参数数据，及评估结论在性质和逻辑上的一致。尤其是在运用多种评估途径评估同一评估对象时，更要保证每种评估途径运用中所依据的各种假设、前提条件、数据参数的可比性，以便能够确保运用不同评估途径所得到的评估结论的可比性和相互可验证性。

本章小结

资产评估途径是资产评估的工具和手段，在资产评估中具有重要的作用。作为资产评估的工具和手段，评估途径之间具有替代性和可比性。作为独立存在的评估工具，它们又有差别性。充分掌握每一评估途径的内涵、应用前提条件以及对评估参数的要求，是正确理解和认识资产评估途径的基础，同时也是正确运用评估途径的基础。

主要概念

资产评估途径　价格指数法　期权定价法　现金流量折现法

基本训练

思考题

（1）你认为资产评估途径是一种具体的评估技术方法吗？

（2）如何理解不同具体评估技术手段和方法之间的关系？

（3）现金流量折现法的估值原理是什么？

（4）区分资产评估途径与具体评估技术手段和方法的意义是什么？

第7章参考答案

第8章 资产评估的市场途径

学习目标

通过本章的学习，学生应当了解和掌握资产评估市场途径及其具体技术方法的理论基础、适用条件、应用前提、构成要素、主要经济技术参数、数学表达式和归纳式，以及市场途径中的各种评估技术方法的基本应用。

8.1 市场途径及其程序

8.1.1 市场途径的基本含义

市场途径是指基于市场供求均衡价值理论，按照替代比较和不断校准的评估思路，通过将被评估资产与市场上已经交易的可比参照资产的比较、分析和调整来估算被评估资产价值的各种评估技术方法的总称。所谓的替代比较思路是指借助于市场上与被评估资产相同或相似且已经交易了的资产作为参照物，利用被评估资产与参照物之间的可比性及其替代关系，通过功能比较、差异分析和价格调整等来估测被评估资产价值的评估技术思路。在资产评估实践中市场途径亦被称为市场法。从市场途径的含义中可以发现，市场途径是资产评估若干评估思路中的一种。它是根据市场供求均衡价值理论，采用替代比较和调整的思路及方法判断资产价值的评估技术规程。因为任何一个正常的投资者在购置某项资产时，所愿意支付的价格不会高于市场上具有相同用途的替代品的现行市价。运用市场途径及方法要求充分利用类似资产成交价格信息，并以此为基础判断和估测被评估资产的价值。运用已被市场检验了的结论来评估被评估资产价值，显然是容易被资产业务各当事人接受的。因此，市场途径是资产评估中最为直接，最具有说服力的评估途径之一。当然，通过市场途径进行资产评估，尚需满足一些最基本的条件。

8.1.2 市场途径的基本前提

通过市场途径进行资产评估需要满足两个最基本的前提条件：其一是要有一个活跃的公开市场；其二是公开市场上要有可比的资产及其交易活动。

关于公开市场前面已有详细说明。公开市场是一个充分的市场，市场上有众多的自愿买者和卖者，他们之间进行平等交易。这就排除了个别交易的偶然性，市场成交价格基本上可以反映市场行情。按市场行情估测被评估资产价值，评估结论会更贴近市场，更容易被资产交易各方接受。

可比资产及其交易是指在近期公开市场上已经发生过，且与被评估资产及资产业务相同或相似的可比资产及其交易活动。这些已经完成交易的可比资产就可以作为被评估资产的参照物，其交易数据是进行比较分析的主要依据。参照物及其交易的可比性具体体现在以下几个方面：①参照物与评估对象载体在功能上具有可比性，包括用途、性能上的相同或相似。②参照物与被评估对象载体面临的市场条件具有可比性，包括市场供求关系、竞争状况和交易条件等。③参照物成交时间与评估基准日间隔时间不能过长，应在一个适度时间范围内。同时，这个时间因素对资产价值的影响是可以调整的。

参照物与评估对象载体的可比性是运用市场途径评估资产价值的重要前提。把握住参照物与评估对象载体功能上的一致性，可以避免张冠李戴；把握住参照物与评估对象载体所面临的市场条件，可以为明确评估结果的价值类型创造条件；选择近期交易的参照物可以减少调整时间因素对资产评估价值影响的难度。

8.1.3 市场途径的基本程序

通过市场途径进行资产评估，大体上要经历以下程序：

1）选择参照物

无论评估对象载体是单项资产还是整体资产，运用市场途径评估资产时都需经历选择参照物这样一个程序。对参照物的要求关键是可比性问题，包括功能、市场条件及成交时间等。另外就是参照物的数量问题。无论参照物与评估对象载体如何相似，通常参照物应选择3个或3个以上。

2）在评估对象载体与参照物之间选择比较因素

从大的方面讲，影响资产价值的基本因素大致相同，如资产性质、市场条件等，但具体到每一种资产时，影响资产价值的因素又各有侧重。如影响房地产价值的主要是地理位置因素，而技术水平则在机器设备评估中起主导作用。因此，应根据不同种类资产价值形成的特点，选择对资产价值形成影响较大的因素作为对比指标，在参照物与评估对象载体之间进行比较。

3）指标对比、量化差异

根据前面所选定的对比指标，在参照物及评估对象载体之间进行比较，并将两者的差异进行量化。例如，资产功能指标，尽管参照物与评估对象载体功能相同或相似，但在生产能力、产品质量，以及在资产运营过程中的能耗、料耗和工耗等方面都可能有不同程度的差异。运用市场途径评估的一个重要环节就是将参照物与评估对象载体对比指标之间的上述差异数量化和货币化。

4）在各参照物成交价格的基础上调整已经量化的对比指标差异

市场途径的运用是以参照物的成交价格作为评定估算被评估资产价值的基础。在这个基础上将已经量化的参照物与评估对象载体对比指标差异进行调增或调减，就可以得到以每个参照物为基础的评估对象载体的初步评估结论。初步评估结论与所选择的参照物个数密切相关。

5）综合分析确定评估结论

按照一般要求，运用市场途径通常应选择3个或3个以上参照物。因此，在一般情况下，运用市场途径评估的初步结论也在3个或3个以上。根据资产评估的一般惯例的要求，正式的评估结论只能是一个，这就需要评估人员对若干评估初步结论进行综合分析，以确定最终的评估结论。在这个环节上没有什么硬性规定，主要是取决于评估人员对参照物的把握和对评估对象载体的认识。当然，如果参照物与评估对象载体可比性都很好，评估过程中没有明显的遗漏或疏忽，采用加权平均的办法或算术平均的办法将初步结论转换成最终评估结论也是可以的。

运用市场途径评估单项资产应考虑的可比因素主要有：

（1）资产的功能

资产的功能是资产使用价值的主体，是影响资产价值的重要因素之一。在资产评估中强调资产的使用价值或功能，并不是从纯粹抽象意义上去讲，而是考虑资产的功能并结合社会需求，从资产实际发挥效用的角度来考虑。也就是说，在社会需要的前提下，资产的功能越好，其价值越高，反之亦然。

（2）资产的实体特征和质量

资产的实体特征主要是指资产的外观、结构、役龄和规格型号等。资产的质量主要是指资产本身的建造或制造工艺水平。

（3）市场条件

市场条件主要是指参照物成交时与评估时的市场条件及供求关系的变化情况。在一般情况下，供不应求时，价格偏高；供过于求时，价格偏低。市场条件的差异对资产价值的影响应引起评估人员足够的关注。

（4）交易条件

交易条件主要包括交易批量、交易动机、交易时间等。交易批量不同，交易对象的价格就可能不同。交易动机也对资产交易价格有影响。在不同时间交易，资产的交易价格也会有差别。

8.2 市场参照物

笼统地讲，市场参照物是指已经在公开市场上交易，且与被评估对象价值载体相同或相似及可比的资产及其事项。从资产评估的角度来讲，市场参照物应当具备相应的特征。

8.2.1 市场参照物的基本特征

市场参照物通常应当具备实体特征、权益特征、市场特征和时效特征等。

1）市场参照物的实体特征

站在资产评估的角度，当评估对象载体为有形资产的时候，市场参照物的实体特征是指作为已经完成交易的对象载体所具有的资产特点及体现出来的实体性特征。市场参照物是相对于评估对象载体而言的，能成为市场参照物或能作为市场参照物必须满足其与评估对象载体在物质实体及主要特征上可比。具体表现在市场参照物与评估对象载体在功能、具体用途、性能上具有可比性。市场参照物与评估对象载体在功能、具体用途、性能上可比包括了相同、相似和相近。以房地产评估为例，房地产包括了土地、建筑物和房地合一状态下的房地产。功能可比的要求是要根据评估对象载体的具体存在形式选择参照物，或者说选择的参照物在其存在形式上必须与评估对象载体的具体存在形式保持一致。如果评估对象载体是单纯的土地，选择的参照物只能是单纯的土地。如果评估对象载体是土地和建筑物的统一体，选择的参照物也必须是房地合一的不动产。具体用途可比的要求是要根据评估对象载体的具体使用用途选择参照物，或者说选择的参照物在其使用用途上必须与评估对象载体的使用用途保持一致。如果评估对象载体是土地和建筑物的统一体，具体用途是酒店，那么，选择的参照物也必须是房地合一的酒店而不能是住宅或其他房地产。性能上可比的要求是要根据评估对象载体资产的性能及等级选择参照物，或者说选择的参照物在其资产性能及等级上必须与评估对象载体的资产性能及等级保持一致。如果评估对象载体是一个三星级酒店，那么，选择的参照物最好也应当是三星级的酒店而不是其他级别的酒店。

2）市场参照物的权益特征

站在资产评估的角度，市场参照物的权益特征是指市场参照物作为已经完成交易的对象所承载的权益及体现出来的特征。资产评估价值从本质上讲是资产所承载的权益的市场表现。如果存在多个实体上完全一样的资产，如果它们各自承载的权益不同，这些实体上完全一样的资产的评估价值也会是完全不同的。根据参照物的定义，满足市场参照物的权益特征实际上是要求能成为市场参照物或能作为市场参照物的资产必须满足其与评估对象载体所承载的权益可比。资产或评估对象载体所承载的权益包括所有权、使用权、经营权、租赁权、抵押权等等。

拟用于交易的评估对象载体所承载的权益应当是明确的，已经通过市场交易的被选作市场参照物的资产所承载的权益必须与评估对象载体所承载的权益相同。否则，就不能作为参照物。如果拟作产权变动的评估对象载体是一个三星级酒店，而这个三星级酒店所要转让的是酒店若干年的经营权，那么，选择的参照物最好也应当是通过市场交易的、转让若干年经营权的三星级酒店而不是转让所有权的三星级酒店。

3）市场参照物的市场特征

站在资产评估的角度，市场参照物的市场特征是指参照物作为已经被交易的对象所面临的市场条件及体现出来的特征。资产评估实际上是一种模拟市场的社会经济活动，市场的空间、市场的级次、市场的供求关系、交易各方的相互关系等都会影响交易对象的交易价格。根据参照物的定义，满足市场参照物的市场特征实际上是要求能成为市场参照物或能作为市场参照物的资产需要满足其与评估对象载体面临的市场条件具有可比性，包括市场的空间、市场的级次、市场的供求关系、竞争状况等。在明确了评估目的的前提下，拟用于交易的评估对象载体所面临的市场条件应当是明确的，被选作市场参照物的市场条件必须与评估对象载体所面临的市场条件相同或接近，或可以调整到与评估对象载体面临的市场条件相同的条件。否则，参照物的选择就失去了它应有的意义。

4）市场参照物的时效特征

站在资产评估的角度，市场参照物的时效特征是指参照物在交易时的价格水平及表现出来的价格特征。根据参照物的定义，满足市场参照物的时效特征实际上是要求能成为市场参照物或能作为市场参照物的资产的成交时间与评估对象载体拟进行交易的时间期间内的价格具有可比性和相容性，即参照物成交时间与评估基准日间隔时间不能过长，应在一个适度时间范围内。适度的标准就是此期间内的价格具有可比性和相容性，这个时间间隔对资产价值的影响是可以调整的。

5）市场参照物的其他特征

站在资产评估的角度，市场参照物的其他特征是指市场参照物实体特征、权益特征、市场特征和时效特征之外的且能够影响资产价值的一些特征。例如，参照物在被交易时的交易条件，包括交易批量、交易动机、付款方式等。交易批量不同，交易对象的价格就可能不同。交易动机也对资产交易价格有影响。在不同的付款方式下，资产的交易价格也会有差别。

8.2.2 市场参照物的数量要求

站在资产评估的角度，市场参照物的选择强调的是可比性问题，除此之外，还有参照物的数量问题。无论参照物与评估对象载体如何可比，运用市场途径进行评估时，都不可以只选择一个参照物。因为，评估人员不可能完全了解和掌握参照物的所有特征和细节，只选择一个参照物将面临较大的风险。因此，运用市场途径评估资产价值时，参照物通常应选择3个或3个以上。运用市场途径评估资产价值，被评估资产的评估值高低在很大程度上取决于参照物成交价格情况，而参照物成交价又不仅仅是参照物自身功能的市场体现，它还受买卖双方交易地位、交易动机、交易时限等因素的影响。为了避免某个参照物在个别交易中的特殊因素和偶然因素对成交价及评估值的影响，运用市场途径评估资产时应尽可能选择三个或三个以上具有可比性的参照物。

8.3 市场途径中的具体评估方法

市场途径实际上是一种替代比较评估思路下的若干具体评估技术手段和方法的集合。市场途径中的具体方法包括对评估对象价值直接进行评估的技术方法，也包括运用市场途径评估资产价值所需要的中间参数的评估等。市场途径中的具体方法可以根据不同的划分标准进行分类，这些分类并不是严格意义上的方法分类，大多是尊重某种习惯的分类，分类仅仅是为了叙述的便利和便于学习。本教材将市场途径中的具体评估技术方法分为两类：直接比较法和间接比较法。

8.3.1 直接比较法

直接比较法是指利用参照物的交易价格，以评估对象载体的某一或若干基本特征与参照物的同一或若干基本特征直接进行比较得到两者的基本特征修正系数或基本特征差额，在参照物交易价格的基础上进行修正从而得到评估对象价值的一类方法。其基本计算公式为：

评估价值=参照物成交价格×修正系数1×修正系数2×…×修正系数n （8-1）

或

评估价值=参照物成交价格±基本特征差额1±基本特征差额2±…±基本特征差额n （8-2）

直接比较法通常适用于参照物与评估对象在载体之间的可比程度较高的情景，参照物与评估对象载体要达到相同或基本相同的程度，或参照物与评估对象载体的差异主要体现在某几项明显的因素上，例如新旧程度或交易时间先后等。

当参照物与评估对象载体的差异仅仅体现在某一基本特征上的时候，直接比较法还可能演变成现行市价法、市价折扣法、功能价值类比法、价格指数法和成新率价格调整法等。

1）现行市价法

当评估对象载体本身具有现行市场价格或与评估对象载体基本相同的参照物具有现行市场价格的时候，可以直接利用评估对象载体或参照物在评估基准日的现行市场价格作为评估对象的评估价值。例如：可上市流通的股票和债券可将其在评估基准日的收盘价作为评估价值；批量生产的设备、汽车等可将同品牌、同型号、同规格、同厂家、同批量的设备、汽车等的现行市场价格作为评估价值。

2）市价折扣法

市价折扣法是以参照物成交价格为基础，考虑到评估对象载体在销售条件、销售时限等方面的不利因素，根据相关市场数据和评估人员的经验，设定一个价格折扣率来估算评估对象价值的方法。其计算公式为：

评估价值=参照物成交价格×（1-价格折扣率）　　(8-3)

此方法一般只适用于评估对象载体与参照物之间仅存在交易条件方面差异的情况。

下面的举例仅仅用于说明评估方法本身的应用，并不是严格意义上的实践运用。

【例8-1】评估某一拟快速变现的资产，在评估基准日与其完全相同的资产的正常变现价为10万元，资产评估师经过市场调研和综合分析，认为快速变现的折扣率应为40%，因此，拟快速变现资产价值接近6万元。

评估价值=10×（1-40%）=6（万元）

3）功能价值类比法

功能价值类比法（也称“类比估价法”）是以参照物的成交价格为基础，考虑参照物与评估对象载体之间的功能差异进行调整来估算评估对象价值的方法。根据资产的功能与其价值之间的关系可分为线性关系和指数关系两种情况。

①资产价值与其功能呈线性关系，尤其是资产价值与其生产能力呈线性关系的情况，通常被称作生产能力比例法，其计算公式为：

评估价值=参照物成交价格×评估对象载体生产能力÷参照物生产能力　　(8-4)

当然，功能价值类比法不仅仅表现在资产的生产能力这一项指标上，还可以通过对参照物与评估对象载体的其他功能指标的对比，利用参照物成交价格推算出评估对象价值。

下面的举例仅仅用于说明评估方法本身的应用，并不是严格意义上的实践运用。

【例8-2】被评估资产年生产能力为90吨，参照资产的年生产能力为120吨，评估基准日参照资产的市场价格为10万元，由此确定被评估资产价值接近7.5万元。

评估价值=10×90÷120=7.5（万元）

②资产价值与其功能呈指数关系，尤其是资产价值与其生产能力呈指数关系的情况，通常被称作规模经济效益指数法，其计算公式为：

评估价值=参照物成交价格×（评估对象载体生产能力÷参照物生产能力）^{价值指数}　　(8-5)

下面的举例仅仅用于说明评估方法本身的应用，并不是严格意义上的实践运用。

【例8-3】被评估资产年生产能力为90吨，参照资产的年生产能力为120吨，评估基准日参照资产的市场价格为10万元，该类资产的功能价值指数为0.7，由此确定被评估资产价值接近8.18万元。

评估价值=10×（90÷120）$^{0.7}$=8.18（万元）

4）价格指数法

价格指数法（亦称物价指数法）是以参照物成交价格为基础，考虑参照物的成交时间与评估对象载体的评估基准日之间的时间间隔对资产价值的影响，利用价格指数调整估算评估对象价值的方法。其计算公式为：

评估价值=参照物成交价格×（1+价格变动指数） （8-6）

评估价值=参照物成交价格×价格指数 （8-7）

①运用定基指数修正。如果能够获得参照物和评估对象载体的定基价格指数或定基价格变动指数，价格指数法的数学式可以概括为：

$$评估价值=参照物资产成交价格\times\frac{评估基准日资产定基价格指数}{参照物交易日资产定基价格指数} \quad (8-8)$$

②运用环比指数修正。如果能够获得参照物和评估对象载体的环比价格指数或环比价格变动指数，价格指数法的数学式可以概括为：

评估价值=参照物资产成交价格×参照物交易日至评估基准日各期环比价格指数乘积 （8-9）

价格指数法一般只运用于评估对象载体与参照物之间仅有时间因素存在差异的情况，且时间差异不能过长。当然，此方法稍做调整可作为市场售价类比法中估测时间差异系数或时间差异值的方法。

下面的举例仅仅用于说明评估方法本身的应用，并不是严格意义上的实践运用。

【例8-4】与评估对象载体完全相同的参照资产6个月前的成交价格为10万元，半年间该类资产的价格上升了5%，运用公式（8-6），则评估对象的评估价值接近10.50万元。

评估价值=10×（1+5%）=10.50（万元）

【例8-5】被评估房地产于2021年6月30日进行评估，该类房地产2021年上半年各月月末的价格同2020年年底相比，分别上涨了2.50%、5.70%、6.80%、7.30%、9.60%、10.50%。其中，参照房地产在2021年3月底的价格3 800元/平方米，运用公式（8-8），则评估对象于2021年6月30日的评估价值接近3 932元/平方米。

$$3\,800\times\frac{1+10.50\%}{1+6.80\%}=3\,932（元/平方米）$$

【例8-6】已知某资产在2021年1月的交易价格为300万元，该类资产已不再生产，但该类资产的价格变化情况如下：从2021年1月至5月的环比价格指数分别为103.60%、98.30%、103.50%、104.70%。运用公式（8-9），评估对象于2021年5月的评估价值接近331.07万元。

300×103.60%×98.30%×103.50%×104.70%=331.07（万元）

5）成新率价格调整法

成新率价格调整法是以参照物的成交价格为基础，考虑参照物与评估对象载体新旧程度上的差异，通过成新率调整估算出评估对象的价值。其计算公式为：

$$评估对象价值=参照物成交价格×评估对象载体成新率÷参照物成新率 \quad (8-10)$$

其中：

$$评估对象载体成新率=\frac{评估对象载体}{尚可使用年限}÷\left(\frac{评估对象载体}{已使用年限}+\frac{评估对象载体}{尚可使用年限}\right) \quad (8-11)$$

此方法一般只运用于评估对象载体与参照物之间仅有成新程度差异的情况。当然，此方法略加改造也可以作为评估对象载体与参照物成新程度差异调整率和差异调整值的方法。

当然，如果当参照物与评估对象载体的差异不仅仅体现在某一基本特征上的时候，上述评估具体方法（如现行市价法、市价折扣法、功能价值类比法、价格指数法和成新率价格调整法等）的运用就可以演变成参照物与评估对象载体各个基本特征修正系数的计算了，如交易情况修正系数（正常交易情况/参照物交易情况）、功能价值修正系数（评估对象载体生产能力/参照物生产能力）、交易时间修正系数（评估对象载体的定基价格指数/参照物的定基价格指数）和成新程度修正系数（评估对象载体成新率/参照物成新率）等。

直接比较法具有适用性强、应用广泛的特点，但该法对信息资料的数量和质量要求较高，而且要求评估人员有较丰富的评估经验、市场阅历和评估技巧。因为，直接比较法可能要对参照物与评估对象载体的若干可比因素进行对比分析和差异调整。没有足够的数据资料，以及对资产功能、市场行情的充分了解和把握，很难准确地评定估算出评估对象的价值。

在具体操作过程中，运用直接比较法时使用频率较高的有以下技术方法：

（1）市场售价类比法

市场售价类比法是以参照物的成交价格为基础，考虑参照物与评估对象载体在功能、市场条件和销售时间等方面的差异，通过对比分析和量化差异，调整估算出评估对象价值的各种方法。其计算公式为：

$$评估价值=参照物售价+功能差异值+时间差异值+\cdots+交易情况差异值 \quad (8-12)$$

$$评估价值=参照物售价×功能差异修正系数×时间差异修正系数×\cdots×交易情况差异修正系数 \quad (8-13)$$

（2）价值比率法

价值比率是指在资产价值和与其具有关联关系的财务或者非财务指标之间所建立的比值关系，并以此作为评估资产价值的一种价值倍数。价值比率法通常是指利用参照物的市场交易价格与其具有关联关系的某一经济参数或经济指标相比较形成的价值比率作为乘数或倍数，乘以评估对象价值载体的同一经济参数或经济指标，从而得到评估对象价值的一种具体评估方法。由于资产价值可以与其具有关联关系的多个财务或者非财务指标（经济参数）建立比值关系，因此价值比率法中可以运用的价值比率有很多，如市价成本比率（市价/成本或造价）、市盈率（市价/利润或净现金流量）、市净率（市价/净资产）、市销率（市价/销售收入）等。这里只对运用两种简单的价值比率作为评估倍数的价值比率法做一示范，以理解价值比率法的原理。

①市价成本比率法。

市价成本比率法是以评估对象载体的现行合理成本（市场认可成本）为基础，利用参照物的市价成本比率来估算评估对象的价值的方法。其计算公式为：

$$资产评估价值=评估对象载体现行合理成本\times\frac{参照物成交价格}{参照物现行合理成本} \quad (8-14)$$

【例8-7】评估基准日某市商品住宅的市价成本（造价）比率为150%，已知被评估50平方米的全新住宅的现行合理成本（造价）为40万元，则其市价接近于60万元。

评估价值=40×150%=60（万元）

②市盈率倍数法。

市盈率倍数法主要适用于企业价值的评估。市盈率倍数法是以参照物（上市公司）的市盈率作为乘数（倍数），以此乘数（倍数）与被评估企业相同口径的收益额相乘估算被评估企业价值的方法。其计算公式为：

$$企业评估价值=被评估企业相同口径的收益额\times参照物（企业）市盈率 \quad (8-15)$$

【例8-8】某被评估企业的年净利润为1 000万元，评估基准日资本市场上同类企业平均市盈率为20倍，则：

该企业的评估价值=1 000×20=20 000（万元）

在具体应用价值比率法的评估实践中，通常不会仅使用一个或一种价值比率评估资产的价值，尤其是针对企业的价值评估。在企业价值评估中应用价值比率法，通常会利用不同的参照物以及某个参照物的多个或多种价值比率作为评估倍数进行评估，而后采取综合分析的方法最终确定评估结论。例如，企业价值评估可以采用交易案例比较法和上市公司比较法等具体评估方法。

当然，除了可以运用上述各种直接比较法评估资产价值以外，还可以运用间接比较法评估资产价值。

8.3.2 间接比较法

间接比较法也是市场途径中的一类具体评估方法。该评估方法是利用资产的国家标准、行业标准或市场标准（标准可以是综合标准，也可以是分项标准）作为基准，分别将评估对象载体和参照物整体或分项与其对比打分从而得到评估对象载体和参照物各自的分值，再利用参照物的市场交易价格，以及评估对象载体的分值与参照物的分值的比值（系数），求得评估对象价值的一类评估方法。该评估方法并不要求参照物与评估对象载体必须相同或者基本相同，只要参照物与评估对象载体大体可比，通过评估对象载体和参照物与国家、行业或市场标准的对比分析，掌握参照物与评估对象载体之间的差异，在参照物成交价格的基础上调整估算评估对象的价值。

由于间接比较法需要利用国家、行业或市场标准，应用起来有较多的局限，在资产评估实践中应用并不广泛。

在上述各种具体评估方法中，许多具体评估方法既适用于直接评估单项资产的价值，又适用于在市场途径中估测评估标的与参照物之间某一种差异的调整系数或调整值。在现代市场经济条件下，单项资产和整体资产都可以作为交易对象进入市场流通，无论是单项资产还是整体资产的交易实例都可以为运用市场途径进行资产评估提供可资参照的评估依据和资料。当然，上述具体方法只是市场途径中的一些经常使用的具体方法，市场途径中的具体方法还有许多。读者必须注意的是，许多具体的评估技术方法就是一种估值手段或工具。以上服务于市场途径的具体技术方法还可能成为或可以成为服务于成本途径或收益途径的具体技术方法。但是，作为市场途径中的具体技术方法，它的运用是按照比较替代评估思路进行的。而作为成本途径或收益途径中的具体技术方法，其使用前提和技术思路必须满足成本途径或收益途径的要求。

8.4 市场途径应用举例及方法评价

8.4.1 市场途径在房地产评估中的应用

1）估价对象载体概况

待估地块为城市规划上属于住宅区的一块空地，面积为6 000平方米，地形为长方形。

2）评估要求

评估该地块2020年10月3日的市场价值。

3）评估过程

（1）选择评估方法

该种类型的土地有较多的交易实例，故采用市场途径进行评估。

（2）收集有关的评估资料

① 收集被评估土地资料。（略）

② 收集交易实例资料。选择4个交易实例作为参照物，具体情况见表8-1。

（3）进行交易情况修正

经分析，交易实例A、D为正常买卖，无须进行交易情况修正，交易实例B较正常买卖价格偏低2%，交易实例C较正常买卖价格偏低3%。

各交易实例的交易情况修正率如下：交易实例A为0；交易实例B为2%；交易实例C为3%；交易实例D为0。

表8-1 **交易实例情况表**

项目		交易实例A	交易实例B	交易实例C	交易实例D	估价对象
坐落		略	略	略	略	略
所处地区		临近	类似	类似	类似	一般市区
用地性质		住宅	住宅	住宅	住宅	住宅
土地类型		空地	空地	空地	空地	空地
交易日期		2020年4月2日	2020年3月3日	2019年10月4日	2019年12月5日	2020年10月3日
价格	总价	195.8万元	311.6万元	273.6万元	378万元	
	单价	870元/平方米	820元/平方米	855元/平方米	840元/平方米	
面积		2 250平方米	3 800平方米	3 200平方米	4 500平方米	6 000平方米
形状		长方形	长方形	长方形	略正方形	长方形
地势		平坦	平坦	平坦	平坦	平坦
地质		普通	普通	普通	普通	普通
基础设施		较好	完备	较好	很好	很好
交通状况		很好	较好	较好	较好	很好
正面路宽		8米	6米	8米	8米	8米
容积率		6	5	6	6	6
剩余使用年限		35年	30年	35年	30年	30年

（4）进行交易日期修正

根据调查，自2019年10月4日到2020年10月底，土地价格平均每月上涨1%，则各参照物交易实例的交易日期修正率如下：交易实例A为6%；交易实例B为7%；交易实例C为12%；交易实例D为10%。

（5）进行区域因素修正

交易实例A与待估土地处于同一地区，无须作区域因素修正。

交易实例B、C、D的区域因素修正情况可参照表8-2判断。本次评估设定被评估地块的区域因素值为100，则根据表8-2各种区域因素的对比分析，经综合判定打分，交易实例B所属地区为88，交易实例C所属地区为108，交易实例D所属地区为100。

表8-2　　区域因素比较表

类似地区 \ 区域因素	B	C	D
自然条件	（相同）10	（相同）10	（相同）10
社会环境	（较差）7	（相同）10	（相同）10
街道条件	（相同）10	（相同）10	（相同）10
交通便捷度	（稍差）8	（稍好）12	（相同）10
离交通车站点距离	（较远）7	（稍近）12	（相同）10
离市中心距离	（相同）10	（稍近）12	（相同）10
基础设施状况	（稍差）8	（相同）10	（稍好）12
公共设施完备状况	（相同）10	（较好）12	（相同）10
水、大气、噪声污染状况	（相同）10	（相同）10	（相同）10
周围环境及景观	（稍差）8	（相同）10	（稍差）8
综合打分	88	108	100

（6）进行个别因素修正

① 经比较分析，被评估土地的面积较大，有利于充分利用，另外，环境条件也比较好，故判定比各交易实例土地价格高2%。

② 土地使用年限因素的修正。交易实例B、D与被评估土地的剩余使用年限相同，无须修正。交易实例A、C均需要做使用年限因素的调整，其调整系数测算如下（假定折现率为8%）：

$$年限修正系数=\left[1-\frac{1}{(1+8\%)^{30}}\right]\div\left[1-\frac{1}{(1+8\%)^{35}}\right]=(1-0.0994)\div(1-0.0676)$$

$$=0.9006\div0.9324$$

$$=0.9659$$

（7）计算被评估土地的初步价格

交易实例A修正后的单价为：

$$870\times\frac{100}{100}\times\frac{106}{100}\times\frac{100}{100}\times\frac{102}{100}\times0.9659=909（元/平方米）$$

交易实例B修正后的单价为：

$$820\times\frac{100}{98}\times\frac{107}{100}\times\frac{100}{88}\times\frac{102}{100}=1\ 038（元/平方米）$$

交易实例C修正后的单价为：

$$855\times\frac{100}{97}\times\frac{112}{100}\times\frac{100}{108}\times\frac{102}{100}\times0.9659=901\text{（元/平方米）}$$

交易实例D修正后的单价为：

$$840\times\frac{100}{100}\times\frac{110}{100}\times\frac{100}{100}\times\frac{102}{100}=942\text{（元/平方米）}$$

（8）采用简单算术平均法求取评估结果

土地评估单价=（909+1 038+901+942）÷4=948（元/平方米）

土地评估总价=6 000×948=5 688 000（元）

8.4.2 市场途径在机器设备评估中的应用

1）被评估设备基本情况

① 设备名称：普通车床。

② 规格型号：CA6140/1 500。

③ 制造厂家：A机床厂。

④ 出厂日期：2018年2月。

⑤ 投入使用时间：2018年2月。

⑥ 安装方式：未安装。

⑦ 附件：齐全（包括仿形车削装置、后刀架、快速换刀架、快速移动机构）。

⑧ 实体状态：评估人员通过对车床的传动系统、导轨、进给箱、溜板箱、刀架、尾座等部位进行检查、打分，确定其综合分值为6.1分。

⑨ 评估基准日：2019年7月31日。

2）二手设备市场调研

对二手设备市场进行调研，确定市场参照物，见表8-3。

表8-3 市场参照物情况

项　目	评估标的	参照物A	参照物B	参照物C
名称	普通车床	普通车床	普通车床	普通车床
规格型号	CA6140/1500	CA6140/1500	CA6140/1500	CA6140/1500
制造厂家	A机床厂	A机床厂	B机床厂	B机床厂
出厂日期/役龄	2018年/8年	2018年/8年	2018年/8年	2018年/8年
安装方式	未安装	未安装	未安装	未安装
附件	仿形车削装置、后刀架、快速换刀架、快速移动机构	仿形车削装置、后刀架、快速换刀架、快速移动机构	仿形车削装置、后刀架、快速换刀架、快速移动机构	仿形车削装置、后刀架、快速换刀架、快速移动机构
状况	良好	良好	良好	良好

续表

项　目	评估标的	参照物A	参照物B	参照物C
实体状态描述	传动系统、导轨、进给箱、溜板箱、刀架、尾座等各部位工作正常，无过度磨损现象，状态综合分值为6.1分	传动系统、导轨、进给箱、溜板箱、刀架、尾座等各部位工作正常，无过度磨损现象，状态综合分值为5.7分	传动系统、导轨、进给箱、溜板箱、刀架、尾座等各部位工作正常，无过度磨损现象，状态综合分值为6.0分	传动系统、导轨、进给箱、溜板箱、刀架、尾座等各部位工作正常，无过度磨损现象，状态综合分值为6.6分
交易市场	评估标的所在地	评估标的所在地	评估标的所在地	评估标的所在地
市场状况		二手设备市场	二手设备市场	二手设备市场
交易背景及动机	正常交易	正常交易	正常交易	正常交易
交易数量	单台交易	单台交易	单台交易	单台交易
交易日期	2019年7月31日	2019年7月10日	2019年7月25日	2019年7月15日
转让价格（元）		23 000	27 100	32 300

3）确定调整因素，进行差异调整

（1）制造厂家调整

所选择的3个参照物中，1个与评估设备的生产厂家相同，另外2个为B厂家生产。在新设备交易市场，A、B两个制造商生产的某相同产品的价格分别为4万元和4.44万元。

新设备的价格差异率=（4.44−4）÷4×100%=11%

即B厂家生产的该产品市场价格比A厂家高11%，以此作为被评估旧设备的调整比率。

（2）出厂年限调整

被评估设备出厂年限是1年，参照物A、B、C的出厂年限均为1年，故不需调整。

（3）实体状态调整（见表8-4）

表8-4　**实体状态调整表**

参照物	实体状态描述	调整比率
A	传动系统、导轨、进给箱、溜板箱、刀架、尾座等各部位工作正常，无过度磨损现象，状态综合分值为5.7分	+7%
B	传动系统、导轨、进给箱、溜板箱、刀架、尾座等各部位工作正常，无过度磨损现象，状态综合分值为6.0分	+2%
C	传动系统、导轨、进给箱、溜板箱、刀架、尾座等各部位工作正常，无过度磨损现象，状态综合分值为6.6分	−8%

调整比率计算过程见表8-5。

表8-5 **调整比率计算过程表**

参照物	调整比率
A	（6.1−5.7）÷5.7×100%=7%
B	（6.1−6.0）÷6.0×100%=2%
C	（6.1−6.6）÷6.6×100%=−8%

4）计算评估值（见表8-6）

表8-6 **计算评估值表**

项　目	参照物A	参照物B	参照物C
交易价格（元）	23 000	27 100	32 300
制造厂家因素调整	1.0	0.89	0.89
出厂年限因素调整	1.0	1.0	1.0
实体状态因素调整	1.07	1.02	0.92
调整后结果（元）	24 610	24 601	26 447

被评估设备的评估值=（24 610+24 601+26 447）÷3≈25 219（元）

8.4.3 市场途径的评价

从资产评估实际操作的层面上讲，市场途径具有明显的优势。第一，市场途径利用了市场，特别是公开市场的信息数据，这就使得市场途径评估的结论有了较为可靠和客观的基础。同时，也使得评估结论的可信度大大提高，评估风险大大降低。第二，在可以得到公开市场的信息数据的前提下，市场途径具有高效、快捷、低成本和低风险的特点。因为公开市场中的信息数据是经过竞争及市场检验的，采用市场的数据及判断，对保证评估结论的合理性，降低评估风险意义非常重大。当然，市场途径的优势是建立在市场公开透明且可以得到公开市场信息数据的前提下的。如果某些领域中的资产没有活跃的市场，无法得到公开市场的信息数据，市场途径的运用就会受到抑制，甚至无法使用。过分依赖市场信息资料可能也是市场途径的一个缺陷。

本章小结

市场途径是资产评估最重要的工具和手段之一，在资产评估中具有重要的作用。市场途径的核心是以被评估资产与市场上已成交的可比案例进行比较分析，并根据交易案例的实际成交价格以及两者的差异因素进行调整，最终得到被评估资产的评估值。充分掌握市场途径的内涵、应用前提条件，以及对评估参照物的要求，是正确理解和运用市场途径的基础。

主要概念

资产评估市场途径　参照物　价值比率　市盈率

基本训练

1.思考题

(1) 市场途径形成的理论基础是什么？

(2) 运用市场途径需要具备什么条件？

(3) 如何理解市场途径中多种具体技术方法的普遍适用性？

2.选择题

(1) 运用市场途径，选择3个或3个以上参照物的目的是（　　）。

A.使参照物具有可比性　　B.便于计算

C.排除参照物个别交易的偶然性　　D.避免张冠李戴

(2) 用市场途径评估资产的市场价值时，最直接的参照是相同或类似资产的（　　）。

A.重置成本　　B.现行市价　　C.清算价格　　D.收益现值

(3) 应用市场途径进行资产评估必须具备的前提条件是（　　）。

A.需要有一个充分活跃的资产市场

B.必须具有足够数量的参照物

C.可以收集到被评估资产与参照物可比较的指标和技术参数

D.市场上必须有与被评估资产相同或相类似的全新资产

E.市场上的参照物与被评估资产的功能相同或相似

(4) 运用市场途径评估任何单项资产都应考虑的可比因素有（　　）。

A.资产的功能　　B.市场条件

C.交易条件　　D.资产的实体特征和质量

E.资产所处的地理位置

3.判断题

(1) 市场途径是根据替代原则，采用比较和类比的思路及方法来估测资产价值的评估技术规程。任何一个理性的投资者在购置某项资产时，其所支付的价格不会高于市场上具有相同用途的替代品的现行市价。（　　）

(2) 在运用市场途径时，资产及其交易活动的可比性要求参照物成交的时间与评估基准日间隔时间不宜过长，主要是为了减少调整时间因素对资产价值影响的难度。（　　）

(3) 运用市场途径评估时，为了减少评估人员的工作量，选择参照物最好不要超过3个。（　　）

第8章参考答案

第9章 资产评估的收益途径

学习目标

通过本章的学习，学生应当了解和掌握资产评估收益途径及具体技术方法的理论基础、适用条件、应用前提、构成要素、主要经济技术参数、数学表达式和归纳式，以及收益途径中的各种评估技术方法的基本应用。

9.1 收益途径及其程序

9.1.1 收益途径的内涵

收益途径是依据效用价值论并按照将利求本的评估思路，通过估测被评估资产未来预期收益的现值来判断资产价值的各种评估技术方法的总称。在资产评估实践中收益途径亦被称为收益法。

收益途径是资产评估若干评估思路中的一种。它是根据将利求本的思路，采用预期收益资本化或折现的技术方法来判断和估算资产价值的评估技术规程。因为任何一个理智的投资者在购置或投资于某一资产时，所愿意支付或投资的货币数额不会高于他所购置或投资的资产在未来能给他带来的回报，即收益额。收益途径正是利用投资回报和收益折现等技术手段，将评估对象载体的预期收益进行折现来估测评估对象的价值的。根据评估对象载体的预期收益来评估其价值，显然评估结果是容易被资产业务各方所接受的。因此，从理论上讲，收益途径是资产评估中最科学合理的评估途径之一。当然，运用收益途径评估尚需要满足一些基本条件。

9.1.2 收益途径的基本前提

收益途径是依据资产未来预期收益经折现或资本化处理来估测资产价值的，它涉及三个基本要素：一是被评估资产的预期收益；二是折现率或资本化率；三是被评估资产取得预期收益的持续时间。因此，能否清晰地把握上述三要素就成为能否恰当运用收益途径的基本前提。从这个意义上讲，应用收益途径必须具备的前提条件如下：

① 被评估资产的未来预期收益可以预测并可以用货币衡量；

② 资产拥有者获得预期收益所承担的风险也可以预测并用货币衡量；

③ 被评估资产预期获利年限可以预测。

上述前提条件表明，首先，被评估资产的预期收益能够被较为合理地估测。这就要求被评估资产与其经营收益之间存在着较为稳定的比例关系或逻辑关系。同时，影响资产预期收益的主要因素，包括主观因素和客观因素，评估人员可以据此分析和测算出被评估资产的预期收益。其次，被评估资产所具有的行业风险、地区风险及企业风险是可以比较和测算的，这是测算折现率或资本化率的基本参数之一。评估对象载体所处的行业不同、地区不同、企业差别都会不同程度地体现在资产拥有者的获利风险上。对于投资者来说，风险大的投资，要求的回报率就高，风险小的投资，其回报率也可以相应降低。最后，评估对象载体获利期限的长短，即被评估资产的寿命，也是影响其价值和评估值的重要因素之一。

9.1.3　收益途径的基本程序

采用收益途径进行评估，其基本程序如下：

（1）收集并验证与被评估资产未来预期收益有关的数据资料

此步骤包括影响被评估资产未来预期收益相关的资产经营前景、企业财务状况、市场形势，以及经营风险等。

由于评估对象载体的差异，收集并验证与评估对象载体未来预期收益有关的数据资料的工作的侧重点也存在着差异。评估对象载体为单项资产的，如房地产，资料收集的重点应该是该房地产的经营状况、利用率、收益率、租金水平、平均出租率等方面的数据资料。如果评估对象载体为无形资产，与该无形资产有关的有形资产及其生产的产品的销售、经营管理等信息都属于收集之列。如果评估对象载体是企业，了解和掌握企业的经营管理、产品结构、研发能力，以及国家宏观经济政策、产业政策和行业竞争状况等资料就成为必须。

（2）分析测算被评估对象载体的预期收益及取得预期收益持续的时间

在掌握充分数据资料的基础上，评估对象载体预期收益的预测需要有科学、合理的定性分析，并尽可能利用恰当的数学模型或计量工具进行定性、定量综合分析，还要进行敏感性分析和检验，以判断预测结果的合理性。

评估对象载体取得预期收益持续的时间也会因评估对象载体的种类等差异而有较大的不同。评估人员需要结合具体评估对象载体，考虑其自然寿命、技术寿命、经济寿命、产业周期、经济周期及国家法规政策等进行判断。

（3）确定折现率或资本化率

折现率或资本化率的预测需要结合银行利率、国债利率、评估对象载体本身收益能力的稳定性，以及各种风险因素综合判断。

（4）用折现率或资本化率将评估对象载体未来经济寿命期间内的预期收益折算成现值

在已经明确了评估对象载体的预期收益、收益持续的时间，以及折现率或资本化率的前提下，就可以利用相关数学模型或计量工具分析估算评估对象的初步价值。

（5）分析确定评估结论

通过敏感性分析等一系列手段的检测，在综合分析的基础上确定评估的最终结论。

9.2 收益途径中的基本参数及其确定

运用收益途径进行评估涉及许多经济技术参数，其中最主要的参数有3个，它们是收益额、折现率（资本化率）和收益期限。

9.2.1 收益额的特点及测算方法

1）收益额的特点

收益额是使用收益法评估资产价值的基本参数之一。在资产评估中，资产的收益额是指根据投资回报的原理，资产在某种情况下所能得到的归其产权主体的所得额，包括正常情况和特殊情况。在正常情况下，资产评估收益途径中的收益额有两个比较明确的特点：从时间的角度来讲，收益额是评估对象载体的未来预期收益额，而不是评估对象载体的历史收益额或现实收益额。从收益的性质来讲，在大多数情况下，用于资产评估的收益额是评估对象载体的客观收益额或正常收益额，而不是评估对象载体的实际收益额或账面收益额。

评估对象载体的未来预期收益额指的是评估对象载体在评估基准日以后的生产经营过程中预计能够实现或带来的收益。这个概念是相对于评估对象载体过去和现在的收益而言的，相对容易理解。

评估对象载体的客观收益额指的是评估对象在正常使用基础上所能实现或获得的收益。评估对象载体的客观收益额是相对于评估对象载体实际收益额或账面收益额的一个概念，评估对象载体的客观收益额与实际收益额是两个不同质的概念，在数量上也往往存在差异。当评估对象载体始终处于正常使用或被视为正常使用的条件下，评估对象载体的实际收益额可能等同于评估对象载体的客观收益额。但是，在大多数情况下，评估对象载体的实际收益额可能并不等同于评估对象载体的客观收益额，因为评估对象载体的实际收益额经常包含非正常因素，如一次性或偶发性收入或费用。评估对象载体在评估时点的实际收益额是评估对象载体本身与外部各种因素共同作用的结果。在这些因素中，可能会包含属于一次性的或偶然性的因素。如果以评估对象载体评估时点的实际收益额作为预测其未来预期收益的基础而不加以调整，意味着将在评估对象未来经营中不复存在的因素仍然作为影响评估对象载体未来预期收益的因素加以考虑。因此，资产评估预期收益的基础，通常是资产在正常的经营条件下，排除了偶然因素和不可比因素之后的评估对象载体的正常收益。

收益额的上述两个特点是收益途径中关于收益额选择的一般性要求和特点。所谓一般性要求和特点是指带有普遍性的要求和特点，而且是非常重要的。评估人员在执业过程中应切实注意收益途径关于收益额选择的一般性要求和特点，以便合理运用收益途径来估测资产的价值。因为评估特定目的及评估结论的价值类型和定义非常多，不同评估特定目的及评估结论不同的价值类型和定义对收益途径中的收益额性质和口径的要求也是多样性的。在切实了解和掌握了收益途径中关于收益额选择的一般性要求和特点的基础上，还需要了解和掌握特殊情况下收益途径收益额选择的特定要求和特点。

评估人员还需要了解和掌握，在运用收益途径进行资产评估的过程中，也可以仅把收益额看作进行资产价值评估的一种媒介。作为一种媒介，只要保证收益额与折现率内涵及口径上的一致，收益途径中的收益额种类和口径可以多种多样。评估人员可以根据评估对象载体的种类和评估对象载体的特点，选择最能反映评估对象载体获利能力的收益额，以及最便于收集和操作的收益额，如企业价值评估中的收益额通常可以选择企业的净利润、净现金流量、息前净利润、息前净现金流量等，而房地产的收益额则可以选择毛收益、纯收益等。无形资产的收益额则通常选择超额收益。

2）收益额测算的常用技术方法

因为评估对象载体的差异，对评估对象载体未来收益预测的具体方法并不相同。评估对象载体为房地产，其未来收益预测通常需要利用房地产交易市场和租金市场的发展趋势进行预测。评估对象载体为企业，其未来收益预测通常需要利用企业管理当局的企业发展规划及经营预算进行分析测算。无论对何种评估对象载体未来收益的预测可能都会借助于某些分析工具和定量分析方法，就短期收益来讲，可以利用的分析方法包括因素分析法和回归分析法等，而长期收益的预测则更多地需要借助于对评估对象载体短期收益的数额、稳定性和发展趋势等的分析来判断。

（1）因素分析法

因素分析法通常是利用评估对象载体的历史收益状况以及影响收益变化的各个因素进行分析，从历史上各年评估对象载体收益变化及对应的影响因素的变化中寻找评估对象载体收益变化规律，包括各种因素的变动对评估对象载体收益影响的程度和权重，再结合对评估对象载体未来面临的市场状况、竞争状况等的分析，判断影响评估对象载体预期收益的各种因素的变化情况，进而对评估对象载体的未来收益做出预测。因素分析法定性分析的成分大于定量分析，因素分析法对经验的依赖程度较大。

（2）回归分析法

回归分析法也是建立在对评估对象载体历史收益状况以及影响收益变化的各个因素分析的基础上，从历史上各年收益变化状况中找出收益变化与影响因素变化之间的规律，利用它们之间的线性关系或非线性关系进行回归分析，从而达到预测评估对象载体未来收益的目的。回归分析法是一种较为实用的定量分析工具。

回归分析法根据自变量与因变量之间的因果关系的函数表达式是线性的还是非线性的，可以分为线性回归分析法和非线性回归分析法。线性回归分析法是最常用的回归分析法。根据自变量与因变量之间的因果关系，线性回归分析法包括一元线性回归分析法和多元线性回归分析法：当自变量与因变量之间的因果关系只涉及因变量和一个自变量时，称为一元线性回归分析法；当自变量与因变量之间的因果关系涉及因变量和两个或两个以上的自变量时，称为多元线性回归分析法。

9.2.2 折现率的构成及测算思路与方法

1）折现率的构成

从本质上讲，折现率是一种期望投资报酬率，是投资者在投资风险一定的情况下，对投资所期望的回报率。折现率就其构成而言，是由无风险报酬率和风险报酬率组成的。无风险报酬率通常是指投资于收益相对稳定且无投资障碍的特定投资的回报率。一般情况下，无风险报酬率以同期国库券（国债）利率为准。风险报酬率是对风险投资的溢价补偿，是指投资回报率超出无风险报酬率的部分。从构成上讲，风险报酬率主要包括行业风险报酬率、经营风险报酬率和通货膨胀率等。

在资产评估中，因资产的行业分布、种类、市场条件等的不同，其折现率亦不相同。

资本化率与折现率在本质上是相同的。习惯上，人们把将未来有限年期预期收益折算成现值的比率称为折现率，而把将未来永续性预期收益折算成现值的比率称为资本化率。至于资本化率与折现率在量上是否恒等，主要取决于同一资产在未来长短不同时期所面临的风险是否相同。确定折现率，首先应该明确折现的内涵。折现作为一个时间优先的概念，基于将来的收益或利益低于现在的同样收益或利益，并且，随着收益时间向将来推迟的程度而有序地降低价值。同时，折现作为一个算术过程，是把一个特定比率应用于一个预期的收益流，从而得出当前的价值。

2）折现率的测算思路与方法

因评估对象载体的差异，不同的评估对象的折现率或资本化率测算的具体方法会有所不同。以下是在资产评估中经常使用的一些折现率测算方法：

（1）累加法

累加法亦称安全利率加风险调整值法。累加法采用无风险报酬率加风险报酬率的方式确定折现率或资本化率。其中，无风险报酬率或安全利率通常选择国债利率，然后根据影响评估对象的各种风险因素，估计其影响程度，确定一个调整值(风险报酬率)，把它与安全利率相加或在安全利率基础上加风险调整值。这种方法简便易行，对市场要求不高，应用比较广泛，但是风险调整值的确定主观性较强，不容易掌握。

累加法通常应当考虑的风险因素包括：行业风险、财务风险和经营风险等。将评估对象可能面临的风险对回报率的要求予以量化并累加，便可得到折现率中的风险报酬率。可用数学公式表示如下：

风险报酬率=行业风险报酬率+财务风险报酬率+经营风险报酬率+其他风险报酬率　（9-1）

（2）净收益与售价比率法

净收益与售价比率法亦称租价比法。租价比法是利用市场上近期交易的与被评估对象载体相同或相近的资产的净收益、价格等资料，测算出适用于判断评估对象的折现率或资本化率。这种方法可以通过选取多个案例的折现率或资本化率取平均值的办法来消除各种偶然因素的影响。具体可以根据实际情况，采取简单算术平均值或加权算术平均值。例如，在房地产市场中收集到5个与待估房地产类似的交易实例，见表9-1（假设交易价格为无限年期的价格）。

表9-1　**净收益与售价交易实例**

可比实例	净收益（元/年·平方米）	交易价格（元/平方米）	资本化率（%）
1	420	5 700	7.37
2	430	5 800	7.41
3	440	5 800	7.59
4	450	6 000	7.50
5	460	6 000	7.67

对以上5个可比实例的资本化率进行简单算术平均就可以得到资本化率为7.51%（(7.37%+7.41%+7.59%+7.50%+7.67%)÷5)。

（3）各种投资收益率排序插入法

评估人员收集市场上各种投资的收益率资料，然后把各项投资按收益率的大小排队。评估人员估计被评估对象投资风险，并将它插入其中，然后确定折现率或资本化率的大小。

（4）加权平均资本成本模型

加权平均资本成本模型是以企业股权和债权所构成的全部资本，以及股权和债权所占比例及其所要求的回报率，经加权平均计算来获得企业价值评估所需折现率的一种数学模型。

$$R=E\div(D+E)\times K_e+D\div(D+E)\times K_d\times(1-T) \quad (9-2)$$

式中：$E\div(D+E)$——权益资本占全部资本的权重；$D\div(D+E)$——债务资本占全部资本的权重；K_e——权益资本要求的投资回报率（权益资本成本）；K_d——债务资本要求的回报率（债务资本成本）；T——被评估企业适用的所得税税率。

9.2.3 收益期限

收益期限是指资产获利能力持续的时间，通常以年为时间单位。它由评估人员根据被评估资产自身效能及相关条件，以及有关法律、法规、契约、合同等加以测定。与资产收益期限测定紧密相关的是资产的自然寿命、技术寿命、法定寿命和经济寿命。

资产的自然寿命是指资产从投入使用始到不能继续使用为止的时间间隔，亦称资产的物理使用寿命。

资产的技术寿命通常是针对机器设备等含有技术成分的资产，从其投入使用始到资产所包含的技术已经落后或者已经被其他技术所取代，已经被社会所淘汰为止的时间间隔。

资产的法定寿命通常是针对那些受法律保护才能存在的无形资产，法律规定对其保护的年限。

资产的经济寿命是指资产从投入使用始到其继续使用不经济为止的时间间隔。

资产的自然寿命、技术寿命、法定寿命和经济寿命有可能是重合的，但在大多数情况下是不重合的。资产的收益期限实际上与资产的自然寿命、技术寿命、法定寿命或经济寿命中的某一个是重合的，需要评估人员根据评估对象的具体情况分析而定。

9.3 收益途径中常用的数学模型

收益途径实际上是在预期收益折现思路下若干具体方法的集合。收益途径中的数学模型可以分为若干类：其一是针对评估对象载体未来预期收益有无限期的情况划分，分为有限年期和无限年期的评估模型；其二是针对评估对象载体预期收益额的情况划分，又可分为等额收益评估模型、非等额收益模型等。为了便于学习收益途径中的数学模型，先对这些数学模型中所用的字符含义做统一的定义：

P——评估值；

i——年序号；

P_n——未来第n年的预计变现值；

R_i——未来第i年的预期收益；

r——折现率或资本化率；

n——收益年期；

t——收益年期；

A——年金。

9.3.1　纯收益不变

收益永续，各因素不变的条件下的数学模型：

$$P=A/r \tag{9-3}$$

其成立条件是：①纯收益每年不变；②资本化率固定且大于零；③收益年期无限。

收益年期有限，资本化率大于零的条件下的数学模型：

$$P=\frac{A}{r}\left[1-\frac{1}{(1+r)^n}\right] \tag{9-4}$$

这是一个在估价实务中经常运用的计算公式，其成立条件是：①纯收益每年不变；②资本化率固定且大于零；③收益年期有限为n。

收益年期有限，资本化率等于零的条件下的数学模型如下：

$$P=A\times n \tag{9-5}$$

其成立条件是：①纯收益每年不变；②资本化率为零；③收益年期有限为n。

9.3.2　纯收益在若干年后保持不变

无限年期收益条件下的数学模型如下：

$$P=\sum_{i=1}^{n}\frac{R_i}{(1+r)^i}+\frac{A}{r(1+r)^n} \tag{9-6}$$

其成立条件是：①纯收益在n年（含第n年）以前有变化；②纯收益在n年（不含第n年）以后保持不变；③收益年期无限；④r大于零。

有限年期收益条件下的数学模型如下：

$$P=\sum_{i=1}^{t}\frac{R_i}{(1+r)^i}+\frac{A}{r(1+r)^t}\left[1-\frac{1}{(1+r)^{n-t}}\right] \tag{9-7}$$

其成立条件是：①纯收益在t年（含第t年）以前有变化；②纯收益在t年（不含第t年）以后保持不变；③收益年期有限为n；④r大于零。

这里要注意的是，纯收益A的收益年期是（n-t）而不是n。

9.3.3　纯收益按等差级数变化

纯收益按等差级数递增，收益年期无限的条件下的数学模型如下：

$$P=\frac{A}{r}+\frac{B}{r^2} \tag{9-8}$$

其成立条件是：①纯收益按等差级数递增；②纯收益逐年递增额为B；③收益

年期无限；④r大于零。

纯收益按等差级数递增，收益年期有限条件下的数学模型如下：

$$P=\left(\frac{A}{r}+\frac{B}{r^2}\right)\left[1-\frac{1}{(1+r)^n}\right]-\frac{B}{r}\times\frac{n}{(1+r)^n} \tag{9-9}$$

其成立条件是：①纯收益按等差级数递增；②纯收益逐年递增额为B；③收益年期有限为n；④r大于零。

纯收益按等差级数递减，收益年期无限条件下的数学模型如下：

$$P=\frac{A}{r}-\frac{B}{r^2} \tag{9-10}$$

其成立条件是：①纯收益按等差级数递减；②纯收益逐年递减额为B；③收益年期无限；④r大于零；⑤收益递减到零为止（该数学计算公式是成立的，但完全套用于资产评估是不合适的，因为资产产权主体会根据替代原则，在资产收益递减为零之前停止使用该资产或变现资产，不会无限制地永续使用下去）。

纯收益按等差级数递减，收益年期有限条件下的数学模型如下：

$$P=\left(\frac{A}{r}-\frac{B}{r^2}\right)\left[1-\frac{1}{(1+r)^n}\right]+\frac{B}{r}\times\frac{n}{(1+r)^n} \tag{9-11}$$

其成立条件是：①纯收益按等差级数递减；②纯收益逐年递减额为B；③收益年期有限为n；④r大于零。

9.3.4 纯收益按等比级数变化

纯收益按等比级数递增，收益年期无限条件下的数学模型如下：

$$P=\frac{A}{r-s} \tag{9-12}$$

其成立条件是：①纯收益按等比级数递增；②纯收益逐年递增比率为s；③收益年期无限；④r大于零；⑤r>s>0。

纯收益按等比级数递增，收益年期有限条件下的数学模型如下：

$$P=\frac{A}{r-s}\left[1-\left(\frac{1+s}{1+r}\right)^n\right] \tag{9-13}$$

其成立条件是：①纯收益按等比级数递增；②纯收益逐年递增比率为s；③收益年期有限为n；④r大于零；⑤r>s>0。

纯收益按等比级数递减，收益年期无限条件下的数学模型如下：

$$P=\frac{A}{r+s} \tag{9-14}$$

其成立条件是：①纯收益按等比级数递减；②纯收益逐年递减比率为s；③收益年期无限；④r大于零；⑤r>s>0。

纯收益按等比级数递减，收益年期有限条件下的数学模型如下：

$$P=\frac{A}{r+s}\left[1-\left(\frac{1-s}{1+r}\right)^n\right] \tag{9-15}$$

其成立条件是：①纯收益按等比级数递减；②纯收益逐年递减比率为s；③收益年期有限为n；④r大于零；⑤0<s≤1。

已知未来若干年后资产价格条件下的数学模型如下：

$$P=\frac{A}{r}\left[1-\frac{1}{(1+r)^n}\right]+\frac{P_n}{(1+r)^n} \tag{9-16}$$

其成立条件是：①纯收益在第n年（含第n年）前保持不变；②预知资产第n年的变现价格为P_n；③r大于零。

【小提示9-1】收益途径中有许多具体方法，这些具体方法又有许多数学表达式，在资产评估中运用收益途径时，重要的不是去套用这些数学公式，而是恰当地选择运用收益途径的各个经济参数，如收益额、折现率等。利用数学表达式的形式表达的收益途径中的具体方法，只是对这些具体方法折现或资本化过程的一种抽象和概括，计算公式本身并不能保证评估结论的正确。

9.4 收益途径应用举例及方法评价

9.4.1 收益途径的应用举例

【例9-1】某资产的剩余经济寿命为3年，3年的收益全部用于抵债，请评估该资产的抵债价值。经预测分析评估对象载体未来3年内各年预期收益的数据见表9-2。

表9-2 资产未来3年的预期收益

年 份	收益额（万元）	折现率（%）	折现系数	收益折现值（万元）
第1年	300	6	0.9434	283
第2年	400	6	0.8900	356
第3年	200	6	0.8396	168

由此可以确定其折现额为：

资产评估价值=283+356+168=807（万元）

【例9-2】某企业预计未来5年的收益额分别是12万元、15万元、13万元、11万元和14万元。假定从第6年开始，以后各年收益额均为14万元，确定的折现率和资本化率均为10%。请分别分析估测该企业在永续经营条件下和经营50年条件下的评估值。

（1）永续经营条件下的评估过程

首先，确定企业未来5年收益额的现值。

$$现值总额=\frac{12}{1+10\%}+\frac{15}{(1+10\%)^2}+\frac{13}{(1+10\%)^3}+\frac{11}{(1+10\%)^4}+\frac{14}{(1+10\%)^5}$$

$$=12\times0.9091+15\times0.8264+13\times0.7513+11\times0.6830+14\times0.6209$$

$$=49.2777（万元）$$

计算中的现值系数可从复利现值系数表中查得。

其次，将第6年以后的收益进行资本化处理，即：

14÷10%=140（万元）

最后，确定该企业评估值：

企业评估价值=49.2777+140×0.6209=136.20（万元）

（2）50年的收益价值评估过程

$$评估价值=\frac{12}{1+10\%}+\frac{15}{(1+10\%)^2}+\frac{13}{(1+10\%)^3}+\frac{11}{(1+10\%)^4}+\frac{14}{(1+10\%)^5}+\frac{14}{10\%(1+10\%)^5}\times\left[1-\frac{1}{(1+10\%)^{50-5}}\right]$$

$$=49.2777+140\times0.6209\times（1-0.0137）$$

$$=49.2777+85.7351$$

$$=135.01（万元）$$

【例9-2】说明如下：

本题的出发点是要提醒读者在应用收益途径时注意两点。本题第一问的要点是要注意分段法中后一段首先是应用了年收益不变的模型，这一模型的基本点是从评估基准日之后第1年开始计算，而本题实际上是从第6年开始，实际计算的结果是第6年年初（即第5年年末）的价值，还必须将这一值进一步折现至评估基准日。本题第二问的要点是对有限年期的分段法中的后一段的计算结果（按无限年期计算）调整至有限年期，即进行年期修正，而修正的基数是后一段按无限年期计算结果的部分而不是全部。在进行年期修正时，虽然题目给出经营期为50年，但是按无限年期经营计算的部分是从第6年年初开始的，从第6年年初与全部经营期50年年末之间相差5年的经营期，因此，在年期修正中不能采用50年而应采用“50-5”年。

9.4.2 收益途径的评价

从理论上讲，收益途径是资产评估中最符合资产价值原理的一条评估途径。它是按照将利求本的技术思路进行估值的，能够客观地反映资产的价值。收益途径中的数学模型丰富多彩，可以覆盖各种资产盈利模式。可以说，收益途径的优点非常明显，是整体性资产评估、无形资产评估等的基本选择。然而，收益途径的缺点也比较明显，主要体现在其操作性较差，因为收益途径的运用依赖于评估人员对评估对象载体未来收益的预测的精度，评估人员对评估对象预期面临的风险的判断和把握的程度，数据资料的数量、来源及质量，评估人员的专业胜任能力和职业操守等。也就是说，收益途径的运用效果在很大的程度上取决于评估师的主观判断。由于世界经济一体化的程度越来越高，一国经济状况越来越受到世界经济的影响，经济形势的较快变化使得评估人员对未来的经济发展趋势、资产的收益能力，以及面临的风险的判断和把握越来越困难。这些都会使得收益途径的运用带有明显的主观色彩。

本章小结

收益途径乃是资产评估中最重要的一条评估技术途径，在资产评估中具有重要的作用。从理论上讲，收益途径具有适用性强、相对合理的特点，但在实际运用中又存在着经济技术参数不易测定的情况。充分掌握收益途径的内涵、应用前提条件，以及评估参数选取和测算技术的要求，是正确理解和运用收益途径的基础。

主要概念

收益途径　正常收益　资本化率　收益期限

基本训练

1.思考题

（1）收益途径存在和运用的经济学基础是什么？

（2）保证收益途径评估结论可靠性需要满足什么条件？

（3）为什么收益途径中的收益额通常选择“客观收益额”？

（4）折现率及资本化率的本质是什么？

2.选择题

（1）采用收益途径评估资产时，收益途径中的各个经济参数存在的关系是（　　）。

A.资本化率越高，收益现值越低

B.资本化率越高，收益现值越高

C.资产未来收益期对收益现值没有影响

D.资本化率和收益现值无关

（2）运用收益途径涉及的基本要素或参数包括（　　）。

A.被评估资产的实际收益　　B.被评估资产的预期收益

C.折现率或资本化率　　D.被评估资产的总使用年限

E.被评估资产的预期获利年限

（3）在正常情况下，运用收益途径评估资产价值时，要求资产的收益额应该是资产的（　　）。

A.历史收益额　　B.未来预期收益额　　C.现实收益额

D.实际收益额　　E.客观收益额

3.判断题

（1）资产评估中的收益现值是指为获得该项资产以取得预期收益的权利所支付的货币总额。（ ）

（2）折现率与资本化率从本质上讲是没有区别的。（ ）

（3）在收益额确定的前提下，资本化率越高，收益现值越高；资本化率越低，收益现值也越低。（ ）

（4）一般情况下，在收益途径运用过程中，折现率的口径应与收益额的口径保持一致。（ ）

（5）凡是能够带来未来收益的资产，都可以运用收益途径评估。（ ）

（6）一般情况下，运用收益途径评估资产的价值，所确定的收益额应该是资产实际收益额。（ ）

第9章参考答案

第10章 资产评估的成本途径

学习目标

通过本章的学习，学生应当了解和掌握资产评估成本途径及具体技术方法的理论基础、适用条件、应用前提、构成要素、主要经济技术参数、数学表达式和归纳式，以及成本途径中的各种评估技术方法的基本应用。

10.1 成本途径及其程序

10.1.1 成本途径的基本含义

成本途径也是资产评估的基本途径之一。成本途径是指依据生产费用价值论并按照资产重建或重置的思路，通过估测被评估资产的重置成本，然后估测被评估资产业已存在的各种贬损因素，并从其重置成本中予以扣除而得到被评估资产价值的评估技术思路与实现该技术思路的各种评估技术方法的总称。在资产评估实践中，成本途径亦被称为成本法。

重建或重置被评估资产是成本途径自始至终贯穿的评估思路和实现目标。在条件允许的情况下，任何一个潜在的投资者在决定投资某项资产时，其所愿意支付的价格都不会超过购建该项资产的现行购建成本。如果投资对象并非全新，投资者所愿支付的价格会在投资对象全新的购建成本的基础上扣除资产的实体性贬值（有形损耗）。如果被评估资产存在功能和技术落后，投资者所愿支付的价格会在投资对象全新的购建成本的基础上扣除资产的功能性贬值。如果被评估资产及其产品面临市场困难和外力影响，投资者所愿支付的价格会在投资对象全新的购建成本的基础上扣除资产的经济性贬值。上述评估思路可用数学模型概括为：

对于全新且无贬值的被评估资产：

资产的评估价值=资产的全新重置成本 (10-1)

对于非全新且存在贬值的被评估资产：

资产的评估值=资产的全新重置成本-资产实体性贬值-资产功能性贬值-资产经济性贬值 (10-2)

上述数学模型所概括的成本途径是以成本途径各构成要素出现的概率的大小排列而成的。因此，此数学模型亦称为成本途径的理论表达式。

成本途径是以再取得被评估资产的重置成本为基础来估测资产价值的，成本途径评估的资产价值属于投入价值范畴。由于被评估资产的再取得成本的有关数据和信息来源较广泛，并且资产重置成本与资产的现行市价及收益现值也存在着内在联系和替代关系。因而，成本途径经常应用于市场并十分活跃条件下的单项资产评估。当然，成本途径也可以应用于整体性资产的评估。

10.1.2 成本途径的基本前提

成本途径作为一种独立的评估思路和评估手段，它是从再取得资产的角度来反映资产的交换价值的，即通过资产的重置成本反映资产的交换价值。在许多情况下，成本途径是市场途径和收益途径的一个替代评估途径，成本途径对评估条件的要求并不十分苛刻。但是在运用成本途径进行评估时，还是应当明确评估的前提条件是评估对象载体按评估时点在用用途继续使用或改变用途继续使用，而且这种继续使用能够带来足够的回报。只有明确了被评估资产在评估时点可以继续使用，以及在此继续使用状态下能够带来足够收益的情况下，才能把握运用成本途径评估资产中的各个经济技术参数的构成和取舍。只有在被评估资产可以继续使用并能正常获利的前提下，再取得被评估资产的全部费用才能构成其重置成本的内容。资产的继续使用不仅仅是一个物理上的概念，资产的继续使用包含其使用的有效性的经济意义。只有当资产能够继续使用，并且在持续使用中为潜在所有者和控制者带来经济利益，资产的重置成本才能为潜在投资者及市场所承认和接受。从这个意义上讲，明确成本途径的使用前提是非常重要的。尽管资产是否能继续使用并不是决定成本途径能否使用的唯一前提。但是，对于非继续使用前提下的资产，应该首选市场途径评估。如果不得不运用成本途径进行评估，则需要对成本途径的基本要素做必要的调整。从相对准确合理、减少风险和提高评估效率的角度，明确成本途径的使用前提对合理运用成本途径是有积极意义的。

成本途径作为重建或重购评估技术方法的集合，在一般情况下，其具体评估方法大致可以分为两类，其一是评估单项资产的具体方法，如市场购置法、重置核算法、价格指数法和功能价值类比法等等。其二是评估整体性资产的具体方法，整体性资产通常包括企业、资产组合和资产组组合等。由于整体性资产的再取得成本及评估价值是其各个要素资产的再取得成本及评估价值之和，运用成本途径评估整体性资产的具体技术方法主要是资产基础法，亦称要素资产评估价值加和法。由于资产基础法的具体应用方式和具体技术手段较为复杂，从表面上不易看出其成本途径的本质。而应用于单项资产评估的成本途径的具体技术方法相对简单明了，便于理解把握成本途径的本质。因此，本章主要以单项资产评估为基础介绍成本途径中的基本要素和具体技术方法。

10.1.3 成本途径的基本要素

从一般意义上讲，成本途径的运用涉及4个基本要素，即资产的重置成本、实体性贬值（有形损耗）、功能性贬值和经济性贬值。

1）资产的重置成本

概要地讲，重置成本就是资产的现行再取得成本或所付金额，即评估基准日时取得资产需要支付的市场认可的全部合理支出。具体地说，重置成本包括重建资产的现行再建造成本和重置资产的现行再购置成本。

关于重置成本的内涵，人们的认识基本上是统一的。重置成本实际上是一个价格范畴。从大的方面讲，现行再建造成本是由构建资产合理的、市场认可的建造费用、资金成本和利润构成。现行再购置成本是由重新取得资产必须支付的合理市场价格和相关费用构成。

在不同行业和领域，人们对于资产重置成本口径的认识可能还存在着一定的差异。具体来说，人们将重置成本划分为全新状态下的重置成本和现实状态下的重置成本。资产评估中的重置成本是指全新状态下再建造成本或再购置成本，而会计核算中的重置成本则是现实状态下的再建造成本或再购置成本。

（1）全新状态下的重置成本

全新状态下的重置成本是指重新取得一个全新的资产市场认可的再取得成本或支出金额。全新状态下的重置成本又具体分为全新复原重置成本和全新更新重置成本两种。

全新复原重置成本是指以现时价格水平重新购置或重新建造与被评估资产相同的全新资产所发生的市场认可的全部合理支出金额。与被评估资产相同不仅包括整体功能，还包括材料、建筑或制造标准、设计、规格和技术等的采用方面与被评估资产相同或基本相同。

全新更新重置成本是指以现行价格水平重新购置或重新建造与被评估资产具有同等功能的全新资产所需的市场认可的全部合理支出。与被评估资产相比，具有同等功能的全新资产采用了更新或更现代的材料、建筑或制造标准、设计、规格和技术等。

（2）现实状态下的重置成本

现实状态下的重置成本是指重新取得一个与被评估资产现实状况及状态相同的资产所必须支出的市场认可的合理金额。现实状态下的重置成本也分为复原重置成本和更新重置成本两种。

从理论上讲，现时状态下的复原重置成本相当于在评估基准日重新复制一个与现实状态下的被评估资产“完全”相同的资产所需支出的市场认可的全部合理金额。

从理论上讲，现时状态下的更新重置成本相当于在评估基准日重新取得一个与现实状态下的被评估资产具有同等功能的资产所必须支出的市场认可的合理金额。与被评估资产相比，具有同等功能的重置资产采用了更新或更现代的材料、建筑或制造标准、设计、规格和技术等。

在资产评估实践中，评估专业人员在运用成本途径的过程中通常使用全新状态下的重置成本概念。因此，如果没有特别说明，本教材中的重置成本指的就是“全新状态下的重置成本”。

2）资产的实体性贬值（有形损耗）

资产的实体性贬值亦称为资产有形损耗，是指资产由于使用及自然力的作用导致的资产的物理性能的损耗或下降而引起的资产的价值损失。资产的有形损耗通常采用相对数计量，即实体性贬值率（有形损耗率）。

$$资产实体性贬值率=资产实体性贬值额\div资产重置成本\times100\% \tag{10-3}$$

3）资产的功能性贬值

资产的功能性贬值是指由于技术进步引起的被评估资产功能相对落后而造成的资产价值损失，包括新工艺、新材料和新技术的采用等而使被评估资产的建造成本超过现行建造成本的超支额，以及被评估资产的运营成本的超支额。

4）资产的经济性贬值

资产的经济性贬值是指由于外部条件的变化引起资产持续性闲置、使用受限、运营成本增加等且导致收益持续下降而造成的资产价值损失。

10.1.4 成本途径中的具体技术方法

成本途径中的具体技术方法包括在成本途径之下的可以直接得到评估结论的具体技术方法，也包括估算成本途径各个组成要素需要使用的具体评估技术方法。

在成本途径之下的可以直接得到评估结论的具体技术方法，是指那些按照评估对象载体重建或重置思路进行评估的具体方法，但并不是或不完全是按照评估对象载体的重置成本、实体性贬值、功能性贬值和经济性贬值逐一进行评估来获得评估结论的具体方法，例如企业价值评估中的资产基础法。本教材中的成本途径的具体方法，则主要介绍估算估测成本途径各个组成要素的具体技术方法，如估算资产重置成本的市场购置法、重置核算法、价格指数法和功能价值类比法等。

估算估测成本途径各个组成要素的各种技术方法实际上就是围绕着重置成本、实体性贬值、功能性贬值和经济型贬值4个要素的测算展开的。虽然这些评估方法是从估算估测成本途径各个组成要素的角度提出的，但实际上，这些评估方法的应用结果有可能超出所评估具体组成要素的范畴。

10.2 成本途径中的基本参数估测

成本途径的运用在一定意义上讲，就是对4个基本要素估测和综合分析判断的过程。尽管成本途径中的每一个基本参数在一般情况下需要单独估测，但成本途径中的4个基本要素之间却存在着相互关联、相互影响，甚至具有包容关系。也就是说，通过特定的技术方法估测成本途径的某一构成要素（名义上的），估测出来的结果实际上已经超出了该构成要素的范围，包含了其他构成要素的成分。这一点是评估人员运用成本途径时需要特别关注的，评估人员需要把成本途径中的各个构成要素以成本途径技术思路的整体角度去把握，不可以机械地、分裂地评估4个要素。另外，成本途径中的每一个基本参数都可以通过若干具体评估技术方法进行估测，而运用不同的评估技术方法所采用的参数可能存在差异，其估测出来的结果可能会出现不一致的情况，甚至可能出现一些“质”的变化，需要评估人员深入地了解不同具体评估技术方法运用的基础、依据的参数，以判断其运用结果对得出的基本参数的内涵的影响，并合理地界定其在成本途径中扮演的确切的组成要素。

笼统地讲，资产的重置成本是指资产按照现行市场价格标准的再取得成本。由于不同的评估对象载体本身的差异，以及同一评估对象载体在评估时点的存在形式和状态、作用地点和方式等的差异，资产按照现行市场价格为标准的再取得成本的价值构成可能会存在差异。例如，房地产的重置成本构成与机器设备的重置成本构成就存在着差异，机器设备的重置成本可能要包括运杂费、安装调试费，需要安装的机器设备的重置成本构成与不需要安装的机器设备的重置成本构成也是有差异的。在评估对象载体重置成本估测过程中界定评估对象载体的重置成本构成是至关重要的。界定重置成本构成相当于明确了重置成本测算的目标，估测方法仅仅是手段。

1）重置成本的评估方法

从估算方法的角度来看，无论是全新状态下的重置成本，还是现实状态下的重置成本，尽管估算标准和评估依据存在着差异，但它们的估算方法却大同小异。因此，下面关于重置成本估算方法部分，统一使用重置成本概念而并不将其区分为全新状态下的重置成本和现实状态下的重置成本。

这里介绍的重置成本评估方法仅仅是站在估测技术的层面上，对那些可以用于估测重置成本的技术方法加以介绍。其实，由于这些不同的估测方法使用的具体经济技术参数和考虑的因素上存在差异，不同估测方法所得到的重置成本也可能在其价值构成中发生了某些变化，甚至已经不是严格意义上的重置成本了。这就需要评估人员重点关注不同估测方法对“重置成本”价值构成的影响，并对“重置成本”的内涵有清醒的认识和把握，以便能正确地运用成本途径并合理地考虑其他构成要素的取舍。

（1）重置核算法

重置核算法亦称为细节分析法、核算法等。它是利用会计成本核算的原理，根据评估时点重新取得评估对象载体所需支付的各种支出金额，逐项测算然后累加得到被评估资产的重置成本。实际测算过程又具体划分为两种类型，即购买型和自建型。

购买型是以在评估时点市场上重新购买被评估资产的方式作为取得被评估资产的手段，所以购买型又称为市场重置法。购买型下的资产的重置成本估测首先要确定资产的现行购买价格，然后根据重置成本目标决定是否需要考虑运杂费、安装调试费，以及其他必要费用，再将取得资产的必需费用累加起来，便可估测出资产的重置成本。当运用此种评估方法估算资产的重置成本时，需要注意评估所依据的市场是评估对象相同或类似资产的一级市场或二级市场。如果评估依据的是与被评估资产相同或类似资产的一级市场，其评估结果通常属于被评估资产全新状态下的重置成本，且该被评估资产的全新重置成本已经将被评估资产的功能性贬值和经济性贬值剔除了。如果评估依据的是与被评估资产相同或类似资产的二级市场，其评估结果通常属于被评估资产现实状态下的重置成本，且该被评估资产现实状态下的重置成本就是被评估资产的评估结果了。

自建型是以在评估时点重新建造资产作为资产重置方式，并根据重新建造资产所需要的料、工、费及必要的资金成本和开发建设者的合理利润等分析和计算出资产的重置成本。

资产的重置成本其实是一个价格范畴。从理论上讲，开发者的合理利润本来就是资产价格的组成部分。另外，按照重置成本的定义，重置成本是按在现行市场条件下重新购建一项全新资产所支付的全部货币支出金额。这个货币支出金额中应该包括资产开发和制造商的合理收益。一般情况下，资产重置成本中的收益部分的确定，应以评估时点同行业平均资产收益水平为依据。

【例10-1】评估一台正在使用中的设备的重置成本。与被评估设备完全一样的全新设备的现行市场价格为每台50 000元，从购置市场到被评估设备的使用地点需要运杂费1 000元，使被评估设备达到使用状态需要直接安装成本800元，其中原材料300元，人工成本500元。根据统计分析，计算求得安装成本中的间接成本为每元人工成本0.8元，被评估机器设备重置成本为：

直接成本=50 000+1 000+800=51 800（元）

其中：买价为50 000元；运杂费为1 000元；安装成本为800元（其中，原材料为300元，人工成本为500元）。

间接成本（安装成本）为400元。

重置成本合计为52 200元。

（2）价格指数法

价格指数法是利用与资产相关的价格指数，将被评估资产的历史成本（账面价值）调整为重置成本的一种方法，其数学表达式为：

重置成本=资产的账面原值×（1+价格变动指数） (10-4)

或 =资产的账面原值×价格指数 (10-5)

式中：价格指数可以是定基价格指数或环比价格指数。定基价格指数是评估时点的价格指数与资产购建时点的价格指数之比，即：

定基价格指数=评估时点定基价格指数÷资产购建时定基价格指数×100% (10-6)

环比价格指数可考虑按下式求得：

$$x=(1+a_1)\times(1+a_2)\times(1+a_3)\times\cdots\times(1+a_n)\times100\% \quad (10\text{-}7)$$

式中：x——环比价格指数；a_n——第 n 年环比价格变动指数，$n=1, 2, 3, \cdots, n$。

【例 10-2】被评估资产购建于2016年，账面原值为50 000元，购建时该类资产的定基价格指数为95%，评估时点该类资产的定基价格指数为160%，则：

评估对象重置成本=50 000×（160%÷95%×100%）=84 210（元）

又如，被评估资产账面价值为200 000元，2016年建成，2021年进行评估，经调查已知同类资产的环比价格变动指数如下：2017年为11.70%，2018年为17%，2019年为30.50%，2020年为6.90%，2021年为4.80%，则有：

被评估资产重置成本=200 000×［（1+11.70%）×（1+17%）×（1+30.50%）×（1+6.90%）×（1+4.80%）×100%］

=200 000×191.07%

=382 140（元）

价格指数法并不是一种经常使用的方法，它与重置核算法在重置成本估算中具有明显的区别：

① 价格指数法估算的重置成本，仅考虑了价格变动因素，因而确定的是复原重置成本；而重置核算法既可以考虑价格因素，又可以考虑生产技术进步和劳动生产率等变化因素，因而既可以估算复原重置成本，又可以估算更新重置成本。

② 价格指数法估测标准建立在某一种或某类，甚至全部资产的物价变动水平上，而重置核算法建立在同种资产现行价格水平的基础上，两者的评估精度是有差异的。

明确价格指数法和重置核算法的区别，有助于重置成本估测中的方法判断和选择。一项科学技术进步较快的资产，采用价格指数法估算的重置成本往往会偏高。当然，价格指数法和重置核算法也有相同点，即都是建立在利用历史资料基础上的。因此，注意分析、判断资产评估时重置成本口径与委托方提供历史资料（如财务资料）的口径差异，是上述两种方法应用时需注意的共同问题。

（3）功能价值类比法

功能价值类比法是一种通过寻找与被评估资产功能相同或相似且已广泛使用的

资产为参照物，根据该类资产及参照资产的重置成本与其功能的关系，利用参照物的重置成本与其功能之间的对应关系，以及参照物功能与被评估资产功能之间的比例，估算被评估资产的重置成本的具体评估方法。根据目前对功能价值类比法的开发和利用情况看，目前的功能价值类比法基本局限在生产能力比较法的运用上。依据资产生产能力与资产价值的线性关系或指数关系，功能价值类比法（包括生产能力比较法）又可以划分为生产能力比例法和规模经济效益指数法两种。

其中，生产能力比例法的数学表达式为：

$$\text{被评估资产重置成本}=\frac{\text{被评估资产年产量}}{\text{参照物年产量}}\times\text{参照物重置成本} \tag{10-8}$$

【例10-3】参照物是一台与被评估设备功能相同的全新机器设备，现行市场价格为5万元，年产量为5 000件。被评估设备的年产量为4 000件，据此判断被评估设备的重置成本。

被评估设备重置成本=4 000÷5 000×50 000=40 000（元）

运用这种方法的前提条件和假设是资产的价值（重置成本）与其生产能力呈线性关系，即生产能力越大，价值（重置成本）越高，而且是呈正比例变化。应用这种方法估算重置成本时，首先应分析资产成本与生产能力之间是否存在这种线性关系。如果不存在这种关系，就不可以采用这种方法。

通过不同资产的生产能力与其成本之间关系的分析可以发现，许多资产的成本与其生产能力之间不存在线性关系。当资产A的生产能力比资产B的生产能力大一倍时，其成本却不一定大一倍。也就是说，资产生产能力和成本之间只成同方向变化，而不是等比例变化。这是由于规模经济效益作用的结果。两项资产的重置成本和生产能力相比较，其关系可用下列数学表达式表示：

$$\frac{\text{被评估资产重置成本}}{\text{参照物重置成本}}=\left(\frac{\text{被评估资产的年产量}}{\text{参照物资产的年产量}}\right)^x \tag{10-9}$$

推导可得：

$$\text{被评估资产重置成本}=\text{参照物重置成本}\times\left(\frac{\text{被评估资产的产量}}{\text{参照物资产的产量}}\right)^x \tag{10-10}$$

公式中的x是一个经验数据，又被称为规模经济效益指数。这个经验数据一般为0.4～1，在不同行业以及不同时期，该经验数据都会存在差异。评估过程中要谨慎测算、选择、使用规模经济效益指数。

公式（10-9）和公式（10-10）通常被称作规模经济效益指数法表达式。

上述几种方法均可用于确定在成本途径运用中的重置成本。至于选用哪种方法，应根据具体的评估对象载体和可以收集到的资料确定。这些方法对某项资产可能同时都能用，有的则不然。应用时必须注意分析各种方法运用的前提条件，否则将得出错误的结论。

另外，在用成本途径对企业整体资产及某一相同类型资产进行评估时，为了简化评估业务，节省评估时间，还可以采用统计分析法来确定某类资产重置成本。这种方法运用的步骤如下：

第一，在核实资产数量的基础上，把全部资产按照适当标准划分为若干类别。例如，房屋建筑物按结构划分为钢结构、钢筋混凝土结构等，机器设备按有关规定划分为专用设备、通用设备、运输设备、仪器、仪表等。

第二，在各类资产中抽样选择适量具有代表性的资产，应用功能价值类比法、价格指数法、重置核算法等方法估算其重置成本。

第三，依据分类抽样估算资产的重置成本与账面历史成本，计算出分类资产的调整系数。其数学表达式为：

$$K=R'\div R \quad (10-11)$$

式中：K——资产重置成本与历史成本的调整系数；R′——某类抽样资产的重置成本；R——某类抽样资产的账面历史成本。

根据调整系数K估算被评估资产的重置成本，计算公式为：

$$\text{被评估资产重置成本}=\sum\text{某类资产账面历史成本}\times K \quad (10-12)$$

某类资产账面历史成本可从会计记录中取得。

【例10-4】评估A企业C类通用设备，经抽样选择具有代表性的C类通用设备5台，估算其重置成本之和为30万元，而该5台具有代表性的C类通用设备账面历史成本之和为20万元，C类通用设备账面历史成本之和为500万元，则：

K=30÷20=1.5

C类通用设备重置成本=500×1.5=750（万元）

【小提示10-1】利用不同的技术方法估测资产的重置成本，其结果可能会有所差异。这种差异不但表现在数量上，而且在性质上也有可能发生改变，即在有些情况下，某些技术方法估测出来的“重置成本”已经不是严格意义上的重置成本了。因此，应当特别注意不同技术方法估测的重置成本的确切属性。

2）实体性贬值的估算方法

资产的实体性贬值（有形损耗）的估算一般要通过综合的技术方法和分析来确定。为了便于理解和把握这些具体估测方法，我们将其分解，以便分别介绍。在实际评估资产实体性贬值时，可以选择几种方法综合估测或在条件允许的情况下单独采用其中某一种方法估测。

（1）观测法

观测法，也称为成新率法。它是指由具有专业知识和丰富经验的工程技术人员对被评估资产的实体各主要部位进行技术鉴定，并综合分析资产的设计、制造、使用、磨损、维护、修理、大修理、改造情况和物理寿命等因素，将被评估资产与其全新状态相比较，考察使用磨损和自然损耗对资产的功能、使用效率带来的影响，判断被评估资产的成新率，从而估算实体性贬值。其数学表达式为：

$$\text{资产实体性贬值}=\text{重置成本}\times(1-\text{实体性成新率}) \quad (10-13)$$

其中：

实体性成新率=1-实体性贬值率　　(10-14)

(2) 使用年限法

使用年限法是利用被评估资产的实际已使用年限与其总使用年限的比值来判断其实体性贬值率（程度），进而估测资产的实体性贬值的方法。与使用年限法具有相同评估原理的技术方法还有工作量比率法、行驶里程法等。

使用年限法数学表达式为：

$$\text{资产实体性贬值}=\frac{\text{重置成本}-\text{预计残值}}{\text{总使用年限}}\times\text{实际已使用年限} \quad (10\text{-}15)$$

式中：

① 预计残值是指被评估资产在清理报废时净收回的金额。在资产评估中，通常只考虑数额较大的残值，如残值数额较小可以忽略不计。

② 总使用年限指的是实际已使用年限与尚可使用年限之和。

总使用年限=实际已使用年限+尚可使用年限　　(10-16)

实体性贬值率的计算公式为：

实体性贬值率=实际已使用年限÷总使用年限　　(10-17)

实际已使用年限=名义已使用年限×资产利用率　　(10-18)

由于资产在使用中负荷程度的影响，必须将资产的名义已使用年限调整为实际已使用年限。

名义已使用年限是指资产从购进使用到评估时的年限。名义已使用年限可以通过会计记录、资产登记簿、登记卡片查询确定。实际已使用年限是指资产在使用中实际损耗的年限。实际已使用年限与名义已使用年限的差异，可以通过资产利用率来调整。资产利用率计算公式为：

$$\text{资产利用率}=\frac{\text{截至评估日资产累计实际利用时间}}{\text{截至评估日资产累计法定利用时间}}\times 100\% \quad (10\text{-}19)$$

当资产利用率大于1时，表示资产超负荷运转，资产实际已使用年限比名义已使用年限要长。

当资产利用率等于1时，表示资产满负荷运转，资产实际已使用年限等于名义已使用年限。

当资产利用率小于1时，表示开工不足，资产实际已使用年限小于名义已使用年限。

【例10-5】某资产2011年2月购进，2021年2月评估时，名义已使用年限是10年。根据该资产技术指标，正常使用情况下，每天应工作8小时，该资产实际每天工作7.5小时。由此可以计算资产利用率：

资产利用率=10×360×7.5÷（10×360×8）×100%=93.75%

由此可确定其实际已使用年限为9.38年。

在实际评估过程中，由于企业基础管理工作较差，再加上资产运转中的复杂性，资产利用率的指标往往很难确定。评估人员应综合分析资产的运转状态，诸如资产开工情况、大修间隔期、原材料供应情况、电力供应情况、是否季节性生产等各方面因素分析确定。

从实体性贬值测算的角度来看，尚可使用年限是根据资产的有形损耗因素，预计资产的继续使用年限。但在评估实践中，被评估资产实际上不仅有有形损耗意义上的尚可使用年限，例如剩余技术寿命和剩余经济寿命等。如果在应用使用年限法估测被评估资产的实体性贬值时，使用了剩余技术寿命或剩余经济寿命作为被评估资产的尚可使用年限，那么该评估方法的估测结果就不是严格意义上的实体性贬值率了，可能还包含了功能性贬值和经济性贬值因素。

（3）修复金额法

修复金额法是根据修复资产的已损实体达到“完好状态”所需要支付的金额来判断资产的有形损耗额。此方法主要适用于具有特殊结构的可补偿性资产有形损耗额的估测。可补偿性有形损耗是指技术上可修复且经济上合理的有形损耗。

3）功能性贬值的估算方法

功能性贬值是由于被评估资产技术相对落后造成的贬值。估算功能性贬值时，主要根据资产的使用效用、生产能力、工耗、物耗、能耗水平等功能方面的差异造成的成本增加或效益降低，相应确定功能性贬值额。被评估资产的功能性贬值通常表现为运营成本超支额和投资成本超支额两类。同时，还要重视技术进步因素，注意替代设备、替代技术、替代产品等的影响，以及行业技术装备水平现状和资产更新换代速度。

通常情况下，被评估资产超额运营成本形成的功能性贬值的估算可以按下列步骤进行：

第一，将被评估资产的年运营成本与功能相同且广泛使用的主流可比资产的年运营成本进行比较。

第二，计算二者的差异，确定净超额运营成本。由于企业支付的运营成本是在税前扣除的，企业支付的超额运营成本会导致税前利润额下降、所得税税额降低，使得企业负担的运营成本低于其实际支付额。因此，净超额运营成本是超额运营成本扣除其抵减的所得税以后的余额。

第三，估计被评估资产的剩余寿命。

第四，以适当的折现率将被评估资产在剩余寿命内每年的净超额运营成本折现。这些折现值之和就是被评估资产功能性贬值额，其数学表达式为：

$$\text{被评估资产功能性贬值额} = \sum(\text{被评估资产年净超额运营成本} \times \text{折现系数}) \quad (10\text{-}20)$$

【例10-6】被评估机器设备是一台技术相对落后的设备，目前社会广泛使用的技术先进的同类可比设备比被评估设备的生产效率高，节约工资费用。有关资料及计算结果见表10-1。

表10-1　　设备的技术资料

项　　目	可比设备	被评估设备
月产量	10 000件	10 000件
单件工资	0.80元	1.20元
月工资成本	8 000元	12 000元
月差异额		12 000-8 000=4 000（元）
年工资成本超支额		4 000×12=48 000（元）
减：所得税（税率为25%）		12 000元
扣除所得税后年净超额工资		36 000元
资产剩余使用年限		5年
假定折现率为10%，5年年金折现系数		3.7908
功能性贬值额		136 468.80元

应当指出，被评估资产与可比资产之间的对比，除生产效率影响工资成本超额支出外，还可对原材料消耗、能源消耗，以及产品质量等指标进行对比计算其功能性贬值。

此外，由于技术进步造成被评估资产出现超额投资成本形成的功能性贬值，还可以通过超额投资成本的估算进行评估，即超额投资成本可视同为功能性贬值，其数学表达式为：

超额投资成本功能性贬值=复原重置成本-更新重置成本　　(10-21)

功能性贬值主要是由于技术相对落后造成的贬值，在资产评估实践中，并不排除由于资产功能过剩形成的资产的功能性贬值。

4）经济性贬值的估算方法

就表现形式而言，资产的经济性贬值主要表现为由于外部因素导致的被评估资产持续性的使用受限、利用率下降、运营成本增加，甚至出现闲置，并由此引起资产的运营收益持续性的减少。当有确实证据表明资产已经存在经济性贬值，可参考下面方法估测其经济性贬值率或经济性贬值额。

（1）当确信被评估资产的功能与其价值呈指数关系时：

$$经济性贬值率=\left[1-\left(\frac{资产预计可被利用的生产能力}{资产原设计生产能力}\right)^x\right]\times100\% \qquad (10-22)$$

式中：x——功能价值指数，实践中多采用经验数据，数值一般为0.6～0.7。

（2）当确信被评估资产的功能与其价值呈线性关系时：

$$经济性贬值率=\left(1-\frac{资产预计可被利用的生产能力}{资产原设计生产能力}\right)\times100\% \qquad (10-23)$$

在利用经济性贬值率确定经济性贬值额时，即使评估对象还存在着实体性和功能性贬值的情况，资产的经济性贬值额也应该用资产的重置成本乘以经济性贬值率求得。

资产的经济性贬值额=资产的重置成本×经济性贬值率

（3）当确信被评估资产使用受限并导致收益损失时，资产的经济性贬值额可以直接利用资产的年收益损失净额及其收益损失持续的时间，以及折现率估测。

经济性贬值额=资产年收益损失净额×（1-所得税税率）×（P/A，r，n）　　（10-24）

式中：（P/A，r，n）——年金现值系数。

【例10-7】被评估生产线设计生产能力为年产20 000台产品，因市场需求结构变化，在未来可使用年限内，每年产量估计要减少6 000台，被评估生产线的产量减少与其价值损失之间呈指数关系，功能价值指数为0.6。根据上述条件，该生产线的经济性贬值率估测值为：

经济性贬值率=［1-（14 000÷20 000）$^{0.6}$］×100%=（1-0.81）×100%=19%

【例10-8】数据承上例，假定被评估生产线每年减产6 000台产品，每台产品利润为100元，按照减产后的生产能力，该生产线尚可继续使用3年，假定折现率为10%，所得税税率为25%。该资产的经济性贬值额大约为：

经济性贬值额=6 000×100×（1-25%）×（P/A，10%，3）=450 000×2.4869
=1 119 105（元）

在资产评估实践中，也存在着资产的经济性溢价的情况。当外部环境，特别是制度及政策环境更有利于某种或某类资产更有效地发挥功能和效用并能够取得持续性超额收益时，此种或此类资产也存在着经济性溢价的可能。

10.3　成本途径应用举例及方法评价

10.3.1　应用举例

【应用举例10-1】甲企业拟以资产A投资到乙企业，要求对资产A进行评估。具体资料如下：资产A账面原值为600万元，净值为200万元，按财务制度规定资产A的折旧年限为30年，已计提折旧年限为20年。经调查分析确定，按现在市场材料价格和工资费用水平，新建造与资产A相同的全新资产的全部支出金额为480万元。经查询原始资料和企业记录，资产A截至评估基准日的法定利用时间为57 600小时，实际累计利用时间为50 400小时。经专业人员勘察估算，资产A还能使用8年。又知，该资产A由于设计不合理，造成耗电量大、维修费用高，与现在同类标准资产比较，每年多支出营运成本3万元（该企业适用的所得税税率为25%，假定折现率为10%）。根据上述资料，采用成本途径对资产A进行评估。

按照成本途径评估资产A的价值接近于1 385 725元，具体过程如下：

资产A评估价值=重置成本-资产A实体性贬值-资产A功能性贬值-资产A经济性贬值

资产A的重置成本=4 800 000元

资产A已使用年限=20×（50 400÷57 600×100%）=17.5（年）

资产A实体性贬值率=17.5÷（17.5+8）×100%=68.63%

资产A的功能性贬值=30 000×（1−25%）×（P/A，10%，8）
=30 000×0.75×5.3349
=120 035（元）

资产A评估价值=4 800 000×（1−68.63%）−120 035=1 385 725（元）

【应用举例10-2】被评估资产为某企业2018年购进的一条生产线W，账面原值为150万元，2021年进行评估。经调查分析确定，生产线W的价格每年比上一年增长10%。专业人员勘察估算认为，生产线W还能使用6年。又知，目前市场上已出现功能更先进的生产线N，并被普遍运用，与生产线W相比，生产线N可节省人员3人，每人的月工资水平为650元。此外，由于市场竞争加剧，生产线W开工不足，由此造成的收益损失额为每年20万元（该企业所得税税率为25%，假定折现率为10%）。根据上述资料，采用成本途径对生产线W进行评估。

按照成本途径评估生产线W的价值接近于601 336元，具体评估过程如下：

资产评估价值=重置成本−资产经济性贬值−资产功能性贬值−资产实体性贬值

生产线W的重置成本=150×（1+10%）^{3}=199.65（万元）=1 996 500（元）

生产线W的实体性贬值率=3÷（3+6）×100%=33.33%

生产线W的功能性贬值=3×12×650×（1−25%）×（P/A，10%，6）
=23 400×0.75×4.3553
=76 436（元）

生产线W的经济性贬值=200 000×（1−25%）×（P/A，10%，6）
=200 000×0.75×4.3553
=653 295（元）

生产线W评估价值=1 996 500×（1−33.33%）−76 436−653 295=601 336（元）

成本途径的数学表达式实际上是可以从成本途径中的三类贬值因素出现的概率和对评估值影响程度的顺序两个角度设计的。成本途径的理论表达式是从三类贬值出现的概率的大小安排其被扣减的顺序。而成本途径的逻辑表达式则是按照三类贬值对评估值影响程度排列其扣减的顺序。如果对同一评估对象采用两种表达式进行估值，只要成本途径中的四个参数的估计是基本合理的，两种表达式的估计结果就应该在一个合理的区间值以内。在实际评估中到底选择哪一种成本途径表达式进行评估，取决于评估对象本身的情况，以及外部环境对评估对象价值影响的情况而定。在资产评估的实践中，评估人员在具体应用成本途径评估资产时，主要采用的是成本途径的理论表达式。

10.3.2 成本途径评价

成本途径是资产评估中的一种重要的评估思路和手段。成本途径的最大优点是对评估所需要的信息资料的取得相对容易，在充分分析的基础上可以大量利用会计、工程等方面的数据，特别是在被评估资产缺少收益数据和市场相关数据，无法使用收益途径和市场途径的情况下，往往可以利用成本途径作为一种替代的评估方式。成本途径也有其局限性。由于成本途径是站在投入的角度来评价资产价值的，而资产的投入与其产出的效益并不总保持一致，因此成本途径所反映的资产价值更多地是基于资产的重建或重置必要支出的金额，而不是资产能够产生的预期收益。在企业价值评估和某些技术性无形资产的评估过程中，成本途径的缺陷可能会格外明显，往往容易忽视被评估资产的获利能力。因此，在利用成本途径评估企业以及某些无形资产时，如果条件允许，评估人员可以考虑使用多种评估途径进行评估的可能性。

本章小结

成本途径是某种资产评估思路下的评估技术工具和手段的集合，在资产评估中具有重要的作用。成本途径具有适用性较强的特点，经常充当其他评估途径的替代手段。充分掌握成本途径的内涵、应用前提条件，以及对评估参数的要求，是正确理解和运用成本途径的基础。

主要概念

成本途径　重置成本　实体性贬值　功能性贬值　经济性贬值

基本训练

1.思考题

（1）成本途径数学模型的理论表达式的内涵是什么?

（2）估测资产重置成本的具体方法有哪些?

（3）如何理解成本途径的应用前提——收益预期?

（4）如何理解成本途径各要素之间的关系?

2.选择题

（1）从理论上讲，构成资产重置成本的耗费应当是资产的（　　）。

A.实际成本　　B.社会平均成本

C.个别成本　　D.加权平均成本

（2）从理论上讲，成本途径涉及的基本要素包括（　　）。

A.资产的重置成本　　B.资产的实体性贬值　　C.资产的功能性贬值

D.资产的经济性贬值　　E.资产的获利年限

（3）一般情况下，资产的成新率的估测方法通常有（　　）。

A.使用年限法　　B.修复费用法　　C.观察法

D.统计分析法　　E.价格指数法

（4）一般情况下，重置成本的估测方法有（　　）。

A.重置核算法　　B.价格指数法　　C.市价比较法

D.收益折现法　　E.功能价值类比法

3.判断题

（1）资产在全新状态下，其重置成本和历史成本应该是相等的。（　　）

（2）采用成本途径进行资产评估时，其实体性贬值与会计上的折旧应该是一样的。（　　）

（3）净超额运营成本是超额运营成本扣除所得税以后的余额。（　　）

（4）更新重置成本是指被评估资产的功能变化（更新）后的重置成本。（　　）

（5）定基价格指数是评估时点的价格指数与资产购建时点的价格指数之比。（　　）

（6）修复费用法主要适用于具有特殊结构且技术上可修复的资产有形损耗率的估测。（　　）

（7）投资成本超支额（建造成本超支额）等于资产的复原重置成本减去更新重置成本。（　　）

第10章参考答案

第11章 资产评估程序

学习目标

通过本章的学习，学生应了解资产评估程序的基本概念，理解资产评估程序的重要作用，掌握资产评估的具体步骤和操作环节，领会执行资产评估程序的基本要求。

11.1 资产评估程序及其作用

11.1.1 资产评估程序的主要环节

资产评估程序是指由资产评估准则规定的，要求资产评估机构及其资产评估专业人员在执行评估业务过程中履行的系统性工作步骤。狭义的资产评估程序开始于资产评估机构接受委托，终止于向委托人或相关当事人提交资产评估报告。广义的资产评估程序（资产评估基本程序）开始于承接资产评估业务前的明确资产评估基本事项环节，终止于资产评估报告提交后的资产评估文件归档管理。

资产评估程序由具体的工作步骤组成，不同的资产评估业务由于评估对象、评估范围、评估目的、评估资料搜集情况等相关条件的差异，可能需要执行不同的资产评估具体程序或工作步骤，但资产评估基本程序是相同或相通的，可以适用于各种类型的资产评估业务。

资产评估具体程序或工作步骤的划分取决于资产评估机构和评估专业人员对各资产评估工作步骤共性的归纳。资产评估业务的性质、复杂程度也是影响资产评估具体程序的重要因素。根据各工作步骤的重要性，资产评估程序通常包括以下主要环节：明确评估业务基本事项；签订资产评估业务委托合同；编制资产评估计划；

进行资产评估现场调查；收集整理评估资料；评定估算形成评估结论；编制出具评估报告；整理归集评估档案。资产评估机构及其资产评估专业人员应当根据资产评估业务的具体情况以及重要性原则确定所履行各基本程序的繁简程度。资产评估机构及其资产评估专业人员不得随意减少资产评估基本程序。

相关链接11-1　资产评估执业准则——资产评估程序（节选）

第三章　实施要求

第八条　资产评估机构受理资产评估业务前，应当明确下列资产评估业务基本事项：

（一）委托人、产权持有人和委托人以外的其他资产评估报告使用人；

（二）评估目的；

（三）评估对象和评估范围；

（四）价值类型；

（五）评估基准日；

（六）资产评估报告使用范围；

（七）资产评估报告提交期限及方式；

（八）评估服务费及支付方式；

（九）委托人、其他相关当事人与资产评估机构及其资产评估专业人员工作配合和协助等需要明确的重要事项。

第九条　资产评估机构应当对专业能力、独立性和业务风险进行综合分析和评价。受理资产评估业务应当满足专业能力、独立性和业务风险控制要求，否则不得受理。

第十条　资产评估机构受理资产评估业务应当与委托人依法订立资产评估委托合同，约定资产评估机构和委托人权利、义务、违约责任和争议解决等内容。

第十一条　资产评估专业人员应当根据资产评估业务具体情况编制资产评估计划，并合理确定资产评估计划的繁简程度。资产评估计划包括资产评估业务实施的主要过程及时间进度、人员安排等。

第十二条　执行资产评估业务，应当对评估对象进行现场调查，获取评估业务需要的资料，了解评估对象现状，关注评估对象法律权属。现场调查手段通常包括询问、访谈、核对、监盘、勘查等。资产评估专业人员可以根据重要性原则采用逐项或者抽样的方式进行现场调查。

第十三条　资产评估专业人员应当根据资产评估业务具体情况收集资产评估业务需要的资料。包括：委托人或者其他相关当事人提供的涉及评估对象和评估范围等资料；从政府部门、各类专业机构以及市场等渠道获取的其他资料。

第十四条　资产评估专业人员应当要求委托人或者其他相关当事人提供涉及评估对象和评估范围的必要资料。资产评估专业人员应当要求委托人或者其他相关当事人对其提供的资产评估明细表及其他重要资料进行确认，确认方式包括签字、盖章及法律允许的其他方式。

第十五条 资产评估专业人员应当依法对资产评估活动中使用的资料进行核查验证。核查验证的方式通常包括观察、询问、书面审查、实地调查、查询、函证、复核等。

第十六条 超出资产评估专业人员专业能力范畴的核查验证事项，资产评估专业人员应当委托或者要求委托人委托其他专业机构出具意见。因法律法规规定、客观条件限制无法实施核查验证的事项，资产评估专业人员应当在工作底稿中予以说明，分析其对评估结论的影响程度，并在资产评估报告中予以披露。如果上述事项对评估结论产生重大影响，资产评估机构不得出具资产评估报告。

第十七条 资产评估专业人员应当根据资产评估业务具体情况对收集的评估资料进行分析、归纳和整理，形成评定估算和编制资产评估报告的依据。

第十八条 资产评估专业人员应当根据评估目的、评估对象、价值类型、资料收集等情况，分析市场法、收益法和成本法三种资产评估基本方法的适用性，选择评估方法。

第十九条 资产评估专业人员应当根据所采用的评估方法，选取相应的公式和参数进行分析、计算和判断，形成测算结果。

第二十条 资产评估专业人员应当对形成的测算结果进行综合分析，形成评估结论。对同一评估对象采用多种评估方法时，应当对采用各种方法评估形成的测算结果进行分析比较，确定评估结论。

第二十一条 资产评估专业人员应当在评定、估算形成评估结论后，编制初步资产评估报告。

第二十二条 资产评估机构应当按照法律、行政法规、资产评估准则和资产评估机构内部质量控制制度，对初步资产评估报告进行内部审核。

第二十三条 资产评估机构出具资产评估报告前，在不影响对评估结论进行独立判断的前提下，可以与委托人或者委托人同意的其他相关当事人就资产评估报告有关内容进行沟通。

第二十四条 资产评估机构及其资产评估专业人员完成上述资产评估程序后，由资产评估机构出具并提交资产评估报告。

第二十五条 资产评估机构应当对工作底稿、资产评估报告及其他相关资料进行整理，形成资产评估档案。

11.1.2 履行资产评估程序的重要性

资产评估程序是以资产评估机构和人员为主体，反映资产评估机构和人员为执行资产评估业务、形成资产评估结论所必须履行的系统性工作步骤。履行资产评估程序的重要性主要表现在以下方面：

（1）履行资产评估程序是规范资产评估机构和人员行为、提高资产评估业务质量的基本保证

资产评估机构和人员接受委托，无论执行何种资产类型、何种评估目的的资产评估业务，都应当履行必要的资产评估基本程序，按照工作步骤有计划地进行资产评估。这样做不仅有利于规范资产评估机构和人员的执业行为，而且能够有效地避免在执行具体资产评估业务中可能出现的程序上的重要疏漏，切实保证资产评估的业务质量。履行资产评估程序对于提高资产评估机构业务水平乃至资产评估行业整体业务水平都具有重要意义。

（2）履行资产评估程序是评价资产评估机构和人员提供的资产评估服务的重要依据

资产评估服务会引起许多相关当事方的关注，包括委托人、资产占有方、资产评估报告使用人、相关利益当事人、司法部门、证券监督及其他行政监督部门、资产评估行业主管协会以及社会公众、新闻媒体等。是否履行资产评估程序不但是衡量资产评估机构和人员执行资产评估业务是否规范的重要标准，还为上述相关当事方提供了评价资产评估服务的依据，同时，也是委托人、司法和行政监管部门及资产评估行业协会监督资产评估机构和人员的主要依据。

（3）履行资产评估程序是资产评估机构和人员防范执业风险、保护自身合法权益、合理抗辩的重要手段

从实际情况来看，资产评估机构和人员与其他当事人之间就资产评估服务引起的纠纷和法律诉讼越来越多。资产评估机构和人员在履行必要资产评估程序方面是否存在疏漏，已经成为司法部门追究资产评估机构和人员责任的重要方面。因此，恰当地履行资产评估程序是资产评估机构和人员防范执业风险的主要手段，也是在产生资产评估纠纷或诉讼后，合理保护自身权益、合理抗辩的重要手段之一。

11.2 资产评估程序的具体步骤

资产评估程序的具体步骤与基本内容主要体现在8个环节中。

11.2.1 明确评估业务基本事项

接受资产评估委托是资产评估程序的第一个环节，包括在签订资产评估业务约定书以前的一系列基础性工作，如对资产评估项目进行风险评价、明确与承接的资产评估项目有关的重要事项等。由于资产评估专业服务的特殊性，资产评估程序甚至在委托人委托资产评估机构、资产评估机构接受委托前就已开始。资产评估机构和人员在接受资产评估业务委托之前，应当采取与委托人等相关当事人讨论、阅读基础资料、进行必要的初步调查等方式，与委托人等相关当事人共同明确以下资产

评估业务重要事项：

1）接受委托应满足的基本要求

资产评估机构及其评估人员在受理或接受资产评估业务或委托时应严格遵守资产评估职业道德和行为规范的要求，着重注意以下几个方面：

① 评估机构和评估人员不能利用主管部门或行政机关的权力，对行业、地区的评估业务进行垄断；

② 不应以个人的名义接受委托，应该以评估机构的名义接受委托；

③ 评估机构和评估人员不得通过诋毁、贬低同行信誉等不正当手段获得评估业务；

④ 评估机构和评估人员不得通过降低收费标准或以不切实际的承诺承揽业务；

⑤ 评估机构和评估人员应保持形式和实质上的独立；

⑥ 评估机构和评估人员不能同时为多个评估目的及要求而对同一资产进行评估；

⑦ 评估机构和评估人员应充分了解评估对象、评估目的和评估范围；

⑧ 评估机构和评估人员应充分分析评估业务风险，正确判断自身的执业能力，不得承揽无力完成的评估业务；

⑨ 按照能力原则受理评估业务并与委托人签订资产评估业务委托书；

⑩ 评估机构在接受委托前应赴现场进行必要的勘察，以便明确评估工作量、工作时间和收费标准等基本事宜。

2）接受委托前需明确的评估业务基本事项

（1）资产评估目的及评估报告的期望用途

资产评估机构和评估人员应当与委托人就资产评估目的达成明确、清晰的共识，并尽可能细化资产评估目的，说明资产评估业务的具体目的和用途，并在可能的情况下要求委托方明确资产评估报告的期望用途和使用人。

（2）资产评估对象和范围

资产评估机构和评估人员应当了解评估对象及其评估对象载体基本状况，包括其法律、经济和物理状况，如资产类型、规格型号、结构、数量、购置（生产）年代、生产（工艺）流程、地理位置、使用状况、企业名称、住所、注册资本、所属行业、在行业中的地位和影响、经营范围、财务和经营状况等。资产评估机构和人员应当特别了解有关评估对象载体权利受限状况以及评估的范围。

（3）资产评估结论的价值类型

资产评估机构和评估人员应当在明确资产评估目的的基础上，恰当确定资产评估结论的价值类型，并确信所选择的价值类型适用于资产评估目的及评估报告的期望用途。

（4）资产评估基准日

资产评估机构和评估人员应当明确资产评估基准日，并确信资产评估基准日有利于资产评估结论有效地服务于资产评估目的，减少和避免不必要的资产评估基准日期后事项。

（5）资产评估工作作业时间

资产评估机构和评估人员应对评估工作量有个合理的判断，并与委托人进行沟通，以明确本次评估工作的具体时间安排。

（6）资产评估是否有限制条件

资产评估机构和评估人员在接受委托前还须与委托人进行沟通，了解本次资产评估是否有可能影响评估过程和结论的限制条件，以判断能否接受委托和怎样接受委托。

（7）资产评估收费标准和收费方式

资产评估机构在接受评估委托前应与委托人协商资产评估收费标准和收费方式，对资产评估对象价值量小而评估工作量大的项目，可要求委托方按评估项目的实际工作量支付评估费用。

（8）其他需要明确的重要事项

资产评估机构和评估人员在明确上述资产评估基本事项的基础上，应对下列因素进行分析以确定是否承接资产评估项目：一是进行风险评价，分析资产评估项目的执业风险；二是分析资产评估机构、评估人员的专业胜任能力及相关经验；三是分析资产评估机构和评估人员的独立性，确认与委托人或相关当事方是否存在现实或潜在利益冲突。

11.2.2 签订资产评估业务委托合同

资产评估业务委托合同是在资产评估机构明确了上述基本事项并对评估项目做出风险评价之后，资产评估机构与委托人共同签订的，以确认资产评估业务的委托与受托关系，明确委托目的、被评估资产范围及双方权利义务等相关重要事项的合同。

根据我国资产评估行业现行的有关规定，资产评估师及其评估专业人员承办资产评估业务，应当由其所在的资产评估机构统一受理并与委托人签订书面资产评估业务委托合同，资产评估师和其他资产评估专业人员不得以个人名义签订资产评估业务委托合同。资产评估业务委托合同应当由资产评估机构和委托人双方的法定代表人或其授权代表签订，资产评估业务委托合同应当内容全面、具体，含义清晰准确，符合国家法律、法规和资产评估行业管理规定，应包括以下基本内容：①资产评估机构和委托人名称；②资产评估目的；③资产评估对象与评估范围；④资产评估基准日；⑤出具资产评估报告的时间要求；⑥资产评估报告使用范围；⑦资产评估收费；⑧双方的权利和义务及违约责任；⑨签约时间；⑩双方认为应当约定的其他重要事项。

11.2.3　编制资产评估计划

资产评估计划是对资产评估具体作业过程中的每个工作步骤以及时间和人力进行规划和安排。资产评估计划是资产评估机构和评估人员为完成资产评估业务拟定的技术思路和实施方案。编制合理有效的资产评估计划，对合理安排工作量、工作进度、专业人员调配、按时完成资产评估业务具有重要意义。

由于资产评估项目千差万别，资产评估计划也不尽相同，其详略程度取决于资产评估业务的规模和复杂程度。资产评估机构和评估人员应当根据所承接的具体资产评估项目情况，编制合理的资产评估计划，并根据执行资产评估业务过程中的具体情况，及时修改、补充资产评估计划。

资产评估计划应当涵盖资产评估工作的全过程，资产评估计划编制过程中应当同委托人等就相关问题进行洽谈，以方便资产评估计划各环节和各步骤的实施，并报经资产评估机构负责人审核批准。编制资产评估计划应当重点考虑以下因素：

第一，资产评估目的和资产评估对象载体状况对资产评估技术路线的影响及评估机构的应对措施安排；

第二，资产评估业务风险、资产评估项目的规模和复杂程度对评估人员安排及其构成的要求，限定评估精度以及对评估风险的估计及控制措施；

第三，资产评估项目所涉及资产的结构、类别、数量及分布状况对资产清查范围和清查精度的要求；

第四，评估项目对相关资料收集的要求及具体安排；

第五，委托人或资产占有方过去委托资产评估的经历、诚信状况及提供资料的可靠性、完整性和相关性，判断评估项目的风险及应对措施安排；

第六，资产评估途径和具体技术方法的选择及基本要求；

第七，评估中可能出现的疑难问题及专家利用；

第八，评估报告撰写的要求以及委托方制定的特别分类或披露要求。

11.2.4　进行资产评估现场调查

资产评估机构和人员执行资产评估业务，应当对评估对象载体进行必要的现场调查，包括对不动产和其他实物资产进行必要的现场调查。进行现场调查工作不仅是基于资产评估人员勤勉尽责义务的要求，同时也是资产评估程序和操作的必经环节，有利于资产评估机构和人员全面、客观地了解评估对象价值载体，核实委托方和资产占有方提供资料的可靠性，并通过在现场调查过程中发现的问题、线索，有针对性地开展资料收集、分析工作。资产评估人员应在现场调查前与委托方进行必要的沟通，以便在不影响委托方正常工作的前提下进行现场调查。资产评估人员应根据被评估资产的特点和委托方的时间安排选择恰当的方式进行现场调查。

勘察核实资产是在委托方自查的基础上，以委托方提供的评估登记表或评估申报表为基础，对委托评估资产进行核实和鉴定。

1）现场调查的目的

现场调查是资产评估准备工作中的重要一环，其目的主要在于：确定委托评估资产是否存在，以及其合法性和完整性；确定委托评估资产与相关账簿、报表的一致性；收集委托评估所需的有关数据资料。

2）现场调查的主要内容（以企业价值评估为例）

① 了解企业财务会计制度；

② 了解企业内部管理制度，重点是企业的资产管理制度；

③ 对企业申报的资产清单进行初审；

④ 对企业申报的各项资产进行核实；

⑤ 对企业申报的各项资产的产权进行验证，确认其合法性；

⑥ 对企业申报评估的资产中用于抵押、担保、租赁等特殊用途的资产进行专项核查；

⑦ 对调查中发现申报有误的资产，根据勘察结果和有关制度规定进行勘察调整；

⑧ 收集评估相关资料。

3）现场调查的基本要求

（1）关于现场调查范围的要求

现场调查的范围是以委托方委托评估资产的范围为准，特别要注意委托方委托评估资产中包括的其自身占用以外的部分，如分公司资产、异地资产，以及租出资产等。不能将这部分资产遗漏，它们也应包括在调查之列。

（2）关于现场调查的程度要求

现场调查的程度应根据不同种类的资产繁简有别，具体情况可参考以下几点：

① 对于建筑物要逐栋逐幢进行勘察核实，并了解其使用、维修和现状，并做好勘察记录。建筑物的产权证明是核查中必不可少的项目。

② 对于机器设备，主要看评估对象的数量，对于项目较小、设备数量不多的情况，要对待估设备逐一核查。如果评估项目较大，设备种类繁多，数量较多时，可先按ABC分类法找出评估重点，对A类设备要逐一核查并作技术鉴定；对B类设备也应尽量逐一核查；对C类设备可采取抽样核查。

③ 对流动资产的核查程度与委托方的管理水平和自查的程度有关。对于企业管理水平较高，自查比较彻底的，对流动资产一般采用随机抽样法进行核查并做好抽查记录。按照现行规定，流动资产抽查的数量应达到国家规定的比例。例如，对

存货进行抽查，抽查数量应达40%以上，价值比例达60%以上，其中残次、变质、积压及待报废的应逐项核查。

④ 对于无形资产、长期投资、递延资产等资产要逐笔核查。

⑤ 涉及评估净资产的，要对负债进行逐笔审核。

11.2.5 收集整理评估资料

从资产评估的过程来看，资产评估实际上就是对被评估资产的信息进行收集、分析判断并做出披露的过程。对资产评估加以严格的程序要求，其目的也是要保证评估对信息收集、分析的充分性和准确性。因此，资产评估人员应当获取评估所依据的信息，并确信信息来源是可靠的和适当的。

在上述几个环节的基础上，资产评估机构和人员应当根据资产评估项目具体情况收集资产评估相关资料。资料收集工作是资产评估业务质量的重要保证，不同的项目、不同的评估目的、不同的资产类型对评估资料有不同的需求，由于评估对象载体所在行业的市场状况、信息化和公开化程度差别较大，相关资料的可获取程度也不同。因此，资产评估机构和评估人员的执业能力在一定程度上体现在其收集、占有与所执行项目相关的信息资料的能力上。资产评估机构和人员在日常工作中就应当注重收集信息资料及其来源，并根据所承接项目的情况确定收集资料的深度和广度，尽可能全面、翔实地占有资料，并采取必要措施确保资料来源的可靠性。根据资产评估项目的进展情况，资产评估机构和评估人员还应当及时补充收集所需要的资料。

资产评估机构和评估人员应当通过与委托人、资产占有方沟通并指导其对被评估资产进行清查等方式，对被评估资产或资产占有单位资料进行了解，同时也应当主动收集与资产评估业务相关的被评估资产资料及其他资产评估资料。收集整理资料，一方面是为后面的资产评估准备素材和依据，另一方面也是评估机构建立评估工作底稿的需要。为满足上述两方面的要求，评估机构应收集整理以下重要资料（根据项目的需要可作适当的删减或增加）：

（1）有关资产权利的法律文件或其他证明资料

主要的产权证明文件包括：

① 有关房地产的土地使用证、房产执照、建设规划许可证、用地规划许可证、项目批准文件、开工证明、出让及转让合同、购买合同、原始发票等；

② 有关在建工程的规划、批文；

③ 有关设备的购买合同、原始发票等；

④ 有关无形资产的专利证书、专利许可证、专有技术许可证、特许权许可证、商标注册证、版权许可证等；

⑤ 有关长短期投资合同；

⑥ 有关银行借款的合同。

（2）资产的性质、目前和历史状况信息

主要资料包括：

① 有关房地产的图纸、预决算资料；

② 有关在建工程的种类、开工时间、预计完工时间、承建单位、筹资单位、筹资方式、成本构成、工程基本说明或计划等；

③ 有关设备的技术标准、生产能力、生产厂家、规格型号、取得时间、启用时间、运行状况、大修理次数、大修理时间、大修理费用、设备与工艺要求的配套情况等；

④ 有关存货的数量、计价方式、存放地点、主要原材料近期进货价格统计表等；

⑤ 有关应收及预付账款的账龄统计表、主要赊销客户的信誉及经营情况、坏账准备政策、应收账款回收计划等；

⑥ 有关长期投资的明细表，包括被投资企业、投资金额、投资期限、起止时间、投资比例、年收益、收益分配方式、账面成本等；

⑦ 原始证据主要包括评估基准日的会计报表、盘点表、对账单、调节表、应收及应付询证函、盘盈及盘亏、报废资产情况说明及证明材料等。

（3）有关资产的剩余经济寿命和法定寿命信息

在资产勘察过程中，评估人员应了解资产的设计寿命，并通过技术鉴定了解和判断资产的剩余物理寿命和经济寿命。

（4）有关资产的使用范围和获利能力的信息

资产评估人员可以通过核实资产占有方的营业执照了解被评估资产的经营范围和使用范围，并通过技术鉴定掌握资产的可使用范围和空间。

（5）资产以往的评估及交易情况信息

资产评估人员通过查询有关账簿及相关资料了解被评估资产以往的评估和交易情况。

（6）资产转让的可行性信息

资产评估人员通过查询有关交易合同或意向书及相关的市场调查，了解被评估资产转让的可行性信息。

（7）类似的资产的市场价格信息

资产评估人员应通过市场调查了解和掌握与被评估资产类似的资产的市场价格信息。

（8）委托方声明

有关被评估资产所有权、处置权的真实性，产权限制，以及所提供的数据资料真实性的承诺等。

（9）可能影响资产价值的宏观经济前景信息

资产评估人员通过掌握的信息，分析判断可能影响被评估资产价值的宏观经济前景信息，如国家的货币政策、税收政策和汇率政策等可能发生的变化和趋势。

（10）可能影响资产价值的行业状况及前景信息

资产评估人员通过掌握的信息，分析判断可能影响被评估资产价值的行业状况及前景信息，如国家的产业政策、行业竞争情况等。

（11）可能影响资产价值的企业状况及前景信息

资产评估人员通过掌握的信息，分析判断可能影响被评估资产价值的企业状况及前景信息，如企业的治理结构、管理水平、研发能力和市场占有率等。

（12）其他相关信息

除上述重要资料外，资产评估人员还应了解和掌握其他相关信息，例如：各类资产负债清查表、财产登记表、评估申报明细表；资产、负债清查情况及调整说明；委托方营业执照副本及其他材料等。

11.2.6 评定估算形成评估结论

资产评估机构和评估人员在占有相关资产评估资料的基础上，进入评定估算环节，即在充分分析资产评估资料的基础上，恰当选择并运用资产评估途径与具体方法形成初步资产评估结论，再经综合分析及反复审核后确定资产评估结论。该环节大致要经历以下几个阶段：

1）分析资料

资产评估机构人员应当根据本次评估的目的和其他具体要求，对所收集的资产评估资料进行分析整理，选择相关信息并确定其可靠性和可比性，对不可比信息要进行必要的调整，保证评估所用信息的质量。

2）选择评估途径和具体评估方法

成本途径、市场途径和收益途径是三种通用的资产评估基本技术思路及具体评估方法的集合。从理论上讲，三种评估途径适用于任何资产评估项目。因此，在具体的资产评估执业过程中，资产评估人员应当考虑三种评估途径的适用性。如果不采用某种资产评估途径，或只采用一种资产评估途径评估资产，资产评估人员应当予以必要说明。对宜采用两种以上资产评估途径的评估项目，应当使用两种以上资产评估途径。

3）运用评估途径评定估算资产价值

资产评估人员在确定资产评估途径后，应当根据已明确的评估目的和评估价值类型，以及所收集的信息资料和具体的执业规范要求，恰当合理地形成初步评估结论。采用成本途径，应当在合理确定被评估资产的重置成本和各相关贬值因素的基础上得出评估初步结论；采用市场途径，应当合理地选择参照物，并根据评估对象载体与参照物的差异进行必要调整，得出初步评估结论；采用收益途径，应当在合理预测未来收益、收益期和折现率等相关参数的基础上得出评估初步结论。

4）审核评估初步结论并给出最终评估结论

在形成初步资产评估结论的基础上，评估人员和评估机构内部的审核人员应对本次评估所使用的资料、经济技术参数等的数量、质量和选取依据的合理性进行综合分析，以确定资产评估结论。采用两种以上资产评估途径时，资产评估人员和审核人员还应当综合分析各评估途径之间的相关性和恰当性、相关参数选取的合理性，以确定最终资产评估结论。

11.2.7 编制出具评估报告

资产评估机构和评估人员在执行必要的资产评估程序并形成资产评估结论后，应按有关资产评估报告的规范及委托方的要求编制资产评估报告。资产评估报告除了要满足有关资产评估报告的格式规范和内容规范外，还应当根据评估项目的特点提供必要的相关信息，确保资产评估报告使用人能够正确理解资产评估结论。资产评估机构和人员可以根据资产评估业务性质，在遵守资产评估报告规范和不引起误会的前提下，选择资产评估报告的类型和详略程度。

资产评估机构应当遵守资产评估委托合同中所规定的提交评估报告的时间和方式，在规定的时间里以恰当的方式将资产评估报告提交给委托人。在提交正式资产评估报告之前，资产评估机构和评估人员可以与委托人等进行必要的沟通，听取委托人等对资产评估结论的反馈意见。在此过程中，资产评估机构和评估人员必须保证其自身的独立性和评估结论的独立性，不能为迎合委托方的不合理要求而影响了评估结论的独立性和客观性。

11.2.8 整理归集评估档案

资产评估机构和人员在向委托人提交资产评估报告后，资产评估机构和人员应当将在资产评估工作中形成的，与资产评估业务相关的各种报表数据、鉴定材料、产权资料、文字说明、图片照片、声明承诺及评估报告等不同形式的记录记载及时予以归档，并按国家有关规定对资产评估工作档案进行保存、使用和销毁，将资产评估工作档案归档。将这一环节列为资产评估基本程序之一，充分体现了资产评估服务的专业性和特殊性，不但有利于应对今后可能出现的资产评估项目，还有利于资产评估机构总结、完善和提高资产评估业务水平。

11.3 执行资产评估程序的要求

遵守资产评估程序是规范资产评估执业的基本保证，是提高资产评估质量、规避资产评估风险的重要手段。执行资产评估程序的基本要求主要包含下述三个方面的内容：

（1）资产评估机构和人员应当在国家和资产评估行业规定的统一资产评估程序

的基础上，建立、健全本机构资产评估程序制度

由于资产评估机构和评估人员所承接的评估业务范围和具体评估对象各有不同，完全按照国家统一规定的资产评估程序执业可能会有困难，各资产评估机构应当结合本机构及评估范围和对象的实际情况，在资产评估程序基本规定的基础上进行细化和必要调整，形成本机构资产评估作业程序制度，并在资产评估执业过程中切实履行，不断完善。

（2）资产评估执业人员可在不影响资产评估质量的前提下，对资产评估程序中的某些规定做适当调整或予以具体化

资产评估机构和人员执行资产评估业务应当根据具体资产评估项目的情况和资产评估程序制度的基本要求，确定并履行适当的资产评估程序，在没有正当理由和可靠依据的情况下，不得随意简化或删减资产评估程序。但是，资产评估执业人员在充分掌握资产评估程序的实质的基础上，根据评估对象载体的具体情况，可在不影响资产评估质量的前提下，对资产评估程序中的某些规定做适当调整或予以具体化。资产评估机构和人员应当将资产评估程序的具体组织实施情况记录于工作底稿，并将主要资产评估程序执行情况在出具的资产评估报告中予以披露。

（3）为保证切实履行资产评估程序，资产评估机构内部应建立相应的管理机制和监督制度

为了切实履行资产评估程序，资产评估机构内部应当建立相应的执行资产评估程序的管理机制和监督制度，指导和监督资产评估执业人员在资产评估过程中实施资产评估程序。由于资产评估项目的特殊性，资产评估人员无法完全履行资产评估程序中的某个基本环节，或受到限制无法实施完整的资产评估程序时，资产评估机构和人员应当考虑这种状况是否会影响到资产评估结论的合理性，以及是否接受该评估项目，如果该评估项目属于必须完成的项目，资产评估人员必须在资产评估报告中明确披露这种状况及其对资产评估结论可能具有的影响。

本章小结

资产评估程序是资产评估工作的内在联系与主要环节和步骤。本章揭示了履行资产评估程序的现实意义，系统地阐述了我国资产评估的具体步骤，以及与资产评估程序有关的基本要求。遵照资产评估程序执业不但是资产评估行业自律主管部门对资产评估执业人员的要求，还应该是资产评估执业人员自觉的行动。这对提高资产评估质量、规避资产评估风险具有重要作用。

主要概念

评估程序　业务委托合同　评估计划　现场调查

基本训练

思考题

（1）广义与狭义评估程序的差异是什么？

（2）业务委托合同的基本内容是什么？

（3）制订评估计划有什么意义？

（4）为什么要完整地执行评估程序？

第11章参考答案

第 12 章 资产评估结果与报告

学习目标

通过本章的学习，应了解资产评估报告的基本概念，熟悉资产评估报告的作用，掌握资产评估报告的基本要素和资产评估报告的制作，掌握制作资产评估报告的技术要点，能够引导利益相关者对资产评估报告的使用。从狭义的角度，可以把资产评估结果仅仅理解为资产评估师对评估对象做出的评估结论。资产评估报告则是评估机构做出的承载评估结论，以及对评估结论理解和使用做出必要说明的书面文件。

12.1 资产评估结果

12.1.1 资产评估结果的内涵与性质

从狭义上讲，资产评估结果可以被理解为对被评估资产给出的评估结论。如果从广义的角度看，资产评估结果不仅包含评估结论，而且还应该包含能够恰当理解评估结论的必要说明与限定。目前，人们通常习惯于从狭义的角度理解评估结果，评估结论通常被认为是一个确切的货币数额（或数字金额）。其实，站在资产评估专业的角度（即使是从狭义的角度理解资产评估结论），资产评估结论应该是一个合理区间内的价值，它既可以用一个确切的货币数额（或数字金额）表示，又可以用一个区间值表示。只要评估结论属于这个合理的价值区间（或落在这个合理的价值区间），评估结论采用区间值或具体数额表示都是可以的。因为，资产评估结论本身就是评估人员对评估对象特定价值定义下的价值估计数额。即使是同一评估对象在相同的条件下由不同的评估人员进行评估，即使评估人员都能正确地利用评估技术，其结果也会存在合理的“误差”。也就是说，资产评估结论既可以用一个确切的货币数额（或数字金额）表示，又可以用一个区间值的形式表达。但是，按照大多数评估结论需求者的习惯和要求，目前的评估结论一般都是用一个具体的货币数额（或数字金额）表达。

无论是采用具体的货币数额（或数字金额）还是采用区间值的形式表达的评估结论，评估结论都不应当被简单地理解为一个单纯的货币数额（或数字金额）或某一值域内的货币数额（或数字金额）。其实，评估结论是评估对象特定价值定义下的价值估计数额，没有价值定义限定的货币数额（或数字金额）或某一值域内的货币数额（或数字金额）不能称之为评估结论或评估结果。所谓价值定义是对用货币数额（或数字金额）或某一值域内的货币数额（或数字金额）表达的评估结论的价值属性及合理性指向的界定或限定，价值定义与货币数额（或数字金额）或某一值域内的货币数额（或数字金额）共同构成了评估结论。

从评估结论的价值属性的角度来看，评估结果的价值定义有许多种，例如市场价值、投资价值、在用价值、清算价值、残余价值、持续经营价值等等。从评估结论的合理性指向的角度来看，所有的价值定义又可以笼统地划分为两大类：一类是针对市场整体合理的价值定义；另一类是对个别市场主体合理的价值定义。前者只有市场价值，而后者则包括了投资价值、在用价值、清算价值、残余价值、持续经营价值等在内的一系列价值定义。从评估结论是由价值定义与货币数额（或数字金额）或某一值域内的货币数额（或数字金额）共同构成的要求来看，资产评估结果必须用特定价值定义下的价值估计数额表达。

12.1.2 资产评估结果与评估目的

评估结果既是资产评估师和评估机构的工作结果，又是委托方及相关部门需要利用的咨询意见，满足委托方的委托需求及相关部门的需要是评估结果应当具备的基本条件。要使评估结果具备上述功能，资产评估师及其评估机构就必须保证评估结论的价值属性和合理性指向与委托方的评估特定目的保持衔接和匹配。资产评估的特定目的也可以被理解为资产评估结论的具体用途，评估结论的价值属性和合理性指向与评估结果的具体用途保持一致或匹配，是委托方及其相关部门对评估结果的起码要求。从这个意义上讲，评估结论的价值定义并不是由资产评估师或评估机构随意或任意给出的。评估结论的价值定义是要受到委托方的评估特定目的的制约，尽管这种制约并不一定都是一一对应关系。从评估结论的价值定义与评估特定目的之间的相互关系的角度来看，评估结论的价值定义必须保持与评估特定目的之间的衔接与匹配。

12.1.3 资产评估结果与评估途径及其方法

评估途径与方法是实现评估结论的工具和手段。在相当一部分人看来，评估结论的性质及数量要受到评估途径与方法的制约甚至是由其决定的。从理论的层面上讲，评估途径和方法仅仅发挥着工具的作用，评估结论的性质及数量是由评估对象载体的条件和评估所依据的市场条件，以及由这些条件衍生出的各种评估技术参数决定的。尽管评估途径和方法与评估结论具有紧密的联系，但是，这种联系并不是决定与被决定的关系，而仅仅是路径、途径与目标及结果的关系。当采用不同的评估途径与方法评估相同条件下的同一资产而得出截然不同的评估结论的时候，评估人员不要轻易地将其归结为由不同的评估途径与方法所致。评估人员需要对各种评估途径与方法的运用过程及参数选择做更进一步的核实、复审，以便找出造成评估结论重大差异的原因。在明确了评估结论差异原因的基础上，采取必要的程序和技术手段给出相对合理的评估结果。

12.2 资产评估结果报告制度

12.2.1 资产评估报告的基本概念

资产评估报告是资产评估机构及其资产评估专业人员在遵守相关法律法规和资产评估准则要求的前提下，根据委托履行必要的评估程序后，对评估对象在评估基准日特定目的下的价值估计数额出具的专业报告。资产评估报告是按照一定格式和内容来反映评估目的、评估假设、评估程序、评估标准、评估依据、评估方法、评估结论及适用条件等基本情况的报告。资产评估报告从其内涵及外延的角度还可以划分为广义的资产评估报告和狭义的资产评估报告两类。

广义的资产评估报告其实是一种工作制度。作为一种工作制度，它规定评估机构及资产评估专业人员在完成评估工作之后必须按照一定程序的要求，用书面形式向委托方及相关主管部门报告评估过程和结果。

狭义的资产评估报告即资产评估结果报告。资产评估结果报告既是资产评估机构与资产评估专业人员完成对评估对象估价，就评估对象在特定条件下的价值估计数额所发表的专家意见，又是评估机构履行评估合同情况的总结，以及评估机构与资产评估专业人员为资产评估项目承担相应法律责任的证明文件。

广义的资产评估报告主要是为了适应我国国有资产评估设置的。其目的在于使国有资产管理部门能够较好地了解资产评估过程及结果，便于其指导、监督和管理工作的进行。因此，服务于国有资产的资产评估报告就演变成了一种工作制度，引入了评估报告申报、备案和审核等工作环节。

狭义的资产评估报告其实就是资产评估结果报告。它是评估机构及评估专业人员的工作成果和产品，是评估专业人员表达其专业意见的载体。无论是国有资产评估还是非国有资产评估，资产评估结果报告都是必须出具的。

我国资产评估报告的编制与国际资产评估报告的编制存在一定的差别，主要是由于我国资产评估管理体制所致，即有相当一部分资产评估对象载体是国有资产，相当一部分资产评估报告需要国有资产管理部门备案审核。因此，相当一部分资产评估报告是围绕着国有资产管理部门的相关要求而完成的。因此，我国的资产评估报告相对复杂，既有针对国有资产评估的评估报告，又有针对非国有资产评估的评估报告。非国有资产评估的评估报告主要强调评估报告的构成要素，而国有资产评估的评估报告除了强调评估报告的构成要素以外，还对评估报告的格式和内容进行规范。

国际资产评估报告有许多做法值得我国资产评估行业借鉴。例如，《国际资产评估准则》(IVS) 和美国《专业评估执业统一准则》(USPAP) 对资产评估报告的规定都是从报告类型与报告要素来进行规范的。随着中国加入世界贸易组织(WTO)，国际评估业务的增加对我国评估界也提出了按照国际通行标准进行操作的要求，而评估报告作为评估工作的最终体现也要求我国评估师熟悉国际资产评估报告的要求。目前执行的，由中国资产评估协会发布的《资产评估执业准则——资产评估报告》就是根据报告要素与内容对评估报告进行规范的重要评估准则。

12.2.2 资产评估报告的基本要素

无论是国有资产评估还是非国有资产评估，资产评估专业人员在执行必要的资产评估程序后，都应当根据《资产评估执业准则——资产评估报告》编制并由所在评估机构出具评估报告。资产评估报告一般应包括以下基本要素：委托人及其他评估报告使用人；评估目的；评估对象和评估范围；价值类型；评估基准日；评估依据；评估方法；评估程序实施过程和情况；评估假设；评估结论；特别事项说明；评估报告使用限制说明；评估报告日；资产评估专业人员签名和评估机构印章。

12.2.3 资产评估报告的基本内容

由于评估目的的差异、评估报告服务对象的不同，以及评估报告使用人要求的不同，资产评估报告的内容并不是千篇一律的。国有资产评估和非国有资产评估、单项资产评估和企业价值评估等的评估报告内容都存在着明显的差异。例如，国有资产评估报告通常包括评估报告、评估明细表及专用说明材料；而非国有资产评估的评估报告就不一定必须有专用说明材料等内容。尽管资产评估报告的内容并不是千篇一律的，但是，无论何种资产评估报告，评估报告的基本内容都大同小异。

根据现行的《资产评估执业准则——资产评估报告》的要求，评估报告的基本内容应当包括：标题及文号、目录、声明、摘要、正文和附件等六部分。其中，各部分的具体内容及有关参阅文件如下：

1）资产评估报告的标题及文号

评估报告标题应当简明清晰，一般采用“企业名称+经济行为关键词+评估对象+评估报告”的形式。评估报告文号包括评估机构特征字、种类特征字、年份、报告序号。

2）资产评估报告的目录

评估报告目录相当于评估报告内容索引，评估报告使用人可以利用评估报告目录迅速查找需要了解的评估报告内容。

3）资产评估报告的声明

资产评估报告的声明是指资产评估机构和资产评估师和其他资产评估专业人员承诺遵守职业道德，独立、客观、公正执业的书面保证，以及对评估报告使用人正确使用评估报告的提示和要求。资产评估报告的声明应当包括以下内容：

① 资产评估师和其他资产评估专业人员恪守独立、客观和公正的原则，遵循有关法律、法规和资产评估准则的规定，并承担相应的责任。

② 提醒评估报告使用人关注评估报告特别事项说明和使用限制。

③ 其他需要声明的内容，例如资产评估报告依据财政部发布的资产评估基本准则和中国资产评估协会发布的资产评估执业准则和职业道德准则编制。资产评估机构、资产评估师和其他资产评估专业人员提示评估报告使用人应当正确理解评估结果，评估结果不等同于评估对象可实现价格，评估结果不应当被认为是对评估对象可实现价格的保证。

4）资产评估报告的摘要

评估报告摘要应当提供评估业务的主要信息及评估结论。每份资产评估报告的正文之前应有表达该报告关键内容的摘要，以便各有关方面了解该评估报告的主要信息。评估报告摘要通常需要资产评估专业人员、评估机构等签字盖章并署明提交日期。该摘要还必须与评估报告揭示的结果一致，不得有误导性内容，并应当采用提醒文字提醒使用人阅读全文。

5）资产评估报告的正文

评估报告正文应当包括以下内容：

①委托人及其他评估报告使用人。评估报告使用人是指评估报告的合法使用主体。评估报告使用人通常是指评估委托合同中约定的评估报告使用人以及国家法律、法规规定可以使用评估报告的人。评估报告正文的委托人与资产占有方简介应较为详细地分别介绍委托人、其他评估报告使用人及资产占有方的情况，当委托人和资产占有方相同时，可作为资产占有方介绍，也要写明委托人和资产占有方之间的隶属关系或经济关系。无隶属关系或经济关系的，应写明发生评估的原因，当资产占有方为多家企业时，还须逐一介绍。

②评估目的。评估目的是在符合法律法规、评估规范及社会公共利益的前提下，引起资产评估的特定经济事项及其委托人对资产评估报告和评估结论的条件要求和用途要求，以及由此产生的对此次评估相应条件的约束。评估报告正文的评估目的应写明本次资产评估是为了满足委托方的何种需要及其所对应的经济行为类型，并简要准确地说明该经济行为是否经过批准。若已获批准，应将批准文件的名称、批准单位、批准日期及文号写出。评估报告载明的评估目的应当唯一，表述应

当明确、清晰。

③评估对象和评估范围。评估对象是指特定条件约束下的评估标的价值，即特定条件约束下的具体评估客体价值。评估范围是指评估对象载体的数量边界和权益边界，即评估对象载体的数量及其承载的权益。

这部分应写明评估对象及纳入评估范围的资产及其类型，并具体描述评估对象及其载体的基本情况，通常包括法律权属状况、经济状况和物理状况。被评估资产为多家占有的，应说明各自的份额及对应资产类型。

④价值类型。评估报告中的评估价值类型指的是狭义的评估价值类型，即价值定义。需要用文字对评估结论的价值属性、价值内涵及其合理性指向进行描述和界定。评估报告应当明确价值类型，并说明选择价值类型的理由。

⑤评估基准日。评估基准日是指资产评估报告中的评估结论的时间基准，即为量化和表达资产评估报告中特定条件约束下的评估结论所对应的评估时点。评估报告应当载明评估基准日，并与订立的业务委托合同约定的评估基准日保持一致。评估报告应当说明选取评估基准日时重点考虑的因素。评估基准日可以是现在时点，也可以是过去或者将来的时点。

⑥评估依据。评估依据是指资产评估工作中所依托的规范、标准以及依赖的信息基础，包括法律依据、准则依据、权属依据及取价依据等。评估报告应在这部分中说明本次评估的主要依据，包括行为依据、法律法规依据、产权依据和取价依据等。对评估中采用的特殊依据应进行相应的披露。

⑦评估方法。评估方法是指完成评估工作的技术思路及实现评估技术思路的具体技术手段。评估报告应在这部分中说明评估过程所选择、使用的评估途径与方法和选择评估途径与方法的依据或原因。对某项资产评估采用一种以上评估途径与方法的还应说明原因并说明该资产最终评估结论的确定方法。对选择特殊评估方法的，还应介绍其原理与适用范围。

⑧评估程序实施过程和情况。资产评估程序是指由评估准则规定的，要求资产评估机构和评估人员执行资产评估业务、形成资产评估结论所履行的系统性工作步骤。评估报告应反映评估机构自接受评估项目委托起至提交评估报告的全过程，包括：接受委托过程中确定评估目的、评估对象及范围、评估基准日和拟订评估方案的过程，资产清查中的指导资产占有方清查、收集准备资料、检查与验证过程；评估估算中的现场检测与鉴定、评估方法选择、市场调查与分析过程；评估汇总中的结果汇总、评估结论分析、撰写报告与说明、内部复核过程，以及提交评估报告等过程。

⑨评估假设。评估假设是指资产评估专业人员依据现有知识和事实，根据事实及事物发展的变化规律与趋势，通过正常的逻辑推理，对评估结论的得出所依托的未来事实或前提条件做出的合乎情理的客观推断或假定。评估报告应当说明对估值所依托的相关条件的推断或假定与既定事实及事物发展的变化规律与趋势的逻辑关

系或依据，并披露评估假设及其对评估结论的影响。

⑩评估结论。评估结论是指资产评估机构及其资产评估专业人员通过履行必要的评估程序后，给出的评估对象在评估基准日某种特定价值类型下的价值估计数额的专业意见。评估报告应当以文字和数字形式清晰说明评估结论。这部分是报告正文的重要部分，应使用表述性文字完整地叙述评估机构对评估结果发表的结论，对资产、负债、净资产的账面价值、调整后账面价值、评估价值及其增减幅度进行表述，还应单独列示不纳入评估汇总表的评估结果。

⑪特别事项说明。特别事项通常是指在评估过程中已发现可能影响评估结论，但非评估人员执业水平和能力所能左右的有关事项。评估报告的特别事项说明通常包括下列内容：权属资料不完整或者存在瑕疵；未决事项、法律纠纷等不确定因素；利用专家工作、重大期后事项；在不违背资产评估准则基本要求的情况下，采用的不同于资产评估准则规定的程序和方法。资产评估师和其他资产评估专业人员应当说明特别事项可能对评估结论产生的影响，并重点提示评估报告使用人予以关注。

⑫资产评估报告使用限制说明。评估报告的使用限制说明通常包括下列内容：评估报告只能用于评估报告载明的评估目的和用途；评估报告只能由评估报告载明的评估报告使用人使用；未征得出具评估报告的评估机构同意，评估报告的内容不得被摘抄、引用或披露于公开媒体，法律、法规规定以及相关当事方另有约定的除外；评估报告使用人应当正确理解评估结果，评估结果不等同于评估对象可实现的价格，评估结果不应当被认为是对评估对象可实现价格的保证；评估报告的使用有效期；因评估程序受限造成的评估报告的使用限制。

⑬资产评估报告日。评估报告载明的评估报告日通常为资产评估师和其他资产评估专业人员形成最终专业意见的日期。在评估报告中应当说明评估报告日。

⑭资产评估专业人员签名和资产评估机构印章。这部分应写明出具评估报告的机构名称并加盖公章，还要有至少两名负责本项目评估的资产评估师或其他资产评估专业人员签名。

6）资产评估报告的附件

评估报告附件通常包括下列内容：评估对象载体所涉及的主要权属证明资料；委托方和其他相关当事人的承诺函；资产评估机构及签名资产评估专业人员的备案文件或者资格证明文件；评估对象载体涉及的资产清单或资产汇总表等。

12.2.4 资产评估报告的主要作用

资产评估报告有以下几方面的作用：

（1）对委托评估的资产提供价值意见

资产评估报告是具有资产评估资格的机构根据委托评估资产的特点和要求组织资产评估师及相应的专业人员组成的评估队伍，遵循评估准则和标准，履行必要的评估程序，运用科学的方法对被评估资产价值进行评定和估算后，通过评估报告的形式提出价值意见，该价值意见不代表任何当事人一方的利益，是一种独立的专业人士的估价意见，具有较强的公正性与客观性，因而成为被委托评估资产作价的重要参考。

（2）反映和体现资产评估工作情况，是明确委托方、受托方及有关方面责任的依据

它用文字的形式，对受托资产评估业务的目的、背景、范围、依据、程序、方法等方面和评定的结果进行说明和总结，体现了评估机构的工作成果。同时，资产评估报告也反映和体现受托的资产评估机构与执业人员的权利与义务，并以此来明确委托方、受托方有关方面的法律责任。在资产评估现场工作完成后，资产评估专业人员就要根据现场工作取得的有关资料和估算数据，撰写评估结果报告，向委托方报告。负责评估项目的资产评估师等专业人员同时在评估报告上行使签字的权利和义务，并提出报告使用的范围和评估结果实现的前提等具体条款。当然，资产评估报告也是评估机构履行评估协议和向委托方或有关方面收取评估费用的依据。

（3）对资产评估报告进行审核，是管理部门完善资产评估管理的重要手段

资产评估报告是反映评估机构和资产评估专业人员职业道德、执业能力水平，以及评估质量高低和机构内部管理机制完善程度的重要依据。有关管理部门通过审核资产评估报告，可以有效地对评估机构的业务开展情况进行监督和管理。

（4）资产评估报告是建立评估档案、归集评估档案资料的重要信息来源

资产评估专业人员在完成资产评估任务之后，必须按照档案管理的有关规定，将评估过程收集的资料、工作记录，以及资产评估过程的有关工作底稿进行归档，以便进行评估档案的管理和使用。由于资产评估报告是对整个评估过程的工作总结，其内容包括了评估过程的各个具体环节与有关资料的收集和记录，因此，评估档案归集的主要内容不仅包括评估报告的底稿，还包括撰写资产评估报告过程用到的各种数据、各个依据、工作底稿和资产评估报告中形成的有关文字记录等，这些都是资产评估档案的重要信息来源。

12.3 资产评估报告的编制

12.3.1 资产评估报告的类型

由于评估对象载体的差异、评估基准日的差异、评估报告提供内容的差异，以及评估报告使用人的不同要求等，资产评估报告需要满足不同的要求，因而产生了不同的评估报告类型。为了便于了解和掌握各种类型的评估报告，现按一定的分类标准加以归类。

1）整体资产评估报告与单项资产评估报告

按资产评估对象载体划分，资产评估报告可分为整体资产评估报告和单项资产评估报告。凡是对整体资产进行评估所出具的资产评估报告称为整体资产评估报告。凡是仅对某一部分、某一项资产进行评估所出具的资产评估报告称为单项资产评估报告。尽管资产评估报告的基本格式是一样的，但因整体资产评估与单项资产评估在具体业务上存在一些差别，两者在评估报告的内容上也必然会存在一些差别。一般情况下，整体资产评估报告的报告内容不但包括资产，还包括负债和所有者权益方面的内容。而单项资产评估报告除在建工程外，一般不考虑负债和以整体资产为依托的无形资产等。

2）完整型评估报告、简明型评估报告与限制型评估报告

按照评估报告提供内容和数据资料的繁简程度，评估报告也可以分为完整型评估报告、简明型评估报告和限制型评估报告。美国的《专业评估执业统一准则》，将评估报告区分为完整型评估报告、简明型评估报告与限制型评估报告。《专业评估执业统一准则》规定，当评估报告的使用人包括委托方以外的其他当事人时，评估报告必须采用完整型评估报告或简明型评估报告。当评估报告的使用人不包括委托方以外的其他当事人时，评估报告可以使用限制型评估报告。三种类型评估报告的显著差异在于评估报告所提供内容和数据的繁简程度。

在完整型评估报告或简明型评估报告中应当重点说明以下内容：

① 委托人、资产占有方和其他评估报告使用人的名称或类型，并说明其相互关系。

② 评估目的及与评估业务相关的经济行为。

③ 价值类型及其定义。

④ 评估基准日。

⑤ 评估假设与限制条件。披露影响评估分析、判断和结论的评估假设和限制条件，并说明其对评估结论的影响。

⑥ 评估依据。执行资产评估业务过程中遵循的法律、法规和取价标准等评估依据。

⑦ 评估结论，可以文字或列表方式进行表述。

⑧ 评估报告日。

在完整型评估报告中应当详细地重点说明以下内容：

① 评估对象和评估范围的基本情况，评估目的的表述应当清晰、具体，不得误导报告使用人。

② 评估程序实施过程和情况，重点说明：

A. 评估业务承接过程和情况；

B. 进行资产勘查、收集评估资料的过程和情况；

C. 分析、整理评估资料的过程和情况；

D. 选择评估方法的过程和依据，评估方法的基本原理，相关参数的选取和运用评估方法进行计算、分析、判断的过程；

E. 对初步评估结论进行综合分析，形成最终评估结论的过程。

在简明型评估报告中应该注意说明以下内容：

① 简要说明评估范围和评估对象的基本情况，评估目的的表述应当清晰、具体，不得误导报告使用人。

② 简要说明评估程序实施过程和情况。

在限制型评估报告中应该注意说明以下内容：

① 当评估报告的预定使用人不包括除评估委托方之外的人员时，才可以提供限制型评估报告。

② 在签署评估委托协议前，评估师应使委托方正确了解报告类型的情况，并应保证委托方能恰当理解限制型评估报告的用途限制。

③ 限制型评估报告也必须能使预定的报告使用人能得到恰当的信息并且不产生误解。

3）追溯型评估报告、现实型评估报告与预测型评估报告

根据评估基准日的不同，评估报告可以分为追溯型评估报告、现实型评估报告和预测型评估报告。

（1）追溯型评估报告

追溯型评估报告是服务于追溯型评估的一种评估报告形式。追溯型评估是指需要对评估对象过去某一时点的价值进行的评估。它的特点是评估基准日远远早于评估报告日。在资产纳税、司法诉讼等事项中，可能会利用追溯型评估，以及追溯型评估报告。

（2）现实型评估报告

现实型评估报告是服务于现实型评估的一种评估报告形式。现实型评估的特点是评估基准日非常接近于评估报告日。大多数评估都属于现实型评估，绝大部分评估报告都属于现实型评估报告。

（3）预测型评估报告

预测型评估报告是服务于预测型评估的一种评估报告形式。预测型评估是指需要对评估对象未来某一时点的价值进行的评估。它的特点是评估基准日晚于评估报告日。在对正在开发的项目进行评估时，可能会利用预测型评估，以及预测型评估报告。

4）正常评估报告、评估复核报告和评估咨询报告

（1）正常评估报告

正常评估是一个较为宽泛的术语，泛指服务于产权变动和非产权交易的各种一般性资产评估。正常评估报告的报告要素和体例通常要受到评估准则的规范和约束，评估人员及其机构不仅要对评估结果的真实性和合理性负责，而且需要对评估

报告的规范程度负责。

（2）评估复核报告

评估复核是指评估机构（评估师）对其他评估机构（评估师）出具的评估报告进行的评判分析和再评估。评估复核报告服务于特定的当事人，评估复核报告需要对被评估报告的真实性和合理性做出判断和评价。

（3）评估咨询报告

评估咨询是一个较为宽泛的术语。它既可以是评估人员对特定资产的价值提出咨询意见，又可以是评估人员对评估标的物的利用价值、利用方式、利用效果的分析和研究，以及与此相关的市场分析、可行性研究等。评估咨询报告的表现形式和内容相对比较宽泛灵活，报告内容和体例通常不受评估准则的规范。

12.3.2　资产评估报告的编制步骤

资产评估报告的编制和制作是评估机构与资产评估师和其他资产评估专业人员进行评估工作非常重要的一道工序，也是资产评估工作中的一个重要环节。编制和制作资产评估报告的主要步骤如下：

1）整理工作底稿和归集有关资料

资产评估现场工作结束后，资产评估师和其他资产评估专业人员必须着手对现场工作底稿进行整理，例如，对有关询证函、被评估资产背景材料、技术鉴定情况和价格取证等资料进行归集和登记。对现场未予确定的事项，还须进一步落实和查核。

2）汇总评估数据资料

在完成现场工作底稿和有关资料的归集任务后，资产评估师和其他资产评估专业人员应着手评估数据等的汇总。在运用资产基础法评估企业价值时，可能要对各类资产及负债的评估明细表的数字根据明细表的不同级次汇总，然后分类汇总，再到资产负债表式的汇总。在整体资产评估的评估数字汇总过程中应反复核对各有关数字的关联性和逻辑关系，保证评估数据的准确。

3）分析和讨论评估的初步结论

在完成评估数据汇总，得出初步的评估结论的基础上，应召集相关人员，对评估报告的初步结论进行分析和讨论，复核各有关评估数据、工作底稿记录和估算过程，分析评估数据及其结论是否存在不合理的情况，并进行必要的调整。

4）编写评估报告

评估报告的编写可以分为两个阶段。

第一阶段，完成资产评估初步结论的分析和讨论，并对有关部分的数据进行调整后，由参加评估的各负责人员草拟出各自负责部分的评估说明，然后提交项目负责人汇总并草拟出资产评估报告初稿。

第二阶段，对评估报告初稿与委托方交换意见，听取委托方的反馈意见后，在坚持独立、客观、公正的前提下，认真分析委托方提出的问题和建议，考虑是否应该修改评估报告及结论，完成此项工作后即可撰写正式的资产评估报告。

5）签发与送交资产评估报告

资产评估师和其他资产评估专业人员撰写出正式的资产评估报告后，经审核无误，按以下程序进行签名盖章：先由负责该项目的资产评估师或其他资产评估专业人员签名（两名或两名以上），再送复核人审核，最后送评估机构负责人审定并加盖机构公章。

资产评估报告签发盖章后即可连同评估说明及评估明细表送交委托人。

12.3.3 资产评估报告的编制要求

资产评估报告的编制要求包括了两个层次的内容：其一是对评估报告编制的基本要求；其二是对评估报告编制的具体技术要求。

1）对评估报告编制的基本要求

评估报告编制的基本要求是指资产评估师应当在执行必要的评估程序后，编制并由所在评估机构出具评估报告，并在评估报告中提供必要信息，使评估报告使用人能够合理理解评估结论。资产评估师和其他资产评估专业人员应当根据评估业务具体情况，提供能够满足委托方和其他评估报告使用人合理需求的评估报告。

2）对评估报告编制的具体技术要求

资产评估报告编制的具体技术要求是指在资产评估报告制作过程中的文字表达、格式和内容方面的技能要求，以及复核与反馈等方面的技能要求等。具体表现在以下几个方面：

（1）文字表达方面的技术要求

资产评估报告的文字表达既要清楚、准确，又要能提供充分的依据说明，在必要时还要全面地叙述整个评估的具体过程。在文字表达评估结论和评估过程时，不得使用模棱两可的措辞，不得带有任何诱导、恭维和推荐性的陈述。当然，也不能带有夸大其词的语句。

（2）格式和内容方面的技术要求

资产评估报告格式和内容应当按照《资产评估执业准则——资产评估报告》及相关的准则的具体规定编排和撰写。相关部门有特别要求和规定的，评估人员应该在遵循评估准则的前提下兼顾执行。

（3）复核与反馈方面的技术要求

资产评估报告的复核与反馈是通过对工作底稿、评估说明、评估明细表和报告正文的文字、格式和内容进行复核，以及与委托方等相关部门的沟通与交流，使有关错误、遗漏等问题在出具正式报告之前得到调整和改正。对资产评估报告必须建立起多级复核和交叉复核的制度，明确复核人的职责，防止流于形式的复核。收集反馈意见主要是通过委托方或相关部门熟悉评估对象载体具体情况的人员进行的。

对委托方的反馈信息，应本着独立、客观、公正的态度妥善处理。

（4）评估报告撰写的几项原则

① 实事求是原则。评估报告的编制必须建立在真实、客观的基础上，不能背离评估的实际情况，不能无原则地迎合委托方的意愿和要求。

② 一致性原则。评估报告中的概念表述、数据等前后要保持一致，报告摘要、报告正文、评估说明、评估明细表等中的相关内容和数据也要保持一致。

③ 及时和保密性原则。在正式完成资产评估工作后，应按业务约定书的约定时间及时将报告送交委托人。此外，要做好评估报告涉及的客户信息的保密工作，尤其是对评估涉及的客户商业秘密和技术秘密，更要加强保密工作。

④ 明确评估报告使用人原则。评估机构应当在资产评估报告中明确评估报告使用人、报告使用方式，提示评估报告使用人合理使用评估报告，防止评估报告被恶意使用。同时，应当避免评估报告被误用，切实规避执业风险。

⑤ 关注评估对象载体的法律权属义务原则。资产评估师和其他资产评估专业人员执行资产评估业务，应当关注评估对象载体的法律权属，并在评估报告中对评估对象载体法律权属及其证明资料来源予以必要说明。资产评估师和其他资产评估专业人员不得对评估对象载体的法律权属提供保证。

⑥ 评估受限充分披露原则。资产评估师和其他资产评估专业人员执行资产评估业务受到限制无法实施完整的评估程序时，应当在评估报告中明确披露受到的限制、无法履行的评估程序和采取的替代措施。

12.3.4 资产评估报告封面、目录、摘要及资产评估报告正文的编制范例

1）资产评估报告封面、目录及摘要范例

××股份有限公司资产重组项目

资产评估报告

宏大评报字〔2019〕第×号

共一册，第一册

宏大资产评估有限公司二〇一九年八月二十八日

目录

摘要

资产评估报告

一、委托方人及其他评估报告使用人

二、评估目的

三、评估对象和范围

四、价值类型

五、评估基准日

六、评估依据

七、评估方法
八、评估程序实施过程和情况
九、评估假设
十、评估结论
十一、特别事项说明
十二、评估报告使用限制说明
十三、评估报告日
十四、资产评估专业人员签名和评估机构印章
资产评估报告备查文件

××股份有限公司资产重组项目

资产评估报告宏大评报字〔2019〕第×号

摘　要

重要提示
以下内容摘自资产评估报告，欲了解本项目的全面情况，应认真阅读资产评估报告全文。

宏大资产评估有限公司接受××股份有限公司的委托，根据国家有关资产评估的规定，本着独立、公正、科学和客观的原则及必要的评估程序，对××股份有限公司的净资产进行了评估，进而为相关当事人提供价值参考。

一、评估目的

本次评估目的是满足××股份有限公司资产重组项目之需要，对××股份有限公司的净资产进行评估，为相关当事人提供价值参考。

二、评估方法

本次评估主要采用成本法进行评估。

三、评估对象和范围

本次评估对象为××股份有限公司的净资产的市场价值，评估范围为：××股份有限公司在为同一目的审计结果基础上申报的2019年7月30日资产负债表上列示的资产和相关负债。

四、价值类型

本次评估采用的价值类型为市场价值。

五、评估基准日

本次评估基准日确定为2019年7月30日。

六、评估结论

经实地勘察核实、市场调查和评定估算，得出如下评估结论：在评估基准日持续经营的前提下，××股份有限公司的净资产评估值为47 578.20万元。具体评估汇总情况详见下表。

资产评估结果汇总表

资产占有单位名称：××股份有限公司　　　　金额单位：万元

项　目		账面价值	调整后账面值	评估价值	增减值	增值率（%）
		A	B	C	D=C-B	E=（C-B）/B×100%
流动资产	1	47 326.88	47 326.88	47 816.67	489.79	1.03
长期投资	2	12 143.55	12 143.55	13 033.38	889.83	7.33
固定资产	3	16 370.47	16 370.47	20 236.85	3 866.38	23.62
其中：在建工程	4	383.53	383.53	217.17	-166.36	-43.38
建筑物	5	8 397.91	8 397.91	8 941.21	543.30	6.47
设备	6	7 589.03	7 589.03	11 078.47	3 489.44	45.98
无形资产	7	2 375.25	2 375.25	25 120.87	22 745.62	957.61
其中：土地使用权	8	2 258.37	2 258.37	12 088.07	9 829.70	435.26
其他资产	9	651.19	651.19	651.19	—	—
资产总计	10	78 867.33	78 867.33	106 858.96	27 991.63	35.49
流动负债	11	52 435.87	52 435.87	52 435.87	—	—
长期负债	12	6 844.89	6 844.89	6 844.89	—	—
负债合计	13	59 280.77	59 280.77	59 280.77	—	—
净资产	14	19 586.56	19 586.56	47 578.19	27 991.63	142.91

本报告所揭示的评估结论仅对本次评估目的有效，自评估基准日起一年内有效。

2）资产评估报告正文范例

××股份有限公司资产重组项目

资产评估报告

宏大评报字〔2019〕第×号

××股份有限公司：

宏大资产评估有限公司接受贵公司的委托，根据国家有关资产评估的规定，本着客观、独立、公正、科学的原则，按照公认的资产评估方法，对贵公司纳入评估范围的资产和相关负债进行了评估。

遵守相关法律、法规和资产评估准则，对评估对象进行估算并发表专业意见，是资产评估师的责任。提供必需的资料并保证所提供资料的真实性、合法性、准确性、完整性，恰当地使用本评估报告是委托方和相关当事人的责任。

我们按照必要的评估程序对委托评估范围内的资产和相关负债实施了实地勘查、市场调查与询证，对委估资产和相关负债在2019年7月30日所表现的市场价值做出了公允反映。现将资产评估情况及评估结果报告如下：

一、委托方及其他评估报告使用人

本次评估的委托方和资产占有方均为××股份有限公司。评估报告的使用人除××股份有限公司外，还包括××股份有限公司资产重组过程中涉及的其他相关机构、部门和战略投资者。

1.单位名称：××股份有限公司。

2.单位住所：××省××市。

3.法定代表人：××。

4.注册资本：人民币×亿×仟万元整。

5.企业类型：股份有限公司。

6.经营范围：略。

7.历史沿革：略。

8.公司架构：略。

9.项目背景：略。

二、评估目的

本次评估目的是满足××股份有限公司资产重组项目之需要，对××股份有限公司的净资产进行评估，为相关当事人提供价值参考。

三、评估对象和范围

根据资产评估业务约定书的约定，本次评估范围为：××股份有限公司在为同一目的审计结果基础上申报的2019年7月30日资产负债表上列示的资产和相关负债。为满足资产重组项目需要，××股份有限公司申报的资产中包括审计报表中未体现的无形资产5项××商标所有权。

评估对象为××股份有限公司股东全部权益价值（净资产市场价值），评估范围包括：流动资产、长期投资、固定资产、无形资产、长期待摊费用、递延所得税资产、流动负债和长期负债。具体的资产、负债项目内容以××股份有限公司聘请的××会计师事务所有限公司为同一目的而出具的××字〔2019〕第××号审计报告和相关财务数据基础上填报的评估申报表为准，凡列入表内并经过资产占有方和委托方核实确认的资产（负债）项目均在本次评估范围之内。经核实，评估范围与申报范围一致。评估基准日，××股份有限公司申报的账面总资产为788 673 309.58元，总负债为592 807 690.06元，净资产为195 865 619.52元，具体情况见下表：

资产评估申报明细表

资产占有单位名称：××股份有限公司　　单位：元

序号	科目名称	账面价值
1	货币资金	90 391 840.84
2	应收账款	20 255 049.43
3	减：坏账准备	3 963 022.14
4	应收账款净额	16 292 027.29
5	其他应收款	207 233 253.41
6	减：坏账准备	16 025 627.20
7	其他应收款净额	191 207 626.21
8	预付账款	49 689 211.06
9	存货	123 753 559.60
10	减：存货跌价准备	116 879.93
11	存货净额	123 636 679.67
12	其他流动资产	2 051 368.40
13	流动资产合计	473 268 753.47
14	长期投资	121 435 487.13
15	固定资产原价	272 028 366.36
16	减：累计折旧	111 999 991.73
17	固定资产净值	160 028 374.63
18	减：固定资产减值准备	159 000.00
19	固定资产净额	159 869 374.63
20	在建工程	3 835 289.94
21	固定资产合计	163 704 664.57
22	无形资产	23 752 465.27
23	其中：土地使用权	22 583 686.33
24	长期待摊费用	200 000.18

续表

序号	科目名称	账面价值
25	递延所得税资产	6 311 938.96
26	资产总计	788 673 309.58
27	短期借款	170 030 000.00
28	应付票据	118 000 000.00
29	应付账款	77 464 714.98
30	预收账款	40 629 900.30
31	应付职工薪酬	12 767 020.90
32	应交税费	7 841 663.62
33	其他应付款	93 853 460.94
34	其他流动负债	3 771 985.59
35	流动负债合计	524 358 746.33
36	长期借款	59 780 000.00
37	长期应付款	706 288.00
38	专项应付款	842 187.08
39	递延所得税负债	7 120 468.65
40	长期负债合计	68 448 943.73
41	负债合计	592 807 690.06
42	净资产	195 865 619.52

四、价值类型

此次评估采用持续经营前提下（或现状持续使用前提下）的市场价值作为选定的评估价值类型。具体定义如下：

持续经营是指资产占有方的生产经营业务可以按其现状持续经营下去，并在可预见的未来，不会发生重大改变。

市场价值是指有自愿交易意向的买卖双方，在公开市场上买卖委估资产所能实现的合理交易价格。买卖双方对委估资产及市场，以及影响委估资产价值的相关因素均有合理的知识背景。相关交易方将在不受任何外在压力、胁迫下，自主、独立地决定其交易行为。

五、评估基准日

本项目资产评估基准日定为2019年7月30日。

该基准日由委托方及资产占有方确定。

一切计价标准均为基准日有效的价格标准，所有资产和负债均为基准日实际存在的资产和负债。

六、评估依据

（一）行为依据

略。

（二）法规依据

略。

（三）产权依据

略。

（四）取价依据

略。

七、评估方法

根据评估目的、资产特性，以及企业实际状况，本次评估主要采用成本法进行评估。具体采用了成本法中的资产基础法，是指在合理评估企业各项资产价值和负债的基础上确定评估对象价值的评估思路，其基本计算公式为：

净资产评估值=各单项资产评估价值之和-各单项负债评估价值之和

在以成本法评估企业资产价值时，首先要鉴于被评估企业在评估目的实现后维持原有的生产经营和经营方式，且委估资产在今后仍维持原用途继续使用，并且要结合资产实际情况在可以预知的法律、经济和技术许可的范围内，针对各类资产及相关负债的不同特点以及需要考虑的实际因素，分别采用不同的评估方法。

（一）关于流动资产的评估

略。

（二）关于长期投资的评估

1.对于在股权投资中控股的长期股权投资，采用同一评估基准日对被投资单位进行整体评估，以被投资单位净资产评估值乘以持股比例的方法确定长期股权投资的评估值。

2.对于股权投资中非控股的长期股权投资，具备对被投资单位进行整体评估条件的，以基准日被投资单位净资产评估值乘以持股比例的方法确定长期股权投资的评估值。不具备对被投资企业进行整体评估条件的，以长期股权投资审计后账面值确认评估值。

（三）关于房屋建（构）筑物的评估

根据评估目的，在可以预知的法律、经济和技术许可的范围内，针对资产的特点以及需要考虑的实际因素，本次对房屋建（构）筑物主要采用成本法进行评估。对个别的外购商品房采用市场法进行评估。

（四）关于设备类资产的评估

根据本次评估目的，并结合资产状况主要采用成本法进行评估。其计算公式为：

评估价值=重置全价×综合成新率

（五）关于在建工程的评估

核实在建工程存在性及完成情况，对于已与固定资产形成一体的，同固定资产一起进行评估；对于独立的在建工程，通过核实账面值组成情况，以删除不合理支出后账面值确定评估值。对于合理工期超过半年的要考虑一定的资金成本。

（六）关于无形资产的评估

1. 土地使用权。

根据该资产特点以及评估资料收集情况，以成本逼近法和基准地价系数修正法综合确定其评估值。

2. 其他无形资产。

对其他无形资产中的技术转让权、软件升级费和转体栓防盗锁专利采用市场法进行评估。

对其他无形资产中的××商标所有权采用收益现值法进行评估。收益现值法是指通过估算公司在未来的预期收益，然后按一定的贡献分成率分解出委估商标所有权所带来的收益，并采用适宜的折现率折算成现值，累加求和，得出委估资产评估值的一种资产评估方法。

（七）关于长期待摊费用的评估

略。

（八）关于递延所得税资产的评估

略。

（九）关于负债的评估

略。

八、评估程序实施过程和情况

（一）接受委托

2019 年 7 月×日，接受××股份有限公司的委托，对××股份有限公司纳入评估范围的资产和相关负债进行评估。

（二）组建评估队伍

接受委托后，宏大资产评估有限公司成立了××股份有限公司项目评估小组，确定了该项目的负责人和评估人员。

（三）进行填表培训

为使资产占有单位财务、资产管理人员理解并做好资产评估材料的填报工作，确保评估明细表格申报的质量，公司对企业具体填表人员进行了指导。

（四）资产清查

在企业对评估资产进行全面自查并如实申报的基础上，评估人员对纳入评估范围内的资产和负债进行了全面清查和核实。资产清查时间为2019年7月31日—8月10日。

（五）评定估算、对接汇总

2019年8月15日开始，评估人员依据现场勘察了解的情况，根据收集的价格资料，对资产进行评定估算，进行评估结论分析，撰写说明与报告，并于8月25日与公司审核组和资产占有单位进行沟通并交换意见。

（六）审核

完成评定估算后，提交公司进行二审和三审。

（七）提交报告

2019年8月28日将正式资产评估报告提交委托方。

九、评估假设

1.评估基准日后一定的时期内，××股份有限公司及相关的子公司和使用××商标的公司仍能保持现有的规模和生产方式，继续从事经营范围所规定和许可的业务。

2.××股份有限公司所拥有的资产目前正得到有效利用，并且在可预见将来仍能得到有效利用。

3.纳入评估范围的资产及相关负债为××股份有限公司所拥有完整权利或义务的全部资产和负债。

4.委托方及资产占有方所提供的资料真实、准确、完整、合法。

5.××股份有限公司不存在涉案诉讼事项。

6.在未来各年度通胀、利率及汇率将不会有重大变化。

十、评估结论

宏大资产评估有限公司，接受××股份有限公司的委托，根据国家有关资产评估的规定，本着独立、公正、科学和客观的原则及必要的评估程序，对××股份有限公司纳入评估范围的资产和相关负债进行了评估，本次评估采用成本法。根据以上评估工作，得出如下评估结论：

在评估基准日2019年7月30日持续经营的前提下，××股份有限公司申报的账面总资产为78 867.33万元，总负债为59 280.77万元，净资产为19 586.56万元；调整后账面总资产为78 867.33万元，总负债为59 280.77万元，净资产为19 586.56万元；评估后的总资产为106 858.96万元，总负债为59 280.77万元，净资产为

47 578.19 万元。增值 27 991.63 万元，增值率为 142.91%。具体详见资产评估结果汇总表。

资产评估结果汇总表

资产占有单位名称：××股份有限公司　　　　金额单位：万元

项目		账面价值	调整后账面值	评估价值	增减值	增值率（%）
		A	B	C	D=C−B	E=（C−B）/B×100%
流动资产	1	47 326.88	47 326.88	47 816.67	489.79	1.03
长期投资	2	12 143.55	12 143.55	13 033.38	889.83	7.33
固定资产	3	16 370.47	16 370.47	20 236.85	3 866.38	23.62
其中：在建工程	4	383.53	383.53	217.17	−166.36	−43.38
建筑物	5	8 397.91	8 397.91	8 941.21	543.30	6.47
设备	6	7 589.03	7 589.03	11 078.47	3 489.44	45.98
无形资产	7	2 375.25	2 375.25	25 120.87	22 745.62	957.61
其中：土地使用权	8	2 258.37	2 258.37	12 088.07	9 829.70	435.26
其他资产	9	651.19	651.19	651.19	–	
资产总计	10	78 867.33	78 867.33	106 858.96	27 991.63	35.49
流动负债	11	52 435.87	52 435.87	52 435.87	–	
长期负债	12	6 844.89	6 844.89	6 844.89	–	
负债合计	13	59 280.77	59 280.77	59 280.77	–	
净资产	14	19 586.56	19 586.56	47 578.19	27 991.63	142.91

本评估结论反映评估对象在本次评估目的下根据相关原则确定的市场价值，没有考虑将来可能承担的抵押、担保事宜，以及特殊的交易方可能追加付出的价格等对评估价值的影响，也未考虑国家宏观经济政策发生变化以及自然力和其他不可抗力对资产价格的影响。当前述条件以及评估中遵循的持续经营原则等发生变化时，评估结果一般会失效。

十一、特别事项说明

以下为在评估过程中已发现可能影响评估结论但非评估人员执业水平和能力所能评定估算的有关事项（包括但不限于）：

1. 评估结论是宏大资产评估有限公司出具的，会受本次评估目的、评估前提假设条件、具体参加本次项目的评估人员的执业水平和能力的影响。

2.由委托人和资产占有方管理层及有关人员提供的与评估相关的所有资料，是编制本报告的基础。委托人及资产占有方应对其提供资料的真实性、完整性和全面性承担责任。评估人员进行了必要的、独立的复核工作。

3.对企业存在的可能影响资产评估值的瑕疵事项，在企业委托时未作特殊说明而评估人员根据专业经验一般不能获知的情况下，评估机构及评估人员不承担相关责任。

4.在进行本次资产评估之前，委托人已经委托××会计师事务所有限公司对××股份有限公司以同一日的及以评估基准日为截止时点进行了审计并出具了××字〔2019〕第××号无保留意见审计报告。纳入本次评估范围的资产和负债项目是××股份有限公司在审计后资产负债表和财务数据基础上进行填报的。评估范围以××股份有限公司提供的申报表为准，凡列入表内并经过××股份有限公司核实确认的资产和负债项目均在本次评估范围之内。本次评估未考虑在企业申报的报表以外可能存在的其他资产和负债对评估结果的影响。

5.纳入本次评估范围的资产项目中包括无形资产××商标所有权。该资产为××股份有限公司所拥有，在历史取得过程中未将其专门作为一项资产列入无形资产科目中进行核算。在本次评估前的审计工作中也未将其调整到无形资产科目中。但为资产重组项目需要，××股份有限公司将其作为无形资产进行了申报，纳入评估范围的××商标所有权评估值为129 358 000元。

6.截至评估基准日，××股份有限公司已在国家商标局注册××图案及文字形式商标共计113项，纳入评估范围的商标权仅限于其正在使用和允许他人使用的部分。

7.截至2019年7月30日，××股份有限公司以房屋建筑物和机器设备为下属子公司提供了6 750万元的抵押担保。本次评估未考虑该抵押担保事项可能对评估结果产生的影响。

8.本次评估评估结论及评估过程中未考虑因股权结构变化而可能产生的股权溢价或者折价影响。

提请评估报告的使用人应注意上述特别事项对评估结论可能带来的影响。

十二、评估报告使用限制说明

在评估报告有效期以内，评估基准日至评估目的实现日，若资产数量及作价标准发生变化，并对资产评估价值产生明显影响时，不能直接使用评估结论，委托方应及时聘请具有资格的资产评估机构重新评估；若资产价格的调整方法简单、易于操作时，可由委托方在资产实际作价时进行相应调整。

1.本报告所揭示的评估结论仅对本次经济行为之目的有效，自评估基准日起一年内有效（即从2019年7月30日起，至2020年7月29日止）；

2.本报告的评估结论仅供委托人为本次评估目的和送交相关部门进行备案使

用，报告的使用权归委托人所有，未经委托人许可，我公司不会随意向他人提供或公开。

十三、评估报告日

本报告提交委托人的时间为：2019年8月28日。

十四、资产评估专业人员签名和评估机构盖章

资产评估师：

资产评估师：

宏大资产评估有限公司

二〇一九年八月二十八日

上述评估报告范例仅为出于学习的需要，为读者提供一个直观的评估报告参考，其在评估报告要素及其表述、格式等方面有可能与现行评估报告准则的具体规范存在某些差异。关于评估报告要素及其表述、格式等方面具体规范请以现行评估报告准则为准。

12.4 资产评估报告的使用

12.4.1 资产评估报告使用人界定

资产评估报告使用人是指评估报告的使用主体。通常情况下，资产评估是应委托人的请求或委托针对委托人的一种价值咨询服务。在一般情况下，资产评估报告的使用人是特定的，即委托人。当然，也有例外的情况。在某些特定的评估活动中，资产评估委托人、资产评估相关当事人、资产评估管理方和有关部门也有权使用资产评估报告，即除资产评估委托人以外还存在其他评估报告使用人。由于存在不同评估项目的评估报告的非唯一使用人的状况，资产评估专业人员及其评估机构在出具资产评估报告时必须明确评估报告使用人，以免造成评估报告的误用。

按照资产评估在其操作过程中是否完全履行了评估程序，资产评估可以被划分为正常资产评估和限制型资产评估两类。从理论上讲，正常资产评估及其评估报告本身并没有限定评估报告的使用人的内在要求。对于正常资产评估，需要资产评估专业人员及其评估机构在评估报告中明确界定评估报告使用人。限制型资产评估，是因某些原因在未能完全履行资产评估程序的情况下应委托人的要求完成的，其评估报告原则上只供委托人使用，评估报告的使用人具有唯一性，即委托人。由于我国的资产评估报告制度没有对资产评估及其评估报告进行正常与限制型的划分，因而所有的评估报告都需要资产评估专业人员通过在评估报告中载明评估报告使用人的方式来界定评估报告使用人。

12.4.2 资产评估报告使用范围界定

资产评估报告使用范围是指评估报告的用途范围或领域。对于资产评估报告，

除了需要界定评估报告使用人之外，还需要界定评估报告的使用范围，即评估报告的使用领域和方面。

2018年10月中国资产评估协会修订的《资产评估执业准则——资产评估报告》第二十六条关于资产评估报告的使用限制说明应当载明的内容做出了如下规定：

（1）使用范围。

（2）委托人或者其他资产评估报告使用人未按照法律、行政法规规定和资产评估报告载明的使用范围使用资产评估报告的，资产评估机构及其资产评估专业人员不承担责任。

（3）除委托人、资产评估委托合同中约定的其他资产评估报告使用人和法律、行政法规规定的资产评估报告使用人之外，其他任何机构和个人不能成为资产评估报告的使用人。

（4）资产评估报告使用人应当正确理解评估结论。评估结论不等同于评估对象可实现价格，评估结论不应当被认 为是对评估对象可实现价格的保证。

12.4.3 资产评估报告中的特别事项说明

资产评估报告中的特别事项是指在评估过程中已发现可能影响评估结论但非评估人员执业水平和能力所能评定估算的有关事项，需要提醒报告使用人特别注意的事项。例如，个别资产存在产权瑕疵，本次评估是如何处理的；某些资产已经在银行作了资产抵押，本次评估是如何处理的等等。另外，关于评估结果成立的条件，评估报告使用范围界定等，都可以作为特别事项说明的内容。

在评估报告有效期以内，评估基准日至评估目的实现日，如果资产数量及作价标准发生变化，并对资产评估价值产生明显影响，则不能直接使用评估结论，委托方应及时聘请具有资格的资产评估机构重新评估；如果资产价格的调整方法简单、易于操作，则可由委托人在资产实际作价时进行相应调整。

在评估报告特别事项说明中明确评估报告及评估结论的使用人，如本评估报告仅供委托人为本次评估目的和送交相关部门进行备案使用，报告的使用权归委托人所有。未经委托人许可，公司不会随意向他人提供或公开。

2018年10月中国资产评估协会修订的《资产评估执业准则——资产评估报告》第二十五条对资产评估报告特别事项说明应该包括的内容的要求是：

（1）权属等主要资料不完整或者存在瑕疵的情形；

（2）委托人未提供的其他关键资料情况；

（3）未决事项、法律纠纷等不确定因素；

（4）重要的利用专家工作及相关报告情况；

（5）重大期后事项；

（6）评估程序受限的有关情况、评估机构采取的弥补措施及对评估结论影响的情况；

(7) 其他需要说明的事项。

资产评估报告应当重点提示资产评估报告使用人对特别事项予以关注。

本章小结

资产评估报告是资产评估过程与结果的综合反映。本章系统地描述了资产评估结果和评估报告的构成要素，分析了资产评估报告类型的国际比较，阐释了资产评估报告的制作步骤与制作技术要点，并介绍了利益相关者对资产评估报告的使用。按照评估报告准则的要求撰写资产评估报告，不断提升在资产评估报告制作和披露方面的科学合理性，在不断完善我国资产评估报告水平的基础上，更好地发挥资产评估服务社会、服务市场经济的作用。

主要概念

资产评估报告　资产评估结论　完整型评估报告　限制型评估报告

基本训练

思考题

(1) 如何把握资产评估结论与评估特定目的之间的关系?

(2) 资产评估报告包括哪些基本要素?

(3) 在我国是否有必要按不同的标准对资产评估报告进行分类?

(4) 如何制作资产评估报告?

第12章参考答案

第13章 资产评估管理制度国际比较

学习目标

通过本章的学习，学生应主要掌握资产评估管理体制的主要模式及其特点，掌握国外资产评估准则的基本框架和主要内容，了解资产评估法律规范的类型。

13.1 资产评估管理体制的比较

13.1.1 我国资产评估管理体制

20世纪90年代初，受当时经济体制改革进展和资产评估工作刚刚起步等特点的影响，国家国有资产管理局代表政府直接管理资产评估行业，包括制度建设、机构管理、项目管理等项基础工作。由于政府的高度重视，在较短的时间内即完成了《国有资产评估管理办法》的起草工作，并于1991年以国务院第91号令发布了该办法。《资产评估机构管理暂行办法》《资产评估收费管理办法》等评估行业基本法规、制度的起草和发布工作也陆续完成。《国有资产评估管理办法》的发布和相关评估管理法规的出台，为建立国有资产评估项目管理制度、资产评估资格管理制度等提供了法律依据，推动了我国资产评估行业在初期阶段的快速发展，并对我国评估行业的发展发挥了长期指导作用。

《国有资产评估管理办法》发布以后，资产评估行业从无到有，迅速发展为初具规模的中介行业，对行业管理也提出了新的要求，迫切需要一支具有较强专业性的行业管理队伍推动行业发展。1993年12月，中国资产评估协会成立，并于1995年代表我国资产评估行业加入国际评估准则委员会。中国资产评估协会的成立标志着中国资产评估行业已经开始成为一个独立的中介行业，我国资产评估管理体制也开始走向政府直接管理与行业自律管理相结合的道路。

1998年，根据政府体制改革方案，国家国有资产管理局被撤销，中国资产评估协会划归财政部，相应的资产评估管理工作移交到财政部。我国资产评估行业完成了资产评估机构脱钩改制工作。

随着我国社会主义市场经济体制的发展，我国资产评估管理的体制条件和形势背景发生了很大变化，资产评估业务深入发展，资产评估范围已不仅限于国有资产评估领域；资产评估机构经过脱钩改制，不再依附于政府部门，资产评估人员素质不断提高，资产评估机构和评估人员独立执业和承担责任的条件基本成熟。同时，政府对国有企业的管理方式也在进行调整，社会主义市场经济条件下的新型国有资产管理体制正在形成，在资产评估领域主要体现在以出资人身份对下属企业的有关资产评估事项进行管理。在这种背景下，取消政府部门对国有资产评估项目的立项确认制度的条件已基本成熟。2001年12月31日，国务院办公厅转发了财政部《关于改革国有资产评估行政管理方式加强资产评估监督管理工作意见的通知》（国办发〔2001〕102号），对国有资产评估管理方式进行重大改革，取消财政部门对国有资产评估项目的立项确认制度，实行财政部门的核准制或财政部门、集团公司及有关部门的备案制。之后财政部相继制定了《国有资产评估管理若干问题的规定》《国有资产评估违法行为处罚办法》等配套改革文件。通过这些改革措施，评估项目的立项确认制度改为备案、核准制，加大了资产评估机构和资产评估师在资产评估行为中的责任。与此相适应，财政部将资产评估机构管理、资产评估准则制定等原先划归政府部门的行业管理职能移交给行业协会。这次重大改革不但是国有资产评估管理的重大变化，还标志着我国资产评估行业的发展进入了一个强化行业自律管理的新阶段。

2003年，国务院设立国有资产监督管理委员会（简称“国资委”）。根据《国务院国有资产监督管理委员会主要职责内设机构和人员编制规定》，财政部有关国有资产管理的部分职能划归国资委。国资委作为国务院特设机构，以出资人的身份管理国有资产，包括负责监管所属企业资产评估项目的核准和备案。财政部则作为政府管理部门负责资产评估行业管理工作。这次改革对我国评估行业的发展具有重大影响，从源头上彻底解决了长期以来国有资产评估管理与资产评估行业管理不分的局面，实现了国有资产评估管理与资产评估行业管理的完全分离。

2014年，国务院发布了《关于取消和调整一批行政审批项目等事项的决定》（国发〔2014〕27号）文件，取消了注册资产评估师等准入类职业资格，改为水平评价类职业资格，以及国家工商注册登记制度改革，取消了公司设立注册资本制度，评估机构的审批由前置审批改为后置审批。因此，我国的资产评估管理逐步由政府管理与行业自律管理并重转向了在政府指导下的以行业自律管理为主的体制。资产评估管理体制的变化，表明日益壮大的我国资产评估行业在形式和实质上都朝着一个真正独立的中介行业迈进。

2016年7月2日，《中华人民共和国资产评估法》颁布，其主要内容是规范评估专业人员和评估机构、报告委托方和使用方、行业协会、行政监管部门等相关市场主体行为，它是资产评估行业发展的一个非常重要的法律。

2017年6月1日开始实施的《资产评估行业财政监督管理办法》（中华人民共和国财政部令第86号）规定：财政部门对资产评估行业的监督管理，实行行政监管、行业自律与机构自主管理相结合的原则。财政部负责统筹财政部门对全国资产评估行业的监督管理，制定有关监督管理办法和资产评估基本准则，指导和督促地方财政部门实施监督管理。财政部门对资产评估机构从事证券期货相关资产评估业务实施的监督管理，由财政部负责。各省、自治区、直辖市、计划单列市财政厅（局）（以下简称“省级财政部门”）负责对本行政区域内资产评估行业实施监督管理。中国资产评估协会依照法律、行政法规、本办法和其协会章程的规定，负责全国资产评估行业的自律管理。地方资产评估协会依照法律、法规、本办法和其协会章程的规定，负责本地区资产评估行业的自律管理。

13.1.2　国外资产评估管理体制

资产评估在国外已有百余年的发展历史，不仅具有坚实的理论基础，还建立了较为完善的管理制度。对国外资产评估管理体制的分析研究，将有助于理清我国资产评估行业的改革思路，进一步完善我国的资产评估管理制度。

由于政治体制、经济体制、法律体制和资产评估行业发展的程度不同，世界各国对资产评估行业的管理体制也各有不同，从而形成了政府干预型、行业自律型和政府有限监管下的行业自律型三种主要的管理模式。

1）政府干预型管理模式

政府干预型管理模式是指对资产评估行业的管理，在充分发挥资产评估行业协会自我管理的基础上，由政府进行较大范围和程度干预的一种管理模式。德国的资产评估管理体制就是典型的政府干预型管理模式。

在德国，房地产估价及其他产业的估价由独立的专门机构——估价委员会（估价委员会相当于评估事务所，只不过它具有较强的行政色彩）负责实施，估价委员会是联邦政府通过法令授权州政府成立的。估价委员会的办公室一般挂靠在地籍局，每个市、县均设有估价委员会，地区设有高级估价委员会，负责辖区内的估价工作。德国政府管理评估师行业的途径是联邦立法与地方立法。

在德国，评估师行业协会基本不参与管理，行业协会主要从事维护评估行业的形象、为会员组织培训、争取利益最大化等工作。

政府干预型管理模式的特点是：

① 由国家制定和颁布专门法律，对资产评估的地位、资格、事务所的设立以及从事评估的依据、工作规范等做出明确规定；

② 政府与协会配合密切，政府参与资产评估执业规范的制定，政府在评估执业规范和评估质量监督中起着重要作用。

政府干预型管理模式的主要优点在于通过政府与协会的相互协作，共同制定执业规范并监督其执行，可以较为全面地考虑双方意愿，协调双方利益，从而使执行规范既有科学性和指导性，又有权威性和严肃性，而能够合理有效地制定和执行评估规范正是行业自律型管理模式所欠缺的。在法律不完善、行业准则未建立的情况下，这种管理模式有其客观必然性。但是，政府干预型管理模式也有其自身的缺点，主要表现在资产评估行业的独立性受到影响。由于在该模式下，政府在较大范围和程度上进行了干预，因而使资产评估行业自身的独立性受到一定影响。

2）行业自律型管理模式

行业自律型管理模式是指主要由民间职业团体对资产评估行业进行监管的一种模式。

在这种模式下，政府除了一些必要的国家立法之外，很少干预行业的发展，一般不设立专门的资产评估政府监管机构。对行业的管理主要由民间协会实行自律管理，资产评估行业协会具有比较健全的自我管理机构，强调评估行业的自我约束、自我管理的作用。行业自律型管理模式适合于资产评估依市场需求自发形成的国家和资产评估行业日益发展成熟的国家。该模式以英国为代表。

英国民间资产评估机构在发展过程中，逐渐建立了行业协会组织。协会组织目前有三家，分别是英国皇家特许测量师协会（RICS）、估价师与拍卖师联合协会（ISVA）和税收评估协会（IRRV）。其中影响最大的是英国皇家特许测量师协会（RICS），该协会成立于1868年。在这之前，英国民间已经存在一些规模较小的、地方性的测量师协会或俱乐部，其成员主要从事不动产管理、土地测量和建筑预算等，1868年，它们的一部分联合在一起，组成了一家规模较大的协会，即RICS的前身。最初的会员单位不到200个，在随后的发展过程中规模不断扩大，影响力也越来越大。目前，该协会已发展成为英国最大的、涉及面最广的、最具权威性的评估行业协会组织。RICS的主要职能是：制定行业操作规范和行为准则；教育和培训；对评估人员进行监督；保持和政府部门的联系；为测量师和广大公众提供服务。

行业自律型管理模式具有以下优点：①独立性强。采用该模式，由行业协会对行业实行自律监管，政府干预很少，从而增强了资产评估行业的独立性。②适应性强。采用该体系，评估行业协会能够准确了解从业人员的意愿，及时发现评估环境和评估实践的变化，并通过制定和完善评估准则尽快进行调整，从而既可以保持评估准则的指导性和科学性，又能增强资产评估行业的适应性。③能动性强。在该体系下，由于事务所和从业人员不受部门垄断和地区封锁的阻碍，可以开展公平竞争，从而有利于促进资产评估行业整体水平的提高。

但是，行业自律型管理模式也具有一定的缺点，主要表现为行业协会制定的行业监管制度及处罚措施效力上的局限性。一是在适用范围上受到局限。行业协会制定的有关行业监管制度只适用于其会员，而对会员以外的其他人则无约束力。二是在采取处罚措施的种类上受到局限。行业协会对违规会员最重的处罚也就是开除会籍，而不能给予吊销资产评估资格及勒令事务所停业或解散等处罚。实行行业自律型管理模式的国家近年来评估诉讼案件的增多，也从某个侧面反映了这种体制的局限性。

3）政府有限监管下的行业自律型管理模式

这种模式既强调政府的有限管理又强调行业自律管理。目前美国和澳大利亚都采用这种模式。

（1）美国政府对资产评估的管理

在20世纪80年代以前，美国政府对资产评估行业不予直接管理。20世纪80年代末期，美国出现了银行贷款呆、坏账严重的情况，大批金融机构倒闭，损失了上千亿美元的联邦储备基金。一些金融分析家认为，这种状况与资产评估机构低评银行贷款抵押品价值有关。联邦政府于1989年颁布了《金融机构改革、复兴和实施法案》，对金融行业进行全面的整改。针对银行贷款及抵押品评估中存在的问题，该法案第11章对金融评估管理进行了重大改革，引进了联邦政府监管、州政府注册管理、评估自律组织制定执业标准、金融监管部门建立相应评估规则等内容。《金融机构改革、复兴和实施法案》是美国联邦政府有关联邦权益的资产评估最具代表性的法律文件，各州均依据该文件制定了相应的州政府文件。该法令对从事涉及联邦权益的不动产评估人员的资格标准和职业道德规范做了规定。美国联邦政府还依据该法令成立了联邦金融制度监察委员会评估分会（简称“评监委”），评监委的主要职责是：监督各州评估人员注册制度的实施；监督联邦金融管理机构与联邦信托公司所制定的与国有储备基金利益有关关联交易中评估方面法规的实施；推行涉及联邦权益评估人员的注册工作；监督评估促进委员会（美国评估自律管理组织联合体）的工作等。美国各州均设有专职注册机构，对有能力从事与联邦储备基金利益相关资产评估业务的评估人员办理注册手续。同时，美国各州所属郡、县政府以征收不动产税为目的，也都设有资产评估操作部门，为地方征收不动产税提供依据。需要指出的是，这些政府设立的资产评估操作部门并不负责评估行业的管理，而且，它们在从事评估操作时，也必须遵守政府有关法规和评估自律管理部门颁布的制度、准则及职业道德规范。

美国《金融机构改革、复兴和实施法案》的出台，以及以此为依据建立起来的美国金融评估监管体系，使得评估行业传统的完全自律管理发生了重大改变，由此形成具有美国特色的政府有限监管与行业自律相结合的评估管理体制。

（2）行业自律性管理

美国的资产评估行业主要实行行业自律管理，全美资产评估行业自律性管理组织主要有：美国注册评估协会（AACA）、美国评估师协会（ASA）、美国评估学会（AI），以及一些专业性协会，如机器设备、不动产、公路、铁路评估师协会等。这些协会大都在20世纪二三十年代就成立了，它们都有自己的章程和执业标准，并制发会员证书。随着行业的发展，各协会认识到需要统一资产评估执业标准，在美国评估师协会的倡议下，其联合其他协会于1987年成立了美国资产评估促进会（AF），到1995年已有16个评估协会（学会）加入该组织。AF下设评估师资格委员会和评估准则委员会。前者负责对申请加入该协会的会员进行资历审查，按规定的课程进行考试及后续培训；评估准则委员会负责制定、修改全行业的评估标准——《价值评估行业统一操作标准（USPAP）》。

政府有限监管下的行业自律模式的特点是政府监管部门与资产评估行业协会在履行各自的监管职责时，相互配合、相互补充、相互协作。一是管理重点的相互补充。政府监管部门更多的是资产评估行业法律、政策的制定者与执行者，一般拥有对涉及联邦权益评估业务的资产评估机构的准入审批（审核）权以及对影响行业发展的有关事件的最终调查权，而资产评估行业协会是有效维护评估市场运作最直接的执行者。它的职责主要是制定行业准则和规范、对会员实施日常管理、监督行业的执业质量等方面。二是管理职责的相互补充。资产评估行业协会作为介于政府宏观管理与资产评估市场微观活动之间的自律组织，通过行使其管理职责发挥着连接政府管理部门与市场中介机构的桥梁与纽带作用，在一定程度上弥补了政府监管的不足。三是管理主体的相互协作。世界主要国家和地区的资产评估监管部门和资产评估行业协会在各自职责范围内实施管理，维持稳定的关系，并在此基础上相互协作，形成监管合力。这主要体现在信息共享方面，对资产评估机构的检查一般由资产评估行业协会的自律组织完成，资产评估行业协会有义务向政府监管部门报告其发现的资产评估机构违法、违规行为，配合政府监管机构对资产评估部门进行调查，向其提供证据，移交超出其监管职责范围的违法、违规案件，政府监管部门一般按情节轻重分别将案件交由资产评估行业协会和相关政府部门来处理。

4）对改革我国评估管理体制的启示

以上几种模式是世界评估管理体制中比较有代表性的模式，尽管各种模式具有不同的特点，但有几点是相同的：

① 政府对评估行业的管理介入很少，而且没有多个部门插手评估管理的现象。从以上几种模式看，美国政府是在经历了20世纪80年代的金融危机以后才开始介入评估管理的。但介入的程度并不深，主要是以政府法令的形式对评估行业进行管理；德国政府对评估行业的管理介入要深一些，但其管理评估行业的途径也是联邦立法与地方立法。在以上几种模式中，尽管有少数国家的政府对评估行业实行某种程度的管理，但是，没有哪一个国家是多个政府部门同时管理评估行业的。

② 行业自律性管理是评估行业管理的主要形式。从以上几种模式看，评估行业发展比较成熟的国家都有评估行业自律性组织，而且，评估行业自律性组织在评估行业管理中发挥主导作用，由其对评估行业的人员资格、后续培训、执业标准、职业道德等进行相应的规范管理，为评估人员和客户提供相应的服务。在评估行业

的发展过程中，评估行业自律组织也不断完善和成熟，许多国家的评估行业自律性组织如英国的RICS、美国的ASA和AF等已发展成为具有广泛影响的、世界知名的行业自律性管理组织。这反映了评估行业作为一项市场性的社会中介行业的特点和要求。

③ 评估行业自律性组织都经历了从分散走向联合统一的发展道路。从上面介绍的几种模式看，无论是评估行业高度发达的美国、英国等市场经济发达国家，还是评估行业发展起步稍晚的新兴市场经济国家，其评估行业自律管理组织都经历了从分散到联合统一这样一个发展历程。实行统一管理，有利于评估行业统一行业准入条件、统一执业行为、统一执业标准、统一服务规范。实行统一管理，不但有利于管理部门对评估行业进行科学、规范的管理，还有利于消除评估行业的内部壁垒，使评估人员在同一起点上，在同一执业准则下，为客户提供更规范、更优质的服务，使社会对评估行业更加信任，评估行业自身也能得到更好的发展。从世界范围来看，评估行业管理从分散到统一，是评估行业历史发展的客观现实，也是评估行业进一步发展的必然趋势。

总之，实行统一管理，并且主要由行业自律组织进行管理，是世界评估行业发展的趋势，这种管理体制符合评估行业的行业特点，符合市场经济的客观要求。

中国目前的评估管理体制与国际惯例还存在着一定的差别，主要表现在：多个政府部门参与管理评估，形成部门分割、多头管理的格局；行业协会在评估行业管理方面还有很大的提升空间；有关资产评估的法律、法规还存在不完善、不统一等情况。按照评估行业的特点，按照市场经济的要求，对现行评估管理体制进行改革是必要的，改革的方向既要尊重国际惯例，借鉴国外的先进经验，又要结合中国的国情，考虑中国评估行业发展的自身特点。目前，我国资产评估管理体制改革的基本思路是：在由政府部门实行统一监督指导的同时，充分发挥行业协会自律性管理的作用。

政府应通过制定政策法规对资产评估业发展实行宏观监管。从政府部门评估管理机构的设置，到评估行业协会职能和组成、资产评估机构的设置和评估专业人员的管理、从业规定以及违规处罚等，都应通过法律予以明确规定；要科学、合理地界定政府主管部门、行业自律管理部门和资产评估机构及评估人员的法律地位，明确责任，各负其责，为评估业的健康发展打下良好的基础。《资产评估法》和《资产评估行业财政监督管理办法》等相关法律法规的颁布，已经从法律上保证了我国资产评估业的独立性，促进了我国资产评估行业的有序发展。同时，也为我国资产评估行业管理逐步实现与国际惯例接轨创造了条件。

《资产评估法》和《资产评估行业财政监督管理办法》等相关法律法规的颁布，强化了中国资产评估协会的行业自律管理职能，使之真正成为中国资产评估业的管理主体，实现资产评估业由政府直接管理向政府监督、指导下的行业自律管理过渡。资产评估协会的主要职责是：建立一支稳定的具有丰富经验的评估师队伍，开展专业培训和注册评估师的继续教育；开展业务交流，继续办好协会期刊，提高评估水平；开展国际交流，与国际组织建立联系，架设通向国际市场的桥梁；开展评估理论与方法、准则和标准的研究，制定资产评估准则体系；制定本行业自律性管理规范，建立内部约束机制；向政府有关部门就评估政策法规制定提出建议或意见，协助政府做好管理工作。

13.2 资产评估行业规范的比较

资产评估准则是资产评估理论研究成果和实践经验的高度浓缩，是指导评估实践，保证评估质量，维护评估行业声誉的行业规范。衡量一个国家评估业务水平的标准之一就是其准则体系的成熟度。评估业务不断发展，对评估准则的要求就越来越强烈；同时，评估准则体系越完善，资产评估业务就越规范。

13.2.1 我国资产评估准则体系

资产评估工作具有很强的专业性，世界各国和地区在资产评估行业发展过程中，大都根据需要制定了本国、本地区的资产评估准则，用于指导评估师执业。资产评估准则的完善和成熟程度在一定程度上反映了一个国家或地区评估业发展的综合水平。1996年，在总结资产评估理论研究和实践经验的基础上，中国资产评估协会开始启动制定资产评估准则的工作。2004年2月，财政部正式发布了《资产评估准则——基本准则》和《资产评估职业道德准则——基本准则》，这标志着我国资产评估准则体系初步建立。自此，我国不断发布新的资产评估准则。到2015年年底，我国的评估准则体系基本形成。2017年9月，我国又完成了对评估准则的全面修改完善工作，形成了由1项基本准则及25项执业准则和1项职业道德准则组成的资产评估准则体系。到2020年12月底，我国又增加了4项执业准则，形成了由1项基本准则、1项职业道德准则和29项执业准则组成的资产评估准则体系。

与此同时，中国资产评估协会实时地出台特定评估业务的专家指导意见，不断丰富完善我国资产评估准则体系。

我国资产评估准则是一个综合性的评估准则体系，包括基本准则、职业道德准则和执业准则。执业准则又分为程序性具体准则、实体性具体准则、指南和指导意见。

资产评估基本准则是资产评估行政主管部门对资产评估机构及其资产评估专业人员开展资产评估业务需要遵循的基本理念、基本要求、基本程序和基本技术等所制定的基本规范。它也是中国资产评估协会制定执业准则和职业道德准则的基本依据。

资产评估执业准则通常是指依据资产评估基本准则制定的，要求资产评估机构及其资产评估专业人员在执行资产评估业务过程中应当遵循的程序性规范和技术性规范。

资产评估职业道德准则是指依据资产评估基本准则制定的，用于约束资产评估机构及其资产评估专业人员执业行为的道德品质规范和道德行为规范。

我国资产评估准则体系分类与构成：

（1）从资产评估准则体系横向关系上划分，资产评估准则包括业务准则和职业道德准则两个部分

由于资产评估工作的特点，评估师职业道德准则与业务准则的许多内容很难截然分开。在国际评估准则及相关国家评估准则中，业务准则与职业道德准则中有相当一部分规范内容交叉重复，如合理假设、明确披露等既是资产评估职业道德准则中的重要内容，又是资产评估业务准则的重要内容。为突出职业道德在我国资产评估行业中的重要作用，我国资产评估准则体系将资产评估职业道德准则与资产评估业务准则并列。

（2）从资产评估准则体系纵向关系上划分，资产评估准则分为资产评估基本准则、资产评估执业具体准则、资产评估指南和资产评估指导意见四个层次

截至2022年1月，财政部和中国资产评估协会已经出台了33项评估准则、形成了较为完整的资产评估准则体系：

（1）资产评估基本准则

《资产评估基本准则》

（2）资产评估职业道德准则

①《资产评估职业道德准则》

②《资产评估职业道德准则——独立性》

（3）资产评估执业准则

具体的程序性准则有：

①《资产评估执业准则——资产评估报告》

②《资产评估执业准则——资产评估程序》

③《资产评估执业准则——资产评估委托合同》

④《资产评估执业准则——资产评估档案》

⑤《资产评估执业准则——利用专家工作及相关报告》

⑥《资产评估执业准则——资产评估方法》

具体的实体性准则有：

①《资产评估执业准则——企业价值》

②《资产评估执业准则——无形资产》

③《资产评估执业准则——不动产》

④《资产评估执业准则——机器设备》

⑤《资产评估执业准则——珠宝首饰》

⑥《资产评估执业准则——森林资源资产》

(4) 资产评估指南

①《以财务报告为目的的评估指南》

②《企业国有资产评估报告指南》

③《金融企业国有资产评估报告指南》

④《资产评估机构业务质量控制指南》

⑤《知识产权资产评估指南》

(5) 资产评估指导意见

①《评估对象法律权属指导意见》

②《金融不良资产评估指导意见》

③《投资性房地产评估指导意见》

④《实物期权评估指导意见》

⑤《文化企业无形资产评估指导意见》

⑥《商标资产评估指导意见》

⑦《著作权资产评估指导意见》

⑧《专利资产评估指导意见》

⑨《资产评估价值类型指导意见》

⑩《人民法院委托司法执行财产处置资产评估指导意见》

⑪《珠宝首饰评估程序指导意见》

⑫《企业并购投资价值评估指导意见》

⑬《体育无形资产评估指导意见》

另外，中国资产评估协会还发布了《资产评估准则2020》以及若干项资产评估操作专家提示、操作指引和资产评估专家指引。经过多年的规划和建设，我国资产评估准则体系正逐步走向完善。

13.2.2 国外评估准则

在国外的资产评估准则中，较为典型的是《国际评估准则》、《专业评估执业统一准则》（美国）和《欧洲评估准则》。

1)《国际评估准则》

《国际评估准则》（IVS）是由国际评估准则委员会（IVSC）制定的，是一部对世界资产评估业的发展有重要影响的准则之一。目前，国际评估准则已在国际范围内得到了广泛认可，并已被许多国家的国内评估准则所采纳。

《国际评估准则》的产生有其独特的历史背景，是评估行业发展及外部经济推动等各种因素相互作用的必然结果。第一，20世纪80年代以前，评估业在世界范围内得到了很大发展，美国、英国、澳大利亚、加拿大、新西兰等很多国家成立了评估协会、学会等专业性组织，制定了本国评估准则和职业道德守则，同时评估业在发展中国家也得到了一定的普及和发展。这些都为制定国际性评估准则奠定了行业发展和理论方面的基础。第二，尽管各国评估业取得了长足发展，但评估行业在20世纪80年代以前始终未能形成一个世界性的中心和国际性的行业，各国评估准则以及专业术语上的差异给评估业的国际合作带来了很大困难。为适应评估行业发展的客观需要，亟须制定统一的《国际评估准则》，这是制定《国际评估准则》的行业内在动力。第三，随着国际经济和市场全球化的迅速发展，专业资产评估在市场经济中的重要性得到了广泛认可，资产评估对各种经济行为，特别是对跨国投资者来说是十分必要的，国际经济界也迫切需要一部规范统一的《国际评估准则》，这也就成为制定《国际评估准则》的外部动力。于是，国际评估准则委员会在1985年第一次公布了《国际评估准则》，并随着经济和评估实践的不断发展，几经修订。2021年7月30日，国际评估准则理事会（IVSC）发布新版《国际评估准则》（IVS），自2022年1月31日起生效。新版《国际评估准则》包括5项通用准则（General Standards）和8项资产准则（Asset Standards）。其中，IVS 100系列为通用准则，是普遍适用于大多数评估目的下对各种类型的资产或负债进行评估所需遵循的评估准则，包括IVS 101工作范围、IVS 102调查和遵循、IVS 103报告、IVS 104价值类型、IVS 105评估途径和方法。IVS 200-IVS 500系列为资产准则，适用于不同资产类别的评估准则，包括IVS 200企业和企业权益、IVS 210无形资产、IVS 220非金融工具、IVS 230存货、IVS 300厂房和设备、IVS 400不动产权益、IVS 410开发性不动产、IVS 500金融工具。新版IVS与前版IVS 2020相比，增加一个新的准则IVS 230存货。

前言：前言部分进行重新编写，纳入评估准则制定的核心原则（the core principles of valuation standard Setting）和核心评估原则（the core principles of valuation）。

术语表：IVS的术语表进行了较大更新，包括新增加的术语及额外的诠释。

IVS框架：准则遵守、资产与负债、评估师和专业胜任能力等部分略做修改以提供更好的诠释。

IVS 104价值类型：在准则中增加了“价值的分配”（allocation of value）。

IVS 105评估途径和方法：介绍部分予以了修订，对采用一种或多种评估途径形成某价值类型下的价值结论进行诠释。

IVS 200企业和企业权益：介绍部分增加关于构成企业和企业权益（a business and a business interest）内容的进一步诠释。

IVS 400不动产权益：介绍部分予以更新，以解释本章节包括农业和土地的评估，并将未注册和公共土地（unregistered and communal land）纳入。

《国际评估准则》自1984年出版至今，已经经历了十余次重大修改。由此可见，《国际评估准则》是在各国评估业发展的基础上，为适应社会经济发展的需要而在不断完善，其目的是促进各国评估准则的统一，在世界范围内致力于最终消除国际资产交易中在评估领域的误解，为日益发展的全球经济提供专业化发展的并由统一准则约束的评估服务。

小资料13-1　　　　　　　　国际评估准则委员会

国际评估准则委员会（The International Valuation Standards Committee，IVSC）于1981年成立，总部设在英国伦敦。该委员会是一个全球性的资产评估行业自律性机构。其宗旨是研究制定国际资产评估标准，为国际资产市场和商业经营服务，为发展中国家及新兴工业国介绍和实施这些标准服务；研究各国、各地区资产评估标准的差异，促进国际标准与地区和国家标准的协调。2008年10月，国际评估准则委员会改组为国际评估准则理事会（The International Valuation Standards Council，IVSC）。改组后国际评估准则理事会由3个委员会组成：管理委员会、准则委员会和专业委员会。

2）《专业评估执业统一准则》

1986年，美国八个评估专业协会和加拿大评估协会联合制定了《专业评估执业统一准则》（Uniform Standards of Professional Appraisal Practice，USPAP），之后由新成立的美国评估促进会（The Appraisal Foundation，TAF）取得了该准则的版权，负责《专业评估执业统一准则》的修订、出版工作。在经历了美国20世纪80年代中期的不动产泡沫经济引发的评估业危机之后，1989年美国国会制定的《金融机构改革、复原和强制执行法令》（FIRREA）中明确规定，评估人员执行与联邦交易相关的资产评估业务，必须遵守《专业评估执业统一准则》；美国各大评估协会也都要求其会员执行资产评估业务需遵守《专业评估执业统一准则》。因此，《专业评估执业统一准则》成为美国评估行业公认评估准则，并随着资产评估业国际交流的发展，逐渐发展成为国际评估界最具影响力的评估准则之一。

与英国等以不动产评估为主的国家不同，美国资产评估行业呈现综合性的特点。不仅不动产评估具有悠久的发展历史，非不动产评估也具有长足的发展，如企业价值评估、无形资产评估、机器设备评估、动产评估等。美国评估行业的综合性充分体现在准则体系上，《专业评估执业统一准则》是一部典型的综合性评估准则，包含了资产评估行业的各个专业领域。美国评估促进会下属的评估准则委员会（ASB）负责准则的制订和修订工作，每年出版一部新版的《专业评估执业统一准则》。从2006年开始，改为每两年出版一部新版的《专业评估执业统一准则》。下面我们以2020—2021年版《专业评估执业统一准则》为例，了解一下其基本架构。

《专业评估执业统一准则》（2016—2017）的基本架构大致包括下列主要内容：“定义”、“引言”、“职业规则”、“10个准则（standard）”、“准则说明（SMT）”和“咨询意见（AO）”，其中以10个准则为主要构成部分，具体包括：准则1“不动产评估”；准则2“不动产评估报告”；准则3“评估复核及报告”；准则4“评估复核报告”；准则5“大宗批量资产评估”；准则6“批量大宗资产评估报告”；准则7“动产评估”；准则8“动产评估报告”；准则9“企业价值评估”；准则10“企业价值评估报告”。

《专业评估执业统一准则》的组织结构较为严密，内容较为合理，同时也具有很大的灵活性。《专业评估执业统一准则》将准则分为介绍、准则条文、准则说明，在准则之外还提供另外“一种沟通方式”——评估准则委员会就某些问题的咨询意见，从而形成了由各个层次组成的阐述准则精神的准则体系，结构严密、用语严谨，并通过解释性注释进行适当的补充说明并将各层次有机地贯穿为一体。其中，咨询意见是评估准则委员会关于评估准则在某些特定情况下如何运用的建议，仅供参考，不具有约束效力，因而在结构、用语上不如准则严格，更具有灵活性。咨询意见对评估师及客户理解某些评估中的模糊问题有很大的帮助，其本身独特的灵活性又使得评估准则委员会能够对评估业中新出现的问题和趋势发表意见，为以后成熟时纳入严格的准则体系打下了基础。

小资料13-2　　美国评估促进会

美国评估促进会于1987年成立，是一个非营利性质的资产评估行业民间协会，下设评估资格委员会和评估标准委员会，评估资格委员会负责对申请加入该协会的会员进行资历审查，按规定的课程进行考试和再培训；评估标准委员会负责制定、修改全行业的评估标准USPAP。该协会将全国主要的自律性评估组织统一到USPAP之下，到目前已有17个评估协会（学会）加入该组织，其中有8个资产评估专业协会、8个金融和不动产方面的专业协会以及1个保险公司。在活动经费方面，不仅得到了金融、保险等其他行业协会的赞助，而且还得到了联邦政府评估委员会的资助。联邦政府认同该协会制定的行业统一标准USPAP。

3）《欧洲评估准则》

《欧洲评估准则》（European Valuation Standards，EVS）是由欧洲评估师协会联合会（TEGoVA）制定的一部适用于欧洲地区的区域性评估准则，也是当前国际评估界具有重要影响力的评估准则之一。欧洲评估师协会联合会和《欧洲评估准则》都与欧盟的公司法及相关会计改革紧密相关，这一点与美国《专业评估执业统一准则》形成了明显的区别。

欧洲评估业受英国等传统评估业发达国家的影响，长期以来主要涉及不动产评估领域，特别是受到欧盟公司法及相关会计改革的影响，形成了早期以“固定资产评估”为主的特色。欧洲许多国家很早就受到公允会计理论的影响，既允许采用传统的历史成本减折旧的会计处理方式，又允许在一定情况下以评估后的市场价值作为固定资产的列示价值反映在资产负债表中。1978年，欧共体正式发布了第四号法令《公司法》（78/660/EEC）。该法适用于除银行、金融机构和非营利性机构以外的公司年度会计报表事项，第35条规定了与固定资产评估相关的规则，从立法上对这种会计改革的方向予以了肯定。许多公司聘请评估师对公司固定资产进行的评估业务，其目的是最终将固定资产的公允价值纳入年度会计报表。在此基础上，欧洲各国开展了大量的以财务报告为目的而进行的固定资产评估业务。

为指导这一业务的发展，1977年4月，比利时、法国、德国、爱尔兰和英国发起成立了欧洲固定资产评估师联合会（The European Group of Valuers of Fixed Assets），后改名为欧洲评估师协会联合会。1978年，欧洲固定资产评估师联合会为配合欧盟公司法的有关规定，出版了《欧洲评估指南》第1版（Guidance Notes for European Application），1981年修订后又出版了第2版，即被称作“比利时卢森堡经济同盟指南”的《固定资产评估指南》（Guidance Notes on the Valuation of Fixed Assets）。1993年经过更新后出版了第3版。1996年，欧洲评估师联合会根据《关于保险企业年度会计和合并会计的欧盟法令》（European Council Directive on the Annual Accounts and Consolidated Accounts of Insurance Undertakings（91/647/EEC））又出版了《保险公司资产会计目的评估指南》（Guidance on the Valuation of Insurance Company Assets for Accounts）。1997年4月29日，在对原评估指南进行全面修订的基础上，出版了《欧洲资产评估准则》（Approved European Property Valuation Standards），简称《欧洲评估准则》（European Valuation Standards, EVS）。2003年推出了《欧洲评估准则》第5版。2009年出版的第6版《欧洲资产评估准则》在内容上做了较大幅度的调整。准则部分由第5版的9个压缩为5个，指南部分由14个压缩为5个。2012年出版的第7版《欧洲资产评估准则2012》将第6版的准则及指南部分合并为第一部分，并增加了3个指南，即指南6“跨境评估”、指南7“另类投资基金经理指令下的物业估值”和指南8“资产评估及能源效率”。该版还增加了第二部分“欧洲联盟立法及资产评估”和第三部分“其他技术文件”。2016年推出了第8版《欧洲资产评估准则》。而第9版《欧洲评估准则》（EVS 2020）已于2021年1月1日起生效。

EVS 2020的主要内容如下：

第一部分 欧洲评估准则和指南（European Valuation Standards and Guidance Notes），包括6个准则和4个指南，分别是：

准则1　市场价值（Market Value）

准则2　市场价值以外的其他价值类型（Valuation Bases Other than Market Value）

准则3　合格评估师（The Qualified Valuer）

准则4　评估程序（The Valuation Process）

准则5　评估报告（Reporting the Valuation）

准则6　评估与能源高效（Valuation and Energy Efficiency）

指南1　资产组合评估（Portfolio Valuation）

指南2　用于财务报告的公允价值（Fair Value for Financial Reporting）

指南3　以保险为目的的评估（Valuation for Insurance Purposes）

指南4　在土地与建筑物之间的价值分配（Apportionment of Value between Land and Buildings）

第二部分　评估途径（Valuation Methodology）

第三部分　评估与可持续性（Valuation and Sustainability）

第四部分　欧洲评估信息文件（European Valuation Information Papers）

第五部分　测量、教育和资格（Measurement，Education and Qualifications）

第六部分　欧洲评估师行为守则（European Valuers' Code of Conduct）

第七部分　欧盟立法与不动产（European Union Legislation and Property）

随着社会经济的不断发展，《欧洲评估准则》也在不断地改版与完善。

《欧洲评估准则》在欧洲各国引起了广泛重视，各国评估界纷纷致力于《欧洲评估准则》的研究和引进工作。虽然《欧洲评估准则》本身并无强制执行力，但欧洲评估师协会联合会要求各会员国积极引进并将其纳入该国的评估准则体系，甚至得到该国法律认可，这给欧洲评估业乃至国际评估业的发展带来了重要的影响。

小资料13-3　　欧洲评估师协会联合会

欧洲评估师协会联合会（The European Group of Valuers Associations，TEGoVA）是由来自27个欧洲国家的40个专业评估协会、100 000名评估师组成的非营利性专业协会，其前身是成立于1977年的欧洲固定资产评估师联合会（The European Group of Valuers of Fixed Assets，TEGOVOFA）。欧洲评估师协会联合会的主要宗旨有两个：一是提升欧洲评估师的教育和培训；二是制定和推广适用于欧洲成员国的评估准则，这些评估准则涉及评估实践、评估领域的教育和资格取得以及公司治理和评估师的道德规范等方面。为此，欧洲评估师协会联合会的主要工作是代表欧洲评估师向欧盟委员会提交评估师意见，以影响其政策和立法；制定、推广欧洲适用的评估准则，推荐规范的评估方法；促进欧洲评估师的教育培训工作。

4）对完善我国资产评估准则体系的启示

从国际和发达国家资产评估准则的产生和发展来看，资产评估准则会随着社会经济的发展不断发展与完善，并会形成一个完整的、系统的体系。资产评估准则体系中既有专业技术准则，又有职业道德准则以及与评估质量控制相关的程序性准则。

我国于2001年9月颁布了第一个资产评估准则——《资产评估准则——无形资产》，到2020年12月，共颁布并实施了31项评估准则。这不仅标志着我国的准则制定工作进入一个新阶段，还说明我国的资产评估准则体系已经形成。我国资产评估准则体系的形成、建设和发展过程也是与我国的社会经济发展过程相适应、与我国不断升级的评估市场需求相匹配的。我国资产评估准则的不断丰富与完善，对我国资产评估实践起到了很好的指导作用。

客观地说，我国的资产评估准则体系虽然已经形成，但由不断发展完善的市场需求来看仍有较大的完善空间。在结合我国资产评估理论与实践发展的基础上，适当参考国际评估准则及其他国家评估准则体系，我国的评估准则体系的完善速度会越来越快。

小资料 13-4　　相关的网站

中国资产评估协会（CAS）http：//www.cas.org.cn；

美国评估促进会（TAF）http：//www.appraisalfoundation.org；

美国评估师协会（ASA）http：//www.appraisers.org；

国际评估准则理事会（IVSC）http：//www.ivsc.org；

欧洲评估师协会联合会（TEGoVA）http：//www.tegova.org。

13.3 资产评估法律规范的比较

法律规范一般是由国家制定或认可，体现掌握国家政权阶级的意志，由国家的强制力保证实施的行为规则。评估法律规范，实质上是法律规范在评估中的具体应用，即评估法律规范是指由国家立法机构或国家行政机关依法制定的，体现国家利益和根本意志，强迫评估人员必须实施的行为规则，其最终目标是调整评估法律关系。

资产评估的工作性质和质量均关系到相关各方的切身利益，影响范围广且涉及面宽，因此，必须制定相关的法律和法规，从法律上来规范这项工作的开展。法律规范对于资产评估的合法地位、执业责任和自身改革不但能够起到强制约束作用，而且能够维护资产评估机构和评估人员的合法权益，有效地保障行业健康发展。

13.3.1 我国资产评估法律、制度和规范

随着我国资产评估行业的迅速发展，我国资产评估法律、制度和规范体系建设工作也在不断完善。在《资产评估法》颁布之前，与资产评估相关的法律、制度和规范是以国务院颁布的《国有资产评估管理办法》为主干，以财政部、原国家国有资产管理局等政府主管部门颁布的一系列关于资产评估的规章制度为主体，以全国人大及其常委会、司法机关和其他政府部门颁布的其他相关法律、司法解释和规章制度为补充的资产评估法律规范体系。这些法律、法规既有专门关于资产评估的行政法规、规章和规范性文件，又有从不同方面对资产评估进行规范的其他法律、法规和规章制度；从法规内容看，既有综合性的管理法规，又有单项的专门规定。内容涵盖资产评估综合管理、考试、培训、注册、机构审批、执业规范、项目管理、涉外管理、财务管理、收费管理、业务监管、纠纷调处、违规处罚、清理整顿、体制改革等各个方面。在《资产评估法》颁布之后，评估专业人员和评估机构、报告委托方和使用方、行业协会、行政监管部门等相关市场主体的权责利和相互关系等在法律层面上得到了承认和规范，资产评估行业地位、体制，以及与各相关当事方的关系得到了法律确认与保障。这也使得之前由原国家国有资产管理局和财政部颁布的一些与资产评估相关的法规制度不再适用。例如，与注册资产评估师准入、注册、监管等相关的制度和规定；与资产评估机构设立、管理等相关的制度和规定

等。为了适应《资产评估法》对资产评估行业的规范和约束，财政部颁布了《资产评估行业财政监督管理办法》（中华人民共和国财政部令第86号），进一步明确了财政部门对资产评估行业的行政监管、行业自律与机构自主管理相结合的原则，并明确了各自的权利、义务和责任。同时，也制定了有关监督管理的具体办法。到目前为止，我国的资产评估法律、制度和规范体系，基本上形成了以《资产评估法》及相关法律约束和以《国有资产评估管理办法》及《资产评估行业财政监督管理办法》等行政管理规范为主干的法律制度体系。

1）资产评估法律法规

（1）《中华人民共和国资产评估法》

2016年7月2日，《中华人民共和国资产评估法》颁布。该法共有分8章55条，涵盖了评估专业人员、评估机构、评估程序、行业协会、监督管理、法律责任等内容。对评估专业人员和评估机构、报告委托方和使用方、行业协会、行政监管部门等相关市场主体的地位进行了界定，并对各相关主体的行为进行了规范，是迄今为止关于资产评估最为直接和最为重要的一部法律。

（2）《国有资产评估管理办法》

1991年11月16日，国务院发布《国有资产评估管理办法》（国务院令第91号）。该办法是我国第一个关于资产评估管理的行政法规，也是对我国资产评估行业发展影响较大的一部资产评估专门法规。

《国有资产评估管理办法》共6章39条，主要内容包括：

① 规定了必须进行国有资产评估的情形，包括：资产拍卖、转让；企业兼并、出售、联营、股份经营；设立中外合资、合作经营企业；企业清算以及依照国家有关规定需要进行资产评估的其他情形。

② 规定了国有资产评估的范围，包括：固定资产、流动资产、无形资产和其他资产。

③ 规定了国有资产评估的组织管理，包括：国有资产评估项目的管理和资产评估机构的管理等。

④ 规定了评估程序，包括：申请立项、资产清查、评定估算和验证确认等国有资产评估和管理程序。

⑤ 规定了评估方法，包括：收益现值法、重置成本法、现行市价法、清算价格法、国务院国有资产管理行政主管部门规定的其他评估方法。

⑥ 规定了违反本办法的法律责任。

《国有资产评估管理办法》不仅建立了国有资产评估管理制度，也推动了我国资产评估行业的产生。该办法既包括国有资产评估项目管理的内容，如资产评估的立项和评估结果的确认，又包括了资产评估行业管理的内容，如资产评估机构的管理、评估方法的确定等。《国有资产评估管理办法》的颁布，确立了我国资产评估的基本依据，是我国资产评估法制建设的重要里程碑。

（3）《资产评估行业财政监督管理办法》

财政部发布的《资产评估行业财政监督管理办法》（中华人民共和国财政部令第86号）已于2017年6月1日起实施。该管理办法共分8章72条，包括评估专业人员、评估机构、评估行业协会、监督检查、调查处理、法律责任等内容，对评估行业相关市场主体行为进行了规范，是迄今为止资产评估行业财政监督管理最为全面和最为重要的一个行政法规。

2）资产评估相关法律、法规和规章制度

十多年来，我国立法、司法和行政管理部门陆续制定了许多涉及资产评估的法律、法规和规章制度。这些法律、法规和规章制度虽然不是关于资产评估的专门法律、法规制度，但都包括有关资产评估的规定，分别从不同的角度规范评估行业。因此也成为资产评估法律规范体系的重要组成部分。这些法律、法规和规章制度主要包括三方面的内容：

（1）全国人大或者人大常委会颁布的法律，如《中华人民共和国公司法》《中华人民共和国证券法》《中华人民共和国合伙企业法》《中华人民共和国拍卖法》《中华人民共和国刑法》，这些法律主要从两个方面涉及资产评估行业，第一是对何时需要进行资产评估进行规定；第二是对资产评估机构、专业人员违反法律规定的罚则做出了规定。其中最为重要的是《中华人民共和国公司法》。该法将资产评估作为组建有限责任公司和股份有限公司过程中的重要一环并予以了明确规定。

（2）司法机关颁布的司法解释，如最高人民法院颁布的《关于审理证券市场因虚假陈述引发的民事赔偿案件的若干规定》（法释〔2003〕2号），《关于冻结、拍卖上市公司国有股和社会法人股若干问题的规定》（法释〔2001〕28号），《最高人民法院关于人民法院民事执行中拍卖、变卖财产的规定》（法释〔2004〕16号），最高人民检察院、公安部《关于经济犯罪案件追诉标准的规定》等。

（3）相关政府部门颁布的规章制度，如原国家工商行政管理局颁布《关于年检工作若干问题的意见》（工商企字〔1995〕第258号）、《公司注册资本登记管理暂行规定》（工商〔1995〕44号），中国证监会颁布的《公开发行股票公司信息披露实施细则（试行）》（证监会〔1993〕43号）、《证券市场禁入规定》（中国证券监督管理委员会第185号）、《关于取消和调整一批行政审批项目等事项的决定》（国发〔2014〕27号）文件。随着我国资产评估行业的进一步发展和法制建设的进一步深化，国家已经取消了注册资产评估师等准入类职业资格，改为水平评价类职业资格；国家工商注册登记制度也进行了必要的改革，取消了公司设立注册资本制度，评估机构的审批由前置审批改为后置审批等；与此同时，更新和废止了一批与资产评估相关的规章制度，例如《国有资产评估管理办法》正在更新之中，而《关于年检工作若干问题的意见》（工商企字〔1995〕第258号）、《公司注册资本登记管理暂行规定》（工商〔1995〕44号）和中国证监会颁布的《公开发行股票公司信息披露实施细则（试行）》（证监会〔1993〕43号）等相关规章制度已经废止。当然，适应新形势的资产评估相关法规制度也会适时颁布，从而不断地完善我国的资产评估法律法规制度体系。

13.3.2 国外资产评估的法律规范

国外资产评估的法律规范有两种类型：

① 具有针对性和独立性的评估法律规范。这种法律规范是针对评估行为而制定的，使评估规范独立于其他法律规范。马来西亚是这种类型的典范，它早在1967年就制定了专门的《注册测量师法》，1981年又制定了《评估师、估价师和不动产代理人法令》，并于1984年和1997年进行了修订，形成了马来西亚一部法律管理全评估行业的局面。这种法律规范模式的优势是针对性强，使评估行为有法可依，确立了评估的法律地位，为评估摆脱各种利益的冲突，进行客观、公正的评估行为提供了法律保障。

② 散寓于有关法律之中的评估法律规范。世界上许多国家的评估法律没有单独制定，而是混合在有关的法律中。例如，美国对评估业的法律规范，主要是《金融机构改革、复原和强制执行法令》《证券法》《公司法》等；韩国也没有统一的资产评估法律，但相关法令却分为五大类，近50种，包括有关财产补偿方面、有关税收方面、有关国有财产方面的法律等。这种类型的法律规范体系的特点是确立了评估的法律地位和相应的权力与责任，社会监督机制比较健全，但缺乏相对的独立性。

13.3.3 对完善我国资产评估的法律规范的启示

完善我国资产评估的法律规范体系，可以考虑从两个方面进行：一方面，通过严格执行资产评估法，明确资产评估业的法律地位，赋予资产评估机构和评估人员最基本的法律保障。另一方面，应本着“一个法律为主兼顾其他法律”的原则和“从新”的原则，协调各个法律、法规之间的关系，并制定一部详细的解释性规则，解释法律、法规中含混不清和相互抵触的问题；对资产评估相关的法律、法规进行重新审视，剔除过时的、已不适用的条款，增加新形势下可行的、必要的条款。同时，为了公平对待资产评估行业，现行法律、法规中应该增加保护资产评估机构和资产评估专业人员的法律条款。总之，现行法律、法规的协调与完善，需要相关各方的积极努力。资产评估行业应该加强与有关司法部门的联系，积极参加相关法律、法规的调整和制定，主动加强对本行业有关法律、法规条款之间协调性的研究，以及加强现行法律、法规对资产评估行业适用性的研究。

本章小结

国外的资产评估起步较早，其资产评估管理体制、行业规范和法律规范等资产评估管理制度都比较成熟，因此，有许多可供借鉴之处。但是，由于各国的国情、市场条件等差异很大，我们应在结合我们的国情的基础上，对其进行恰当地取舍，以保证和促进我国资产评估管理制度健康地发展和完善。

主要概念

资产评估管理制度　评估准则　自律管理　政府干预

基本训练

思考题

（1）我国资产评估管理制度有何特点？

（2）简述我国资产评估准则体系构成。

（3）简述美国资产评估管理的特点。

（4）简述国际评估准则存在的意义。

第13章参考答案

主要参考文献

[1] International Valuation Standard Committee. International Valuation Standard [S]. London：2020.

[2] 姜楠. 资产评估学 [M]. 4版. 大连：东北财经大学出版社，2018.

[3] 姜楠，王景升. 资产评估 [M]. 5版. 大连：东北财经大学出版社，2019.

[4] 中国资产评估协会. 资产评估价值类型指导意见 [S]. 2017.

[5] 中国资产评估协会. 资产评估执业准则——资产评估报告 [S]. 2018.

[6] 中国资产评估协会. 资产评估执业准则——资产评估程序 [S]. 2018.

[7] 中国资产评估协会. 资产评估准则术语2020 [S]. 2020.